我国统一行政协议制度建构研究

付鉴宇◎著

Woguo Tongyi Xingzheng Xieyi
Zhidu Jiangou Yanjiu

中国政法大学出版社

2024 · 北京

图书在版编目（CIP）数据

我国统一行政协议制度建构研究 / 付鉴宇著.

北京：中国政法大学出版社, 2024. 10. -- ISBN 978-7-
5764-1826-2

Ⅰ. D922.104

中国国家版本馆CIP数据核字第20247YQ517号

出 版 者	中国政法大学出版社
地　　址	北京市海淀区西土城路 25 号
邮　　箱	fadapress@163.com
网　　址	http://www.cuplpress.com (网络实名：中国政法大学出版社)
电　　话	010-58908435(第一编辑部) 58908334(邮购部)
承　　印	固安华明印业有限公司
开　　本	720mm×960mm　1/16
印　　张	18
字　　数	276 千字
版　　次	2024 年 10 月第 1 版
印　　次	2024 年 10 月第 1 次印刷
定　　价	86.00 元

总　序

巍巍终南，积厚流光。

《西北公法论丛》是西北政法大学行政法学院（纪检监察学院）学科建设的成果展示。

西北政法大学行政法学院（纪检监察学院）坐落于古城西安，是国内以宪法学、行政法学、行政诉讼法学、监察法学、党内法规为核心，集教学与科研为一体，本科生和研究生培养并重的、公法特色鲜明、规模较大的专门学院。

学院前身是成立于1988年7月的行政管理（行政法）系，是经国务院批准的全国第一个法学本科行政法专业（系），1999年9月组建为法学三系，2006年10月成立行政法学院。为了适应从严治党、依规治党的新要求，经西北政法大学批准，2019年6月，行政法学院挂牌纪检监察学院，致力于建设纪检监察学科。

学院现设法学（行政法学方向）本科专业和宪法学与行政法学、监察法2个硕士点。宪法与行政法学科为陕西省重点学科，行政法学教学团队为陕西省教学团队，宪法学、行政法与行政诉讼法学为陕西省精品课程。行政法学获批教育部国家级"线上线下混合式"一流课程。学院"地方政府法治建设研究中心"为陕西省高校哲学社会科学重点研究基地，并管理"法治陕西协同创新研究中心"等研究机构。

学院坚持"师资兴院、学生旺院、教学立院、科研强院"的理念，高度重视学术创新空间的拓展与延伸，鼓励教师关注、思考法治国家建设中的公权力规范运行问题，努力为在法治轨道上推进国家治理体系与治理能力的现代化提供学理支撑、实践指引。《西北公法论丛》正是在前述理念与背景下出版问世的。

《西北公法论丛》的出版，不仅是西北政法大学行政法学院（纪检监察学院）继续实现高水平发展的标志，更为西北政法大学行政法学院（纪检监察学院）教师展示学术风貌、彰显创新性观点提供了科研平台。相信读者会从《西北公法论丛》的诸多著作中感受到西北政法大学公法学人对学术的敬畏、执着与探求！

西北政法大学行政法学院（纪检监察学院）

二〇二二年八月十一日

前　言

　　"法莫如一而固"，法律不统一，必然引起人心的涣散，也会削弱法之整体权威。行政协议是政府为实现公共管理和服务目标与相对人之间合意订立的契约，是政府与社会主体对经济、社会事务开展合作共治的一种重要治理模式。在政府职能转变和有效开展社会治理的当下，如何保障行政协议的统一规范运行，是值得研究的课题。2014 年修正后的《中华人民共和国行政诉讼法》（以下简称《行政诉讼法》）将行政协议列入受案范围。2019 年最高人民法院发布了《关于审理行政协议案件若干问题的规定》（以下简称《行政协议司法解释》），明确了行政协议的定义、范围、诉讼主体资格及效力等内容。在中央立法层面，行政法中有关行政协议的规范散见于各类单行法，内容分散且不详尽，民法中虽已明确相关规则可准用于行政协议，但碍于公私法契约在基本原理、法律关系和规制目标上的差异，直接适用于行政协议的针对性不足。即便是最高人民法院发布了相对系统的《行政协议司法解释》，其在规范行政协议方面也存在正当性问题：其一，在我国人民代表大会基本政治制度框架下，司法机关与立法机关具有不同的地位和职能，司法解释不能代替立法；其二，司法解释仅能回应解决审判工作中的诉讼问题，而无权创设实体内容。在地方立法层面，有关行政协议的规范主要规定于各地行政程序规定，因立法主体和立法目标不一致，显现出鲜明的地方特色和部门保护主义倾向，不同层级立法间也存在相互抵牾。在制度运行层面，中央和地方的分散立法状态引致了相应的实施困境：一是在行政协议运行过程中，因依法行政标准普遍缺失，导致政府不按约履行和滥用优益权的不法现象频出；二是在司法裁判过程中，因法律适用标准不统一及裁量权行使不规范，"同案不同判"的审理分歧时有发生。

　　2021 年我国出台《法治政府建设实施纲要（2021—2025 年）》，要求

"健全依法行政制度体系"。行政协议是法治社会建设的重要方法，其制度统一也是政府治理规范化、程序化和法治化的重要组成部分。本书以"我国统一行政协议制度建构研究"为选题，试图廓清理论和实践中对行政协议的认知迷雾，并提出以人大制定"行政协议立法解释"作为最终的解决方案。

第一章是"我国行政协议的制度现状及不统一现象"。行政协议既是双方平等自愿基础上的协商合意，也受行政权之调控，属于牵连民事因素之行政行为，其主体及法律关系具有复杂性，目的具有双重性，内容具有复合性。目前，行政协议制度呈"单行法外观＋公私混合"的拼盘式构造，各层级立法间分散冲突、执行过程和标准不一以及司法裁量基准不一的不规范状况严重。行政协议制度不统一不利于营造公平的营商环境，难以回应依法行政原则与行政协议的兼容困惑，且易于引起"同案不同判"的司法审判问题。而统一的行政协议制度则有助于提供依法行政和裁判的依据，增强对社会主体权益保护的范围和效率，完善国家治理的基本法律支撑。此外，需结合行政协议的功能特性调适制度统一目标。

第二章是"行政协议制度欠缺统一的主要原因分析"。对行政协议的理论误区、认知局限以及客观的体制机制障碍都是阻碍行政协议制度统一的主要原因。在理论误区上，现有理论惯以传统公私法区隔视角将行政行为和民事行为截然两分，过于强调差异而忽视共性，对行政协议双重要素的认知浮于表面，将民事法律规范视为"查缺补漏"的功能性填补，疏于与民法学界展开真正对话。在认识局限上，因一直以来过于奉行"行政行为论——合法性审查"的单一逻辑链条，在制度建设过程中仍然偏重倚赖"行政行为"为逻辑起点进行组建。且行政行为论统摄下的司法审查片面强调行政机关一方行为，此种以司法救济还原并约束行政协议的逆流而上思路无法从根源上克制层出不穷的行政协议纠纷。在体制机制障碍层面，举国体制下行政机关权力过大，地方权力机关偏重对行政机关实行单方赋权，行政协议具有鲜明的地域特点，地方积极性凸显，都对统一的行政协议制度建设造成阻碍。

第三章是"'公私二元调整'理念下的行政协议制度统一"。本章拟构建统摄全文的理论框架，作为后续各章展开的基本指导。要实现行政协议的制度统合，基本立场是遵循"统而分殊"的路径："统"是探索突破公法意义上的行政协议研究藩篱，"殊"则是尊重行政协议的特殊规律。引入"行政过程论"的分析工具，将行政协议置于横向的时间轴，动态观察路径下可细化分解为缔约前、签订与履行的不同环节。在行政协议的制度建设中，行政法本位的指导思想并不永恒为真，且单一的"民法模式""双阶模式""准用模式"和"统一法模式"在规制行政协议方面皆有不足。故而，当下应突破行政法中心理论，转向"行政法与民法并重"的去中心协同视角。协同内容则包括宏观与微观两个面向，前者是指行政协议中契约要素与权力要素并重，后者则指行政协议法律关系内部权利与义务的平衡。按照请求权的分析逻辑，行政协议中的公法请求权与民事请求权具有合乎逻辑的共性，应结合民法重构其双向构造的请求权体系，包括契约请求权、履行请求权以及不当得利和无因管理请求权等。公私二元协同调整理念下，统一的行政协议制度应遵循诚实信用、契约自由与平等、有限优益权及依法行政的基本指导原则，并结合行政协议的特殊属性予以具化。

第四章是"行政协议制度的统一立法"。世界范围内，行政协议立法例可总结为德国以《联邦行政程序法》完成体系化的"统一模式"立法例、法国"双轨模式"立法例以及英美等普通法系国家"一元模式"立法例。我国现提出的行政协议制度统一多采公法模式，提出过制定"行政程序法""行政协议法"或"行政合同条例"三种方案，但缺陷在于立法难度较大，且不便与民事合同法律规范结合而易于有规制上的疏漏。统一的行政协议制度体系应以公私法结合为基本内容，拟提出制定"行政协议立法解释"的方案。立法解释可承担沟通公私法的"桥梁"功能，将民法与行政法共同作为解释对象，提炼共性并消解分歧，最终形成公私二元交融的行政协议预先规则。在功能旨向上，立法解释兼具了立法论中的创设思路和解释论中的整合思路，在节省立法时间、回应实践问题的同时，令"混合行政"可以正当地嵌入公私法交融领域。"行政协议立法解释"应遵循公私法协同的功能逻辑、以行政协议过程为基础的解释逻辑以及"权利—权力"双线并行的内容逻辑，围绕"立法目标""基本原则""基本内容"和"实施保障"搭建体系框架。

第五章是"'行政协议立法解释'的重点"。本章拟对"行政协议立法解释"需要明确的一些重点问题提出相应的法定化建议。其一，应统一行政协议性质判断及规范语义，明确行政协议属包含民事因素的行政行为；其二，统一行政协议效力状态，效力状态作为公私法交融的重点解释领域在行政法与民法中各有规定，应重组无效、可撤销和效力待定等基本规则；其三，统一行政协议履行过程中各主体的行为规范，基于担保理论和职能转移逻辑，行政协议包括"行政机关——协议相对人——第三方（包括社会公众和公平竞争权人）"三方构造，各自承担不同的权利义务。据此，统一设置行政协议缔约过失责任制度，明确行政机关具有的确保允诺内容合法、保障公平竞争、资质审核以及信息公开等义务。还应遵照"常态运行状态下的协议履约"和"隐性权力关系下的协议履约"两条主线，统一行政协议的履约监管和优益权控制等行为规则，增赋相对人的对等权利。

第六章是"'行政协议立法解释'的实施保障"。"制度统一"既包含统一重要范畴标准的静态法律体系，也包含统一实施机制的动态法制体系。为保障"行政协议立法解释"的平稳实施，有必要从行政运行和司法审查角度提出与之配套的保障制度。在行政运行方面，应配套行政解释，注意与立法解释的统一衔接，同时增设保障执法统一的系列机制，如建立健全行政协议统一监管机制、公私合作的行政首长诚信责任制、相对人履约追责机制和行政优益权裁量基准制度等。还要建立统一分类、统一地区和统一配置的行政协议案例指导制度。在司法审查方面，应进一步调整完善现有的《行政协议司法解释》和行政协议案例指导制度。一是研究构建允许行政机关向司法机关起诉的"双向性"诉讼结构的可行性，细化行政协议司法审查三层次的维度与密度基准体系。二是扩大行政公益诉讼受案范围，将"政府方对协议履行疏于监管的违法失职行为""滥用职权串通修改降低协议中服务数量和质量标准的行为"以及"未依法承接公共任务或未申请人民法院强制执行的行为"等涉协议违法行为纳入。三是完善保障统一的司法案例指导制度，需从"建立行政协议案例指导工作协同机制""扩大司法案例指导的涵盖区域"以及"充分利用科技支撑手段"几种路径共同推进。

付鉴宇

2024 年 5 月 27 日

于西北政法大学长安校区校务楼

目　录

导　论

一、背景与问题

随自由法治国到社会法治国的时代变迁，政府转变以往"守夜者"的消极行政角色，承担起对社会整体"从摇篮到坟墓"的生存照顾职能。与行政职能扩张相伴而来的是难以避免的"超载危机"：由政府独立向社会提供公共产品和服务往往人力有限，品类单一且质量不高，财政支出不堪重负，远不能满足日益增长的社会需求。在此背景下，20 世纪 70 年代末欧美各国主张引入市场竞争机制，开始推行"缩减"和"民营化"政府职能的新公共管理运动，就此，由市场和社会替代供给公共服务的公私合作应运而生。这种合作模式打破了政府垄断，促进了政府职能改革，使传统单一主体的政府管理发展为多方主体的合作治理。随着国家任务变迁和社会转型，行政法功能已由"以依法行政和行政救济的保障机制来抵御行政权侵害的防御型法"，转向"需要兼顾以行政权积极调整社会关系活动的调整型法"。具有复合功能的现代行政法之出现，使得过去仅注重监督单方行政行为的内部规范结构也需适时而变。可以说，现代公法演进令行政主体和相对人间的法律地位逐步趋于平等。行政协议便是这种平等公私合作治理模式的主要方法，因其具有竞争激励与利益协调的独特功能，构成适配于市场经济体制的新兴的行政管理工具。

早在 2004 年《最高人民法院关于规范行政案件案由的通知》（法发〔2004〕2 号）中，"行政合同"便已被列为独立的行政行为。2014 年修正的《行政诉讼法》将行政协议正式纳入受案范围，2015 年《最高人民法院关于适用〈中华人民共和国行政诉讼法〉若干问题的解释》明确了部分裁判规则，但随即被 2018 年《最高人民法院关于适用〈中华人民共和国行政诉讼法〉的解释》废止，所涉相关条款仅能参照适用。直至 2019 年的《行政协议司法解释》出台后，专门针对行政协议的审理规则条款才被正式地确立下来。相比于充实的诉讼制度，行政协议实体法规范则略显单薄。法律制度统一是指法律体系的统一，既是法律制定上的统一，也是立法指引下法律执行与适用的统一。随行政协议的实践运用不断增多，立法规范缺失传递至实施层面无疑会引发大量的法律适用困境。目前显现的问题包括：

第一，在立法层面上，目前行政协议立法层级较低且内容分散，规范冲突与虚置问题都十分明显，且呈现出一定的部门主义或地方主义倾向。在实体性立法层面，有关行政协议的法律制度或以协议类型为基准，呈"一种协议一个立法"的分散风格，或以地域为标准，散见于各地方立法的实体和程序性规定中，呈政策驱动特质，政策目标各异以及政策自身的不稳定性都易于导向地方利益保护主义。总体上，概因整体立法缺失无法满足地方实践需要，行政协议依据只能依赖于各部门法中零散条款与大量低位阶法源间相互拼凑，各层级立法间的不一致、地方立法的审核把关机制不健全等问题都对行政协议依法运行形成掣肘。韩非有言："夫立法令者，以废私也，法令行而私道废矣。私者，所以乱法也。"[1]统一的法制是国家治理的根基所在，只有推行统一的规范体系，才能改变地方治理中无序混乱、各行其是的法适用状况。如何纾解行政协议立法数量多但质量不高的困境，以及如何处理地方性规则与上位法和同级法律规范的不一致问题都亟待解决。

第二，在执法层面上，因行政协议在实施过程中缺乏一致性裁量基准，导致不规范运行的现象频出。目前，行政协议手段被视为地方融资、拉动经济增长、满足内需的重要手段，为吸引社会资本参与，政府方往往会对社会资本方作出诸如特许权期限、税收及其他政策优惠等方面的承诺。然而，一些政府部门"诺而不践"的情况时常发生，这不仅侵害了社会资本方的信赖利益，也破坏了双方的合作关系，严重影响了私人资本参与公私合作的积极性。此外，行政机关滥用优益权的问题也较为凸显，行政机关拥有基于维护

---

〔1〕（战国）韩非：《韩非子》，上海古籍出版社 1989 年版，第 143 页。

公共利益等紧急情形下单方解释、变更行政协议的优先权力，这种限制、减损相对人权益的高权性权力来源不明、边界不清、内容含糊，如若运用不当，容易冲击并消解行政协议的自由合意性。关于此议题讨论颇多，但如何在行政协议实施过程中规制这一权力并未获解。诉诸原因，按照依法行政原则，行政协议必须在其职权范围内缔结和履行协议，且不违反法的禁止性规定，也就是说，其不规范运行根源于现有立法支撑供给不足，引致各自为政的运行"不适法"。

第三，在司法层面上，《行政协议司法解释》的出台虽统合了部分审理规则，但事实上造成司法统一与立法不统一间的二元背离，二者的兼容问题，以及因司法裁量基准不一引起的"同案不同判"等审理分歧问题都值得关注。近年来，司法解释的功能从"适用法律之司法"逐步扩容为"创设规则之立法"。也就是说，最高人民法院并非只解释法律，也借由司法解释制度创制了大量"从无到有"的新规则，以补足法律空白。但司法机关并不具有专业的立法技艺和立法经验，其专业性应严格限定于司法审判相关事项的解释或创设。也即，司法解释应当紧紧围绕法律适用问题展开，而不可逾越到与之无关的实体法规则领域。上述功能定位决定了司法解释应当始终严格按照形塑裁判理念和统一裁判标准进行规定，这种功能上的局限导致其无法从根源上设置统一的行政协议法规则。此外，行政协议作为公、私法相混合的产物，法官裁量缺乏统一的实体法依据，不同法院间审判差异明显，如解决行政协议争议应当适用民法规则还是行政法规则的法律选用不统一问题，以及司法审查标准、审理规则方面的不一致问题都尚待回应。

第四，在理论研究和普遍认知层面上，我国"公私法两分"的法文化背景何以安置兼具"公私二元属性"的行政协议行为是统一行政协议制度的先决问题。现有行政法理论研究中惯以严格的公私法两分视角将行政行为完全囊括至行政法框架内，过于强调其与民事行为的差异而忽视二者共性。虽言必称行政协议兼具行政性与合意性双重要素，但在法律适用上仅将民事法律规范定位于行政法规制不足情况下的填补功用，始终疏于与民法学界展开真正对话。或者将行政协议制度的订立问题等同于适用问题，关注以末端救济解决争议，而非从事前防范争议。且过于强调于论证民法适用的正当性问题，或者说格外关注与已有公法相融合的"配搭"问题，而忽略了行政协议本身特性对民法规则的"欠容许性"及其相应的调适问题。这种对行政协议的认知分歧不仅影响了行政协议在实践中的规范化发展，传递至行政协议的法律救济中，也为法律适用和诉讼管辖等带来相当程度的混乱。因此，为了避免"一开始，就被'卡住'在公、私法契约的区别问题上"[1]，必须破除私法或公法对行政协议的独占性。

上述问题意识表明，现有制度尚不足以回应行政协议从立法到运行等各阶段的不规范现状。故而，亟需构建统一制度，改善当下行政协议立法规范效力层级低且彼此冲突的现状，通过清晰界定政府、社会主体和其他涉协议第三方关系，来调和各方利益诉求多元的复杂现状，进而解决执法和司法实践中依据不足的难题。

二、研究意义

研究行政协议的制度统一，可以丰富现有理论并提供实践中的规则支撑，具体体现在：

（一）理论意义

1. 推动了行政协议行为与依法行政原则相互适应

行政协议在公共行政范式转换情景下具有的广阔应用空间，是个人和国家之间的新型合作关系。依法行政原则对于现代行政法具有根本性意义，但碍于传统旨在规制单方行政行为的依法行政原则应用于行政协议针对性不足，本文研究行政协议的制度统一则既要看到行政协议的特殊性，又不能完全背离于依法行政原则，故而要探索相应的调适思路。统一行政协议法律制度既要通过明确权力来源、行为规范和正当程序等对行政协议规范预先设定，令行政机关在作出协议之前有据可循，也不可忽视基于契约自由原则衍生的自主性特质，为协议主体留存更多的裁量空间。从这种意义上，本文试图将脚步迈出依法行政原理的传统框架，在契约自由与依法行政原则的张力间探索

---

[1]　林明昕：《行政契约法上实务问题之回顾——兼论公、私法契约之区别》，载台湾行政法学会主编：《损失补偿、行政程序法》，元照出版有限公司 2005 年版。

完善行政协议法律制度的最优路径，助力于补充、更新行政协议行为理论；

2. 变革行政协议行为的研究范式

长期以来，我国对行政协议的研究畸重于合法性控制和司法审查为中心的末端进路，核心是探讨如何控制行政权以及围绕这一议题的权力体系建构，而义务规范设置和相对人的对等权利一向被忽视，但行政协议中"公民不是行政的客体，而是位于行政法制度中心的主体"[1]。本文研究的制度统一的重点之一就是研究以行政协议为基点的公私权利义务配置问题，注重动态分析路径下的行政协议过程和主体互动关系研究，推动行政行为理论研究从静态的单方行为转向流变中多方关系及其权益的整体性关照。

3. 拓宽了行政法的研究范围与研究视野

行政协议是公私合作产物，令原本各自独立的政府与社会领域产生交集。长期以来，我国一直审慎恪守公私法严格两分的思路，虽有关于适用民法调整行政协议问题的研究，但多侧重于从如何嵌入已有的公法秩序角度阐释，而忽略行政法与民法在规范层面的统合。本文尝试跳出以往对行政法和民事法规则予以分隔理解和片断认识的视野窠臼，从整体上观察和把握行政协议法制度的概观风貌，导入对逻辑一致且体系完整立法规范的追求。本文尝试以公私二元的协同论为根基，思考如何实现涵括法律规范中权力要素与平等要素的宏观结构均衡，以及协议主体在权利与义务上的微观配置均衡。

（二）现实意义

1. 行政协议的制度统一令行政协议的签订、履行和救济等各个阶段皆有一致的法律依据，为行政执法和司法裁判提供确定标准

体系化的行政协议法律制度旨在消除分散法律规范之间的冲突和矛盾，保障法律规范内部的统一与连贯。通过整合杂乱无章的行政协议法规范，可有效抑制行政协议的野蛮生长态势。在执法层面，本文参照国外先进经验，建构行政协议运行过程中的相关管理制度，设置行政协议执行过程中的裁量

---

〔1〕　〔德〕汉斯·J. 沃尔夫、奥托·巴霍夫、罗尔夫·施托贝尔：《行政法》（第一卷），高家伟译，商务印书馆 2002 年版，第 18 页。

基准，确保协议各主体在法治限度内有序规范运行。在司法层面，一方面，完备的法律制度体系有助于细化司法裁量基准，可有效回应行政协议司法审查标准不一问题；另一方面，统一的法律制度实现了行政法与民法在规范层面的互通融合，也有助于解决行政协议司法裁判中行政性与契约性常顾此失彼的法律选用困境。

2. 统一的行政协议制度是订立行政法典的制度铺垫和重要组成部分

法律制度统一是实现依法治国、政治制度体系均衡的现实所需，同时也是保障一个主权国家内法律制度秩序和谐的现实所需。制度统一理论侧重于对法律一体权威的关注，防止地方因权力分散导致的内容分化。本书一方面通过抽象当前行政协议分散立法间合乎逻辑的共性将其整合，另一方面则拟针对体系性法律制度下亟待填补的空白提出一些创制性规定，共同生成对行政协议行为的类型化立法。在立法技艺上，行政行为类型化法律是行政法典编纂过程中的重要一环，"行为法先行"的立法方案符合经验理性统摄下的渐进式立法策略，为行政法规范的系统整合奠定制度与理论基础。可以说，推进行政协议法制化具有对类型化立法覆盖不全的补足价值，以减轻立法者编纂负担。

3. 统一的行政协议制度可以补足法治社会、法治政府建设的基本法理支撑

在法治社会建设场域中，行政机关和社会主体合作行为的规范属于社会范围内普遍性、全局性和基础性的活动，而统一的行政协议制度正是开展此类活动的基本法律遵循和依靠，也是对行政协议作为国家治理手段的充分肯定。提供公共服务是现代政府的重要职能，基于化解服务需求增多与供给不足间的矛盾，行政协议成为政府履职的一种选择。统一的行政协议的制度通过规范"政府——社会成员"主体构造下展开的各类合作行为，发掘和释放社会潜力，使得多方主体共同参与的治理体系迈向法治化。法治政府建设场域中，《法治政府建设实施纲要（2021—2025年)》提出应健全依法行政制度体系、提升政府决策公信力、推进行政执法体制机制改革，这些建设目标的实现都有赖于来自法律层面的统一指引，行政协议既作为政府管理手段之一，其合理合法、有序规范的运行更不可脱离于依法行政的整体框架。行政协议管理方式的权力来源是否清晰、过程是否规范、结果是否有效等

都有赖于完备和清晰的法律制度。本研究探讨了行政协议基本原则、法律关系、行为规则及其体制机制等，通过提炼行政协议的一般规范，明确政府在行政协议中的基本职权和职责边界，健全行政权力行使的法治限度，助力法治政府建设。

三、文献综述

（一）国外研究综述

国外研究主要围绕行政协议基础理论、相关制度以及法律适用等几项议题展开讨论。

1. 国外关于行政协议基本理论问题的研究

德国行政协议起源可溯至其警察国时代，行政协议被定义为包含行政法上权利义务关系的合意。长期以来，德国法中的公法契约被看作一个无法自洽的矛盾概念，平特纳等学者曾就行政契约能否在公法上成立及其法律依据等基本问题进行争辩。[1]德国行政法学中曾经有一种统治性理论，认为公法上的活动具有统治性，协议则意味着平等，在行政管理过程中合同无用武之地。但由于1976年德国《联邦行政程序法》将行政契约列专章予以明确规定，所以关于公法合同是否存在的争议已不再具有意义。基于协议标的不同，德国行政法将行政协议细分为"私法关系上的行政协议"与"公法关系上的行政协议"，前者如购买办公室器材等仍被认为是当由普通法院管辖的私法关系[2]；而后者则完全不同，协议目的必须在行政法关系的范畴内方属于行政协议，主张以协议的基础事实内容以及协议所追求的目的是否属于行政法上之法律关系范畴为判断依据。[3]当前，德国学者主要将目光流转至行政协议具体问题的研究，包括协议识别、效力判定以及诉讼救济等。[4]在法国，以公务理论为核心，法国通过判例建构其本国的行政协议理论，L. Neville Brown

---

[1] 参见平特纳：《德国普通行政法》，朱林译，中国政法大学出版社1999年版，第147页。

[2] 参见陈新民：《行政法学总论》，三民书局1991年版，第11~14、27~31页，转引自余凌云：《论行政契约的含义——一种比较法上的认识》，载《比较法研究》1997年第3期，第326页。

[3] ［印］M. P. 赛夫：《德国行政法——普通法的分析》，周伟译，台北五南图书出版有限责任公司1991年版，第119~120页。

[4] 参见闫尔宝：《行政行为的行政界定与实务》，法律出版社2010年版，第292页。

和 John S. Bell 在其研究中指出法国行政协议的识别标准分别是"与公务（public service）有关"或者"行政机关保有特殊权力"两项。[1]法国行政法院在判例中也主要采取公务理论进行行政协议识别，但严格限缩为仅直接执行公务而签订合同的情况。[2]在日本，行政协议也分为公法和私法两种性质，日本学者田中二郎教授认为公法协议是以发生公法上的关系为旨向，令多个主体间本不一致的表意达成统一的公法行为。[3]美浓部达吉也认为不能因国家和人民的关系不对等而否认公法契约的合理性。[4]但新近日本行政法并不认可这一界定，指出应采法国行政法倡导的公务理念，将与行政目的相关的私法合同也涵括进来，故此将行政主体为当事人订立的法律契约概称作行政协议。[5]目前，日本学者所研究的主要是公法契约存在的领域、主要类别、与法治主义的关系以及法律适用等问题。

与大陆法系国家不同，英美法系国家行政法学向来不承认公法与私法的严格划分。英美普通法与制定法授权政府可自由订立契约，其向来认为国王签订协议的权利与普通社会主体无差别，皆是来自于普通法的本源性权利，而无需单独再次赋权。[6]因政府缔结协议无论在实体权限和法律救济层面，都与私人间缔结的协议非常相似，所以并无区分行政协议与私法协议的实际意义。早在 1955 年，美国学者 Ramey 和 Erlewine 断言存在行政协议，并将其描述为"行政协议是善意的各方主体共同完成一种有用的管理工具。"[7]他们

---

〔1〕 L. Neville Brown, John S. Bell, *French Administrative Law*, Oxford University Press Inc, 1993, p. 192.

〔2〕 L. Neville Brown, John S. Bell, *French Administrative Law*, Oxford University Press Inc, 1993, p. 192.

〔3〕 参见［日］和田英夫：《现代行政法》，倪健民、潘世圣译，中国广播电视出版社 1993 年版，第 211 页。

〔4〕 参见［日］美浓部达吉：《日本行政法》，有斐阁 1936 年版，第 238 页，转引自杨建顺：《日本行政法通论》，中国法制出版社 1998 年版，第 514 页。

〔5〕 参见［日］室井力主编：《日本现代行政法》，吴微译，中国政法大学出版社，1995 年版，第 141～143 页。［日］和田英夫著：《现代行政法》，倪健民、潘世圣译，中国广播电视出版社 1993 年版，第 211～212 页。

〔6〕 Terence Daintith, *Regulation by Contract: The New Prerogative*, Collected in D. J. Galligan (ed.), Administrative Law, Dartmouth, 1992, p. 216.

〔7〕 Ramey & Erlewine, *Introduction to the Concept of the "Administrative Contract" in Government Sponsored Research and Development*, B. Ass'x J, 1957, p. 354.

表示，行政协议设定了一种持续的关系，并随着工作的进展推进细节，满足普通法对确定性的要求。[1]在英国的行政管理实践中存在行政机关通过契约形式进行管理的客观现实，这一现象被称为"契约控制"，是行政机关施展行政权的手段之一。[2]在英国，T. Daintith 首先注意到行政协议具有管制功能并对其进行了政治法律分析，在其《通过协议的管制：新专制》中论证了行政协议作为新型管制工具的正当性和相应规制的必要性：其一，多数情况下，社会资本方为了获得与政府合作的机会而不得不对相应的行政政策表达服从意愿，进而构成了法律意义上的合同依从（Compliance），其逻辑在于政府利用协议中的经济允诺令私人资本方之间形成竞争，以方便对其所需产业择优，提升公共管理政策执行速率；其二，在法律上，行政协议因缺乏议会授权而表现为一种特权；其三，协议是政府活动规则的一个渊源。[3]

2. 关于行政协议运行制度方面的研究

国外对行政协议的制度研究重点在于行政协议中的特权控制。"行政既然与国家权力——社会的公共权威有密切的关系，那它的性质也派生于社会公共权威的性质变化而变化"[4]。协议中的权力因素与公共利益的保护需求息息相关。日本学者南博方指出，当延续契约可预见地将对公共利益产生危害时，应赋予行政主体单方解除约定的权力。[5]并且，在一些著述中，已有学者开始采用"行政相对人优益权"（Les prérogatives des cocontractants）来描述行政协议相对人特殊保护措施。[6]同属大陆法系的西班牙行政法研究中，Raquel Cynthia Alianak 教授也阐释了在行政协议中不应强调"对立的利益"和增强公共部门过高的特权，而应当将行政协议法律关系理解为一种公平的权利义务体系。他在文章"The Future Administrative Contract"中提出了贯彻

〔1〕 Ramey&Erlewine, *Introduction to the Concept of the "Administrative Contract" in Government Sponsored Research and Development*, B. Ass'x J. 1957, pp. 365～370.

〔2〕 参见王名扬：《英国行政法》，中国政法大学出版社 1987 年版，第 105 页。

〔3〕 T. Daintith, *Regulation by Conrtract：The New Prerogative*, Current Legal Problems, 1979 (32), pp. 41～64.

〔4〕 王沪宁：《行政生态分析》，复旦大学出版社 1989 年版，第 5 页。

〔5〕 ［日］南博方：《日本行政法》，杨建顺、周作彩译，中国人民大学出版社 1988 年版，第 66 页。

〔6〕 M. Lombard, G. Dumont et J. Sirinelli：*Droit administratif*, Dalloz, 10e éd, 2013, pp. 143～172.

行政协议良好管理理念应遵循的一系列原则，包括：透明原则、参与原则、问责原则、有效原则、连贯原则等，[1]这些原则都直接或间接地指向对公共机关的合法性控制。法国明确划分公法和私法，并实行"双轨制"审判制度，其行政协议法律制度比较完整，成文的法律规定覆盖从协议缔结、履行到消灭的各个环节。法国还在1957年1月7日的一次命令中规定设置协议主管人制度，主管人享有专门签订和监督合同执行的专门权限，部长可针对重大的协议保留签署权。若协议所涉标的特别重要，关乎国有资产转让的，省级协议则应经过"部长授权——省会议合意决定——省议会主席执行"的基本流程。法国行政协议履行时注重行政主体特权与相应的经济利益平衡。法国行政法上虽承认行政机关享有特殊的优益权，但同时也设置了相应的限制——相对人特殊保护，具体包括"取得报酬""损害赔偿""额外费用偿还""物质困难补偿""统治者行为补偿"和"情势变更补偿"等各类请求权。[2]

普通法系国家因不区分公私法，其专门针对行政协议管理制度的研究并不多，但因沿袭自"议会至上原则"的"越权无效原则"强调任何越权或者超越权限的行政行为或行政命令都不具备法律上的效力，也理所当然地适用于对行政协议的管控。英国行政法学者威廉·韦德（H. W. R. Wade）指出，司法审查是英国行政法治的重要内容，但其强制执行力通常不及于行政协议中的约定义务，仅有协议越权的情况除外。[3]且英国在1969年也设置了行政协议审查委员会（Review Board for Government Contracts），主要负责审查中央政府在行政协议中的利润率。

3. 对于法的体系化思考及行政协议法律依据和适用问题的研究

从广义的法学体系化与规范构筑的重要性角度看，拉伦茨在《法学方法论》中着大量笔墨证成了体系化的必要，认为其意义恰在于"构筑规范秩序

──────────

〔1〕 Raquel Cynthia Alianak, *The Future Administrative Contract*, Revista Eurolatinoamericana de Derecho Administrativo, Euro-Latin American Journal of Administrative Law, 2017, 4（01）, pp. 41~56.

〔2〕 参见王名扬：《法国行政法》，中国政法大学出版社2016年版，第156页。

〔3〕 H. W. R. Wade, C. F. Forsyth, *Administrative Law*（*Eleventh Edition*）, Oxford：Oxford Press, 2009, p. 673.

与统一性的概念"和确立"正义的一般化趋势"的更深层次追求。[1]萨维尼
将法的体系化研究确定为"阐述、解释概念、规则之间内在关联与亲缘关
系"。[2]德国当代行政法学家施密特·阿斯曼则将法的体系化任务归纳为"借
由体系化来维续法秩序基础标准的稳定性或持续性。"[3]

专论行政协议的法律规范和制度问题,域外也提供了相当体量的研究基
础。日本和德国之前的观点认为,行政协议只有在法律上明文承认时才能成
立。该学说的论据在于:现代公法理论中,行政权不得在明确法授权缺失的
前提下随意活动,这意味着依法律行政原理同等适用于行政契约。[4]福尔斯
霍夫指出,行政契约在法律上无明文规定时不可能成立的论调,不过是以只
承认规范性明文规定的法的法律实证主义为基础的。若要求行政契约的成立
需有法律明文规定的话,需要否定现已缔结的许多契约。目前,日本大部分
学术观点已经对行政协议的法律依据呈较为开放的态度,认为有默示或习惯
法的依据即可,不需要法律的明文规定,逐步取代了旧学说的地位。在行政
协议如何适用法律方面,日本一般学说主张行政行为的一般原则,以及行政
行为的公定力、确定力、执行力等效力,完全不适用于行政协议,[5]主张将
行政协议区别于一般行政行为对待。德国关于行政协议的法律讨论,主要围
绕《联邦行政程序法》第 54~62 条以三方面展开:一是公法协议的可得性
(即允许使用行政协议作为开展公务方式的情形);二是公法协议的合法性
(即面向协议内容实行法规制);三是对不适法公法协议的解决。在基本理论
方面的主要问题是如何回应行政协议契约性与依法行政原则间的紧张关系,

[1] Karl Larenz, *Methodenleh der Rechtswissenschaft*, (Berlin) Springer Verlag, 1991, p. 437. 转引自赵宏:《基本原则、抽象概念与法释义学——行政法学的体系化建构与体系化均衡》,载《交大法学》2014 年第 1 期。

[2] Friedrich Carl von Savigny, Methodlogie 1809 [A], Aldo Mazzacane, Friedrich Carl von Savignys Vorlesungen iiber juristische Methodologie [C], Frankfurt: Vittorio Klostermann, 2004, p. 224. 转引自杨代雄:《萨维尼法学方法论中的体系化方法》,载《法制与社会发展》,2006 年第 6 期。

[3] [德] 施密特·阿斯曼:《行政法总论作为秩序理念——行政法体系建构的基础与任务》,林明锵等译,元照公司出版 2009 年版,第 28 页。

[4] 参见 [日] 柳赖良干:《公法上的契约可能性和自由性》,有斐阁 1969 年版,第 96~97 页。转引自杨建顺:《日本行政法通论》,中国法制出版社 1998 年版,第 519 页。

[5] 参见 [日] 田中二郎:《行政法总论》,有斐阁 1955 年版,第 184 页。转引自杨建顺:《日本行政法通论》,中国法制出版社 1998 年版,第 521 页。

行政协议的合法性及其与法治国家的法律保留原则、行政裁量权、主体的承认和司法保护等原则间的具体关联。德国行政法学家毛雷尔认为,《联邦行政程序法》设定的规则限于行政合同的某些重要原则,就行政合同对法律规则的需要来说,显得残缺不全。[1]根据第62条规定,补充适用《联邦行政程序法》及其民法上的相关规定。除此之外,毛雷尔将德国行政协议法律依据总结为《社会给付法》《税法》(概括性排除)以及特别法上的规定(如《建设法典》中的合同规则)。总体上,德国以整体规定、正向特别规定和反向排除的方式,确定了行政协议的基本原则、适用程序和相关具体规范。

英国的行政协议法律适用日趋公私法相融合的思路。英国在司法实务中,虽然通说认为政府签订的契约与私法契约一样适用契约法的一般规则,但普通法院也承认政府签订的协议在实质上存在公法协议与私法协议的区分,由于公法协议是为实现公共任务、以公共利益为导向签订的,因而需配以一定的特殊规则。在英国,行政协议经历了一定的合法化危机。20世纪70年代英国政府推行对层级官僚管制方式的改革,行政协议成为实现公共服务职能的重要手段。但与此同时,普通法之私法传统与协议公共性间的内在张力使得其处于深刻的合法性危机之中。米切尔(J. Mitchell)也早在近百年前就提出建构契合于政府特权的特别规则,他指出对国家和公民的权利保障,仅通过私法规则无法实现,必须清楚认识到行政机关与社会公民在法律地位上的先天不对等,应以课赋责任和授予特权的方式对两者地位予以矫正。[2]单一的法律体系在控制混合行政(mixed administration)方面显得力有不逮,目前英国已涌现出了不少混合法律制度规则。英国学者Carol Harlow和Richard Rawlings在其《法与行政》[3]一书中专门研究了行政协议的法律规则问题,主要包括政府内部规则或官僚规则的地位与作用,如惯例规则、行政指令和法定程序的作用与地位,尤其是在英国中央政府采购与公务员雇佣两个领域的法

---

〔1〕 参见 [德] 哈特姆特·毛雷尔:《行政法学总论》,高家伟译,法律出版社2002年版,第343页。

〔2〕 Carol Harlow, Richard Rawlings, *Law and Administration*, London: Butterworths Press, 1997, p. 215.

〔3〕 Carol Harlow, Richard Rawlings, *Law and Administration*, London: Butterworths Press, 1997.

律规则问题，其次是关于"作为规则渊源的协议（a source of rules）"的法规则。该书认为政府协议的法律改革方向应当是建构公私法规则的结合体，而不是设立独立的行政协议制度。因为就"控制混合行政而言，一个单独法律体系的作用将低于混合法律体系"[1]。而当前的紧迫任务是在行政协议法律框架中融入诸如公开、公平、理性和责任等公法价值设置，以回应私法规范削弱公共利益问题。学者 S. Fredman 和 G. Morris 也表达了类似的观点，针对行政协议对传统法律框架的挑战，私法是否可以充分保障公共职能获得适当监督是值得怀疑的，因而呼吁建立专门公法协议制度。[2]美国法学家富勒也在阐述他所主张的八个法治原则中，提出避免法律的矛盾、官方行动和法律一致性等法制统一思路。[3]

在行政协议法律制度的监督问题上，司法审查是国外维护法制统一的主要途径。在英国，法院审查如枢密院令、部长发布的条例、命令和特别程序命令等法律规范。经审查行政立法存有以下几种情形的，则可能产生无效的法律后果：立法内容与授权法相抵牾、目的不合理、不正确或包含恶意、与自然公正原则相悖、程序越权等。[4]与英国类似，美国也属于事后的间接审查，不同在于美国的司法审查涉及面更广，不仅可对行政法规进行审查，还可对议会的法律进行违宪审查。在德国，根据《联邦基本法》第 93 条、《联邦宪法法院法》第 13 条和《行政法院法》第 47 条规定，当地方州法律等违反联邦法律时，宪法法院拥有审查权。德国对行政法规的司法审查还包括为英美审查方式所不具有的直接审查，即只要是产生法律效力的法律法规就可被审查，而不必等到施行阶段。

4. 国外研究现状和制度经验述评

国外研究拓展了行政协议制度统一的理论视野，提供了有益借鉴：其一，一些国家在行政协议领域已经形成了相对完善的行政法律制度和行政契约理

---

[1]　Carol Harlow, Richard Rawlings, *Law and Administration*, London：Butterworths Press, 1997, pp. 250~251.

[2]　Carol Harlow, Richard Rawlings, *Law and Administration*, London：Butterworths Press, 1997, p. 41.

[3]　参见沈宗灵：《现代西方法理学》，北京大学出版社 1992 年版，第 57~61 页。

[4]　参见［英］威廉·韦德：《行政法》，徐炳等译，中国大百科全书出版社 1997 年版，第 584 页。

论。国外学术界的研究中很少关注行政协议的立法化议题，尤其是在一些法制化程度较高的国家，而主要着眼于一些行政协议细节性问题的研究，特别是其对行政协议本身的理论性问题研究较为深入，这些都构成进一步研究制度建设的基础性经验。大陆法系中以法国为代表，其行政协议法律制度已较为完整，法定化进程相对清晰，建立了如协议主管人、行政主体特权和财务均衡等较为成熟的制度，提供了较多可供借鉴的经验素材；其二，国外关于如何制定法律制度提供了一些新的思路和理念，如美国学者奥利·洛贝尔认为法律制定也应由"自上而下、命令加控制的框架"转变为"源于并适应于地方情势的反思性路径"。[1]再比如在公私法律制度的融合方面，域外公私混合法律规则体系的发展提示着我们在法律制度层面要特别注重私法理念的运用。

（二）国内研究述评

在 20 世纪 90 年代中后期，我国行政法学开始逐渐关注以行政机关和相对人合作为基础订立的行政协议。余凌云教授率先指出"行政法关系上形成的协议其实质是一种纯粹意义上的行政契约"，从制度建设角度讲，"它向人们展示出一个以行政契约为可变通手段来解决非常态案件的范例，代表着行政契约未来运用和发展的方向。"[2]在《中华人民共和国合同法》（以下简称《合同法》）的立法过程中，行政协议的归属问题曾引起热烈讨论。最终 2014 年修正实施的《行政诉讼法》第 12 条第 11 项对得以进入行政诉讼受案范围的协议类型加以确认。随着行政协议应用的增多，国内对于行政协议问题的研讨一直热度未减。

行政协议理论可分为"总论"与"分论"两种研究范式。所谓行政协议总论，即旨在宏观概览式地刻画行政协议制度，如余凌云 2005 年出版的《行政契约论》和江必新的文章《中国行政合同法律制度：体系、内容及其构建》[3]

---

〔1〕［美］奥利·洛贝尔：《新新政：当代法律思想中管制的衰落与治理的兴起》，载罗豪才、毕洪海编：《行政法的新视野》，商务印书馆 2011 年第 107 页。

〔2〕余凌云：《从行政契约视角对"杨叶模式"的个案研究——治安承诺责任协议》，载《公安大学学报》2000 年第 4 期。

〔3〕参见江必新：《中国行政合同法律制度：体系、内容及其构建》，载《中外法学》2012 年第 6 期。

皆对行政契约理论和制度等问题进行了较为宏观的概览式研究，涉及行政契约的范畴、政府和相对人在契约中各自权利义务的分配关系、借由程序与实体规则设置行政机关的协议权法治限度以及权益救济的体制机制架构等。在分论研究中，一般针对行政协议某一方面或某一类行政协议细化研究，如李霞在《行政合同研究——以公私合作为背景》讨论了行政协议的识别标准、适用范围、种类和法律适用等行政合同领域的关键问题，以及公私合作合同的实践运行状况及其制度建构。目前，从 CNKI 数据库中，以"行政协议""行政契约"和"行政合同"为搜索词进行搜寻，共有文章百余篇，其研究主题基本集中于行政协议的识别和性质等基础理论，以及司法审查和制度建设等分论问题的研究。

1. 对行政协议基本理论问题的讨论

在基本理论问题的研究中，对于行政协议的识别标准，我国学者意见纷纭。现有理论研究中，判定行政协议的性质的观点主要有：一是"主体说"，胡建淼指出，行政协议本质上是行政主体以实现行政任务为导向，而与相对人（或其他行政主体）经意思表示互通后达成的共识。[1]二是"目的说"，杨解君认为，行政协议是指行政主体为了实现行政目的与相对人共同意思表示而为的行政法律行为。[2]三是"法律关系说"，以余凌云教授"契约标的"代表，他认为行政协议最核心的应是确立行政法律关系。[3]吴庚认为设立、变更或消灭行政法律关系的合同为行政协议。[4]四是"权力说"，于立深主张以"公权力的作用"视为决定行政协议的核心基准。[5]五是"综合说"，这种观点指出任何一种独立的行政协议识别标准都有致偏颇而脱离协议本质之嫌，故此，多维结合协议主体、内容及目的综合判断基准更为妥当。"综合

〔1〕　参见胡建淼：《行政法学》，法律出版社 2015 年版，第 455 页。

〔2〕　参见杨解君、陈咏梅：《中国大陆行政合同的纠纷解决：现状、问题与路径选择》，载《行政法学研究》2014 年第 1 期。

〔3〕　参见余凌云：《行政契约论》，中国人民大学出版社 2000 年版，第 28 页。

〔4〕　参见吴庚：《行政法之理论与实用》，中国人民大学出版社 2005 年版，第 327 页。

〔5〕　参见于立深：《行政协议司法判断的核心标准：公权力的作用》，载《行政法学研究》2017 年第 2 期。

说"包括："主体+法律关系"双阶标准、[1]"主体+目的+私法关系超越"三阶标准和"主体+目的+权利义务配置+私法关系超越"四阶标准。[2]此理论类似法国行政法院主体恒定的识别标准，且协议已然超越私法规则并以执行公务为目的。[3]姜明安认为，行政协议以行政机关施行行政管理任务为目标，经由结合行政相对人共同意志而成立的双方法律行为，兼具行政性、协商性以及法定性三种标志。其特点通常表现为：①协议的一方须为行政主体；②协议内容关系到公共服务等社会事务，兼具公益性和妥协性；③行政主体基于其公务目的得享有一定特权，但不得违法越界行使；④协议相对人应具有自由签订协议的自主权与对等商讨权；⑤协议适用应在法律规定的范围内。[4]王海峰认为行政协议的识别标准可以从特定主体、公益目的、法定过程和行政主体特权四方面入手。[5]目前，"综合说"观点基本已成为学界通说。

2. 对行政协议司法审查问题的讨论

行政协议司法审查是实务研究的重点。如早在 2008 年，于立深就发表了《通过实务发现和发展行政合同制度》一文，通过梳理近百个行政协议案例，基本还原了当时"无名份却切实存在"的协议样态。自《行政诉讼法》修改后，理论界拥有了更多的案例样本，更偏重诉讼程序法及其司法解释的研究，主要聚焦于司法审查程序中有关受案范围、规范适用、审理基准、非诉执行及诉讼时效等多面向的研究议题。

现有司法解释未明确行政机关单方变更行政协议的效力标准和裁判事由。因此，对行政机关行为的单方审查，学者们主要关注行政机关变更、解除行政协议的合法性问题。张彧认为《行政协议司法解释》第 14 条与第 16 条的可撤销条款没有关注到行政协议的双重属性和"协议撤销权（利）"与"行政优益权（力）"的本质差异，应当以利益衡量为标准对可撤销规则进行修

〔1〕 参见刘莘：《行政合同刍议》，载《中国法学》1995 年第 5 期。

〔2〕 参见应松年主编：《当代中国行政法（下卷）》，中国方正出版社 2005 年版，第 995～998 页。

〔3〕 参见胡建淼：《行政法学》，法律出版社 2015 年版，第 452～453 页。

〔4〕 参见姜明安主编：《行政法与行政诉讼法》，北京大学出版社、高等教育出版社 2015 年版，第 310～313 页。

〔5〕 参见王海峰：《试论行政议的边界》，载《行政法学研究》2020 年第 5 期。

正。[1] 在行政协议的法律适用问题方面，融合民法合同规则和行政法规则是一个关键议题。余凌云认为行政契约订立或审判的法律适用中，是否援引以及如何援引私法规定包括双重判断基准：一是与行政性相融的行政法未决事项；二是行政协议法理关系与民法的共通性。[2] 韩思阳认为《行政协议司法解释》未能有效回应无效行政协议规则的不系统、不统一问题。司法实践中，若允许法院兼以行政规则与民事规则判定行政协议效力状态，则容易引致许多问题：合同法规则不明确以及法院极易在规则选用过程中滥用司法裁量权。他提倡打破行政诉讼法与合同法规则的界限，将无效行政协议的审查规则进行统合，并就体系化的无效行政协议审查规则具体条文进行拟定。[3] 张青波则先后研究了行政协议"司法审查的思路""变更解除行为"和"撤销行为"的司法规则。他在《论行政协议司法审查的思路》一文中认为行政协议应以意思表示一致、约定内容判断是否成立行政协议，要分别根据双务协议与和解协议各自需遵守的规范，审查有无民法上的效力瑕疵；[4] 在《行政协议变更解除协议的司法审查》一文中，他提出将社会公共利益具体化为"明确规定的公共利益"和"由不特定多数人皆可分享的利益"，在此基础上，应遵守比例原则和协商、说理程序步骤，并补偿损失。法院应分别以违反法定程序、适用法律法规错误、主要证据不足或明显不当为由予以撤销行政机关的违法单方行为；[5] 在《可撤销行政协议的价值与认定》一文中，将行政协议可撤销对应于我国《行政诉讼法》第70条进行分别归类，如指出应将缔约行政机关不具有法定职权的归为"无法定职权"，程序违法超过轻微程度应以"程序违法"为由撤销，双方给付义务失衡或无正当合理关联的应以"明显不当"为由撤销等新观点。[6]

近来，也有学者开始对行政协议相对人给予特别的关注，如徐健认为相

〔1〕 参见张彧：《行政协议可撤销的判断标准及其修正》，载《政治与法律》2020年第11期。

〔2〕 参见余凌云：《行政契约论》，中国人民大学出版社2000年版，第110页。

〔3〕 作者在文章的最后解决方案为拟定司法解释。详见韩思阳：《无效行政协议审查规则的统一化——兼评〈行政协议解释〉》，载《法学杂志》2020年第10期。

〔4〕 参见张青波：《行政协议司法审查的思路》，载《行政法学研究》2019年第1期。

〔5〕 参见张青波：《行政机关变更解除协议的司法审查》，载《财经法学》2021年第6期。

〔6〕 参见张青波：《可撤销行政协议的价值与认定》，载《法商研究》2022年第1期。

对人不履行协议时行政机关应根据"等级性行政协议"和"对等性行政协议"的区别，采取"回转至原有的具体行政行为模式"或"建立双向性诉讼结构"加以分类处理。[1]李凌云则针对行政协议中的意思表示撰文，指出行政诉讼环节应探求意思表示真实性，还需应对合法性审查与意思自治的关系，在采用多元解释方法基础上，处理好意思表示真实性的举证责任分配、格式条款中行政优益权可能的不当影响、其他行政解释对意思表示的冲击等论题。[2]

总体上，行政协议司法审查的研究主要围绕两项问题开展：一是关于受案范围和法律适用等规则问题；二是非确定性原则与标准的法益权衡问题。

3. 对行政协议制度统一问题的讨论

鉴于我国目前从宏观视角关注行政协议制度统一问题的专门研究尚且不足，对行政协议制度统一问题的讨论可解构为对"法制统一问题"的讨论、对"行政法体系化"的讨论与"专门针对行政协议制度统一"的讨论三部分分别梳理。

第一，对"法制统一问题"的讨论。统一的行政协议制度，需要调和依法行政理念与契约自由理念间的冲突。我国学界对"法制统一"基本原则的理解上基本存有共识。方世荣认为法制统一是法治国家最基本的要求之一，包括"禁止下位法与上位法相抵触"的立法统一和"各级执法和司法机关都应统一地执行和适用法律"的法律实施的统一。[3]王人博和程燎原认为法制统一是"法律的不矛盾"，要求法律具备协调性和和谐性，"作为一种主导性和确定性的行为，形式化法律体系必须避免自相矛盾，以达到和谐统一，这是历代思想家和法学家所普遍承认的基本定律。"[4]赵宏则从法学科角度的指出，法的统一化建构表现为一种形式上的逻辑构造，是达成学科内部的自足与稳定的前提所在，进而有助于实现实定法体系与法秩序的安定。[5]

---

〔1〕 参见徐键：《相对人不履行行政协议的解决路径》，载《政治与法律》2020年第11期。

〔2〕 参见李凌云：《论行政协议中的意思表示》，载《法治社会》2021年第6期。

〔3〕 参见方世荣：《论维护行政法制统一与行政诉讼制度创新》，载《中国法学》2004年第1期。

〔4〕 王人博、程燎原：《法治论》，山东人民出版社1998年版，第168页。

〔5〕 参见赵宏：《基本原则、抽象概念与法释义学——行政法学的体系化建构与体系化均衡》，载《交大法学》2014年第1期。

刘莘和覃慧更为具体地指出实现我国法制统一的途径应包括"法律保留原则的适用""扩大化适用法律优先原则"以及"规范性文件的备案及审查"四道防线。[1]

第二，对"行政法体系化"的讨论。中国行政法学的关键任务之一是实现自身体系化建构，我国行政法自始缺乏系统和成体系的思考与建构，这在相当程度上制约了行政法学的整体和均衡推进。[2]近几年，行政法典化迎来时代机遇，成为学界的热点议题之一。行政法典化的重要价值在于通过制定所有单行法规所共同遵循的原则，以更好地指引行政法规的整理和制定。行政法典化的预备路径对行政协议法律制度的统一无疑具有重要的指引意义。总体上，学界对于行政法体系化的态度呈两级，否定论者认为行政法难以实现体系化，应继续坚持以行政行为类型分别立法的思路。朱芒教授认为行政法典化的困境在于依照总论的法学方法难以涵摄于独立的行政法各论，以及既有概念难以统合行政法学中行政规制等新问题的不兼容性等。[3]肯定论者则主张行政法需要体系化，这也是目前多数学者所共同推崇的观点，分歧则主要在于如何实现体系化。赵宏认为，行政法体系化建构可提升学科的稳定程度及规范效能。[4]刘绍宇从德国行政法法典化的"总则法典化""行政程序法典化"和"全部法典化"路径选择上析出总则法典化是我国当下的最优选择，并具有体系功能、减负功能、学术推动功能和创新功能等多项优势。[5]章志远通过分析《中华人民共和国民法典》（以下简称《民法典》）编纂进路，得出行政法典编纂应当超越程序法与基本法之争论，坚持走"行政法总则 + 行政法典各分编"的两步走策略。[6]叶必丰认为需通过"行政程序法"来完成体

---

[1]　参见刘莘、覃慧：《论我国"法制统一"的保障体系——兼评修正后〈立法法〉的有关规定》，载《江苏社会科学》2015 年第 4 期。

[2]　参见赵宏：《基本原则、抽象概念与法释义学——行政法学的体系化建构与体系化均衡》，载《交大法学》2014 年第 1 期。

[3]　参见朱芒：《中国行政法学的体系化困境及其突破方向》，载《清华法学》2015 年第 1 期。

[4]　参见赵宏：《行政法学的体系化建构与均衡》，载《法学家》2013 年第 5 期。

[5]　参见刘绍宇：《论行政法法典化的路径选择——德国经验与我国探索》，载《行政学研究》2021 年第 1 期。

[6]　参见章志远：《民法典编纂对行政法法典化的三重启示》，载《特区实践与理论》2020 年第 5 期。

系化任务，其主要优势在于既可兼顾实体法，又不追求实体法的全面和完整，在立法技术上可行。[1]基于学界的积极推动，2021 年 4 月全国人大常委会法工委宣布要在总结《民法典》编纂经验基础上，研究行政立法领域的法典编纂工作。

第三，在专门针对行政协议的制度统一问题上，现有部分研究指出了其重要性和统一的方案。刘飞从《行政协议司法解释》的职能角度谈及其应服务于实体法律关系中的争议解决，否则"其亦逾越了作为程序规范的应有边界"，这从侧面体现了对该解释本身即为法源观点的否认态度。[2]有学者指出，在行政协议法制领域仅制定行政法律，设置行政复议及司法审查程序还不够，必须有一个能满足管理要求又可减少纠纷的"大容量制度"，其解决方案指向健全行政协议制度。[3]王敬波认为我国现行《行政诉讼法》的总体构造仍然延循单方行政行为的格局设置，并无多少条文可以应用于行政协议。《合同法》等民法规范难以转用于行政协议，为行政协议建立系统的实体法律规范才是最终方向。[4]余凌云提出两项行政协议法制化的构想，一是完善行政程序，并指出行政协议程序建构的几项重点：①以限制相对人（或第三人）权益为内容的协议条款须经书面认可方产生效力；②奉行严密的协议要式规定；③行政机关行使主导性权利时应说明理由；④信息公开；⑤通过听证与协商制度赋予相对人反论权；⑥上级行政机关对行政协议的监督权；⑦归责机制；[5]二是制定专门的行政协议法。余凌云否定了针对特定行政协议制定单行法律予以规范的个别性立法形式，指出这种做法会导致行政协议手段产生对单行法律"亦步亦趋"的强烈依赖，丧失原有的裁量性与机动性。江必新在宏观上就中国行政协议制度的体系、内容及其构建指出，行政协议建制的"首选"和"次选"方案，前者在于订立统一的行政程序法典，后者则在

---

[1]　参见叶必丰：《行政法的体系化："行政程序法"》，载《东方法学》2021 年第 6 期。

[2]　参见刘飞：《以民事合同方式完成行政任务的可能性——以"永佳纸业案"为例的考察》，载《法学》2023 年第 5 期。

[3]　参见牛太升：《行政合同及其诉讼地位探讨》，载《中国法学》1992 年第 3 期。

[4]　参见王敬波：《司法认定无效行政协议的标准》，载《中国法学》2019 年第 3 期。

[5]　参见余凌云：《依法行政理念在行政契约中的贯彻》，载《公安大学学报》1998 年第 1 期。

于由国务院制定专门条例。[1] 何渊提出了由全国人大制定单行行政协议法以及参考西班牙的立法经验，在行政程序法中专设行政协议章节两种方案。[2] 他还指出，行政协议作为一种制度化的政府与社会间合作，必须有相应的平台提供支撑，可由国务院先行制定条例，而后上升为法律，其中实体和程序内容应分别规定。[3] 总体上，公法模式下行政协议的法制统一方案共有：①制定统一的"行政程序法"，一并设置所有类型的行政行为规则，为行政协议设置专门章节[4]；②制定专门的"行政协议法"或"行政合同条例"[5]，以实现行政协议这一行为的"局部法典化"。[6] ③同时制定分别规制行政协议实体和程序的"行政协议法"和"行政程序法"。

　　反观实践，在制定统一行政协议制度的进度和流程上，以公法模式调整行政协议关系确系我国部分地区已采取的通常做法。如《湖南省行政程序规定》等都设专章对行政协议问题予以系统化。行政程序规定并不只字面含义的程序规定，还有许多实体性规定，因此抛去其程序法外观，在本质上也与实体法差别不大。但碍于单设专章于各地行政程序规定的做法并未普及，行政协议也具有一定程度的地域性特点，地方性规定间难免存在不统一。且若要实现行政协议制度统一的目标，待规制内容将远超过已有实践中的规范内容和格局，需要予以重构。

　　4. 国内已有研究的借鉴意义及其不足

　　我国行政协议的研究路径经历了一定的转型。传统宏观脉络基本沿袭着"行政协议判定——审理模式确认——裁判法律适用"的基本路径。在专门性解释制定出台后，相关研究则展现出更为精细的发展态势，这无疑为行政协

---

〔1〕　参见江必新：《中国行政合同法律制度：体系、内容及其构建》，载《中外法学》2012 年第6 期。

〔2〕　参见何渊：《论行政协议》，载《行政法学研究》2006 年第 3 期。

〔3〕　参见何渊：《行政协议：行政程序法的新疆域》，载《华东政法大学学报》2008 年第 1 期。

〔4〕　参见江必新：《中国行政合同法律制度：体系、内容及其构建》，载《中外法学》2012 年第6 期。

〔5〕　参见江必新：《中国行政合同法律制度：体系、内容及其构建》，载《中外法学》2012 年第6 期。

〔6〕　参见何渊：《论行政协议》，载《行政法学研究》2006 年第 3 期。

议制度统一提供了相当体量的理论基础。[1]

（1）国内已有研究的经验价值主要体现在：

第一，铺陈了行政协议制度体系化的必要性。我国当下行政协议立法模式遵循"成熟一个通过一个"的基本路径，散布于行政法不同部门领域。单就"体系化"一词而言，是指将既存的零散概念，依统一原则安在"经由枝分并且在逻辑上相互关联在一起的理论构架中"[2]概言之，体系化的过程就是将稳定、普适性原理规定等从繁复的法律事实中加以筛选、提存并进行逻辑整合的过程。[3]行政协议制度的体系化也不外乎于此种建构路径。只有经过体系化锤炼的概念、规范和理论方具有强大的稳定性，而这些是建立制度的前提要件，也可令人们对行政协议的认识更具有总体性和概观性的思考。这些行政法体系化的各项优势说明也同样适用于行政协议制度统一的功能论证。涵射到行政协议的法制度中，该思路可运用于回答行政协议体制机制运作不流畅、不健全正是因为行政协议法规范制定、解释、适用等各方面均欠缺体系化的统一指引所致。

第二，为行政协议的制度统一提供了几种可能的方案，并分析了各自的优劣，预先解决了本文研究面临的一些主要问题。我国学术界对于行政协议制度统一方案共有制定统一的"行政协议法"，在"行政程序法"中进行规定以及由国务院制定"行政协议条例"几种。这些方案均以揭示出当下行政协议制度统一的困境为前提，如规范缺位、分散、冲突和虚置等各类表层的规范问题，以及行政协议对象的广泛性和规则的易变性等本质根源。由于这些已经被提炼出的共性原因是长期、普遍存在的客观问题，故而大大减少了本文在分析行政协议制度不统一的现状与问题时的推进难度。此外，现有方案不仅研究了行政协议制度统一面临的事实与法律条件，设计了行政协议制度统一的内部分层分级逻辑规范，还提出了一些有关行政协议实施的具体制度和机制，这些都从不同的侧面启发了统一的行政协议制度建构的形式与内容。

---

[1]　参见吴明熠：《新解释下行政协议司法审查的研究转向》，载《法治社会》2020 年第 4 期。
[2]　黄茂荣：《法学方法与现代民法》，中国政法大学出版社 2001 年版，第 427 页。
[3]　参见赵宏：《行政法学的体系化建构与均衡》，载《法学家》2013 年第 5 期。

（2）当前对于行政协议议题的研究也有不足：

第一，研究视角狭隘。行政协议研究仍限于传统行政行为理论的狭隘视角，缺乏结合行政协议特质展开的深度、系统的研究，也仍欠缺打通与民法学交流渠道基础上的互通交叉型研究；

第二，现有研究对行政协议的制度统一问题关注不足。现有研究中仅有个别学者浅尝辄止地提出行政协议的实体立法趋向和粗略的设计构想，几乎没有就行政协议制度统一问题进行的系统性、专门性研究。目前对行政协议的研究呈现集中于协议救济的不均衡样态，对协议的规范建构和运行过程着墨不多。比如对行政优益权等行政机关单方行为的关注倾向于如何进行司法审查的事后救济讨论，并未关注如何进行事先规范，导致难以从根本上回应行政优益权滥用的根源，如权力来源、设定主体、权限范围及如何行使等问题。[1]

第三，倚重于对末端救济的研究，而未能着力研究前端的立法规范及其相互关系，形成了对规范行政协议体制机制问题的研究空白。尤其是在司法解释出台之后，司法统一与立法不统一之间出现了一个可供解释的真空地带。行政协议的立法分散化、上下级行政协议立法间的不统一、行政协议和司法裁量权的基准设定等未决问题，都还有待持续地探索。

四、研究方法

本书重点运用了以下研究方法：

（一）规范分析方法

规范分析包括实然层面的文本分析和应然层面的价值分析。在文本规范层面，梳理和总结我国现有行政协议法律法规、政策文件以及司法案例等相关材料，解读对行政协议进行法制统一的必要性及可行性。在价值规范层面，通过剖析行政协议制度统一中立法、执法和司法三个层面的规制需求和价值导向，遵循"价值指引——制度设计"的基本逻辑确定行政协议法制统一的基本路径。

---

〔1〕　参见余凌云：《行政法上合法预期之保护》，清华大学出版社2012年版，第2页。

（二）实证分析方法

实证分析方法以经验和观察为依据，进行逻辑演绎与经验归纳。在行政协议制度统一的研究中，以行政协议司法裁判案例为分析对象，归纳整理其法律规范的司法适用问题，探索发现行政协议规范与司法适用之间的实际运行情况，并筛选其中典型案例为分析蓝本进行细致推理演绎。从司法实践出发，可以真实了解我国行政协议的制度实施情况，并从现实困境探索其完善方向。

（三）比较分析方法

比较研究法是对事物的相似或相异性进行考察，归纳总结普遍规律与特殊规律的方法。行政协议在不同的国家区域、不同的社会（文化）条件、不同的公共领域都有着不一样的法制状况。如德国、法国等大陆法系国家就有相对完善、一致和系统的行政协议法律规定，运用比较分析法可以借由"他山之石"为我国行政协议的制度统一路径构建提供有益的借鉴。本书将重点对世界范围内其他国家现有的行政协议法律制度及其实施情况进行比较分析，总结其优势，并加以本土化。

五、创新价值

（一）选题创新

行政协议的传统研究主要集中于行政协议一般原理和司法审查模式的研究。近年来，有关行政协议性质、法律关系和效力等本体论问题的研究及其司法审查中关于法律适用和审理标准等问题的研究大量增多，这表明目前行政协议的研究呈精细化发展。本书在此研究基础上，特别注重针对行政协议制度性规范问题的研究并提出解决思路，选题具有新颖性。研究行政协议的制度统一是跳出现有细节化研究范式外的新议题，意图在宏观上对行政协议进行更为系统性的深耕。这既需要纵深关注行政协议立法能否有效指导执法、司法的连贯性程度，还需要在横向上发现立法、执法、司法内部各自的制度不统一问题。

（二）观点创新

本书主要有如下观点创新：①在基础理论方面，本文在行政协议项下根据协议功能与目的的区分理论细化为"执行型行政协议"和"合作型行政协议",并提出行政协议属于牵连有民事因素的行政契约;②在制度统一的立论方面,本书承认行政协议具有协议一般属性和特点,同时兼具国家行政管理特性,跳出行政法或民法的单一逻辑,而遵循将二者相混合的整合逻辑,借由立法解释加以集中表达。提出行政协议的制度统一应以"去中心化"的协同理论为学理基础。"去"的是单独以民事法律规范或行政法律规范作为基本框架的立法模式,防止行政协议偏向其中一方,导致另一方的失衡。"协同"的则是行政协议整体的平等要素与权力要素,二者具体到行政协议某一阶段的地位可能稍有侧重,但若用发展的眼光看,行政协议签订只意味着该行为的起始,而后的运行阶段给予了公私法规制以充分的应用空间,恰恰保持了一种动态均衡;③在具体规则的统合方面,本书围绕"以行政机关和相对人间以契约为核心要素建立起的常态法律关系"和"以维护行政任务和公共利益为价值塑造的隐性法律关系"两条主线进行规范与制度的整合再造,统一行政协议的性质判断及规范语义,提炼统合了公私法中的无效、撤销、效力待定的效力规则,并提出建立行使优益权的裁量基准、"协议主管人"和"查验政府权限及资产"等具体制度;④在行政协议制度的实施方面,本书围绕"行政运行"和"司法审查"提出统一方案。包括:应建立行政协议行政解释以统一解释主体和内容,在其内容中细化设置相关的具体制度,建立统一的行政案例指导制度;在统一的司法审查方面,应完善现有司法解释,建立双向诉讼结构和行政公益诉讼等司法制度,推进传统"行为之诉"向"关系之诉"的演进。并研究了行政协议司法裁量权的掌控问题,以细化审理标准维度与密度的方式,明确司法权与行政权的合理界限,避免司法审查"过"与"不足"的双重危险。同时还提出完善保障统一的司法案例指导制度的具体方法。

（三）研究视角和方法创新

本书在研究视角上有如下创新:①研究切入角度较新,本书通过释明《行政协议司法解释》出台后仍存在的困境,结合司法解释与实体立法的功能定位差异,提出司法解释无法代替行政协议实体法律的结论;②观察角度较新。传统行政行为的合法性只关注由行政机关作出的权力行为,本书在研究过程中则破除了以"行政行为"为中心的基础逻辑，以"行政过程论"为基础在横向的时间维度上观察行政协议，将完整的行政协议法律关系放在时间轴上分别关注其不同环节，目的是更为细致地发现行政协议中法益的多样化，从而有针对性地加以调整；③本书对行政协议问题的研究从"行为说"转向"关系说"，从传统"行政行为理论"本位转向"契约法律关系理论"，为推进行政协议理论研究供给了全新的观察、分析视角。

在研究方法上，现有研究多以纯粹规范分析法展开，本书则对此有所突破，强化了实证研究和案例分析方法的运用。同时，本书也注重借鉴域外制度建设和理论基础，比较分析了德、法、英、美等多国行政协议法律制度的经验。

第一章　我国行政协议的制度现状
及不统一现象

　　"在人类管理公共事务的历史上，先后有两种制度发挥了神奇的作用，一个是程序，一个是契约。"[1]契约作为人类文明伊始的久远交易制度，其适用范围不再仅局限于平等主体之间的民事交往领域。与行政职能领域范围拓宽和公共行政范式变迁相伴而生的是政府提供公共服务的理念逐步开放，愈加呈现行政手段多元化态势。[2]正是在这种背景下，以行政机关和相对人交互式契约为内核的行政协议应运而生。我国最早关注"行政协议"议题于20世纪90年代后期，余凌云教授在《从行政契约视角对"杨叶模式"的个案研究——治安承诺责任协议》一文中给出经典定义："行政法关系上形成的协议其实质是一种纯粹意义上的行政契约"。随着行政协议实践的不断增多，有关行政协议的理论研究在我国逐年增量。

第一节　行政协议的制度现状

一、行政协议基础理论

　　因过去长期以来我国立法并未确立行政协议制度，在《行政诉讼法》修订和《行政协议司法解释》出台前，行政协议这一术语也并未获得承认，因此导致对行政协议基本理论问题的研究存量较多。行政协议的源起、界定、

---

〔1〕　江必新：《中国行政合同法律制度：体系、内容及其构建》，载《中外法学》2012年第6期。

〔2〕　参见高松元：《论法治行政与行政契约的亲和性》，载《当代法学》2002年第3期。

特征与类型是最基础的理论问题。

（一）源起：西方国家行政法上的认识

契约行政以其灵活性、对等性和高效性特征，最早受到西方国家的青睐，并逐步发展为一项相对成熟的制度。世界范围内，在不改变"由政府部门和行政相对人签订协议"的基本认同前提下，行政协议还可以比照各国家法律传统和法律依据的实际进行细分，大致可分为：一是未严格区分公私法的普通法背景下的行政协议，以英美国家为代表；二是以行政为主的行政协议，以法国为代表；三是以契约为主的行政协议，以德国为代表。[1]

英国和美国属于普通法系国家，素有"不区分公私法"之传统，因此，行政协议并未因行为主体的不同而存有过多法律适用上的"特殊对待"，同私人合同一起适用普通法规则。法国则是大陆法系的代表国家，沿袭严格的公私法两分传统。因而，与普通法系国家相比，大陆法系国家对待私人协议和行政协议间的价值取向更趋于区隔，遵循公共利益优位的观念，将行政性视为行政协议第一内在属性而强于合意性，其基本逻辑是"先有行政，后有协议"。行政协议作为执行行政任务的方法之一正在这样的背景下发展起来，并被广泛应用于经济合作、资产转让、科研教育等各类社会事项领域。在客观合法性为价值衡量的法国公法体系背景下，法国行政协议制度相应受到公益性的引导，兴起于 19 世纪公共服务特许领域，是"游走于公共服务与市场竞争之间"的治理工具，因此，法国行政协议是公共服务的变体和产物。相应的制度建构也深刻沿袭了此种观念，例如，法国设定了对于行政协议中行政机关一方的特权，此种权力行使无须申请法院裁判，也无须与对方进行协商，只要行政机关是出于"维护公共利益需要"的主观判断即可行使。例如，在"Comgagnie générale franaise des tramways"案例中，政府专员提出的"基于公益的单方调整权理论"[2]当属对行政机关基于公共利益维护的积极介入。德国虽也同为大陆法系国家，受公私法划分理论影响，相比法国侧重于从行政视角观察行政协议的规范主义进路，德国对行政协议双重属性的认知更趋于

---

〔1〕 参见应松年主编：《比较行政程序法》，中国法制出版社 1999 年版，第 251 页。
〔2〕 王必芳：《论法国行政契约的特点》，载《台北大学法学论丛》2017 年第 2 期。

平衡，如德国虽承认行政协议当以公共利益为本位，但也强调要注重双方当事人的平等地位，对公共和个人利益进行同等保护，以严格的程序规制限制行政机关的单方特权。也即，德国行政法视野下的行政协议既认识到了现代行政任务对于行政协议的需求，也试图在"契约"和"行政"间采取一种眼光更为长远的"平衡策略"。

（二）行政协议内涵及相关概念辨析

按照《行政协议司法解释》的表述，行政协议被定义为："行政机关为了实现行政管理或者公共服务目标，与公民、法人或者其他组织协商订立的具有行政法上权利义务内容的协议。"但这一内涵所指涉下的称谓却不止"行政协议"一种，在不同的著述和文章中，也常见有"行政契约""公法合同"及"行政合同"等类似表达。除了与行政协议在相同意涵上使用的不同称谓外，与其表意内容不完全相同的类似概念仍然需要加以界分，否则有混淆之嫌。

1. 辨析之一：政府合同与行政协议

行政机关双重身份决定了其签订的协议的性质两重性——既包括作为普通民事主体签订的民事经济合同，也包括为实现行政目标签订的行政协议。从已有的规定来看，不同地方对"政府合同"的内涵与外延规定也不尽相同，目前，关于政府合同共有如下几部地方性行政规章：①《广州市政府合同管理规定》第 2 条将政府合同定义为行政机关"在行政管理、公共服务以及民事经济活动中"作为一方当事人所订立的协议，明确了政府签订的"民事经济活动"也属于政府合同，同样地，在《岳阳市政府合同管理办法》第 2 条中，也采用了相近表述；②《珠海市政府合同管理办法》和《兰州市政府合同管理规定》则选择使用"经济活动"的概念，但从其项下列举的具体类型来看，政府合同并未将民事经济合同排除在外；③《汕头市行政机关合同管理规定》第 3 条则将行政机关合同定义为行政机关与社会主体"所达成的书面协议及其他合意性法律文件"，这一概念与《行政协议司法解释》的界定较为一致。

可见，上述虽然都使用了"政府合同"的一致称谓，但不同地方对其概念界定却并不统一。除《汕头市行政机关合同管理规定》外，其余四部政府规章均没有对行政机关双重角色进行区分，让"政府合同"一词成为兼容并蓄的口袋概念。在这一笼统集合内，只要是缔结一方主体为行政机关的合同都被纳入进来，而不深究其内容究竟是民事属性或行政属性，因而，这种意义上的政府合同当属于一个规范概念，并非学理概念。故此，政府合同并不是行政协议的上位概念，不能与行政协议替换使用，也不属于行政协议概念的外延。

2. 辨析之二：政府间协议与行政协议

随着社会主体多元化和社会关系复杂化，越来越多的问题需要政府进行调控，各种跨领域和跨地区等超越原本职能范围和辖区边界的治理问题变得普遍。正是"问题领域的跨界性和问题之间的交叠性"背景催生了跨界治理的政府间协议。[1]此种政府部门间签订的协议在其他国家也早有实践，在英国，其行政协议有两种形式，一是政府自身负责实施的事务外包给私方，属于政府法定职责的社会移转；二是行政机关之间订立的合作协议（administrative collaboration）。[2]后者即可与我国语境下的政府间协议相对标。在我国，早在1950年左右，江浙公安部门就以签订合作协议或协作章程的方式打击流窜犯，并逐渐将这一模式向苏浙沪刑事侦查协作和华东地区社会治安联防协作进行拓展。[3]截至目前，泛珠三角、长三角、京津冀、环渤海等地方政府已签订上百项合作协议，这一数字还在不断攀升。可以见得，这种政府间协议实质上属于一种双方主体都为政府的对等协议。曾有观点认为行政协议与行政合同并不相交，行政协议应仅指公权力主体之间相互签订的政府间合作协议而不包括所谓的"公私合作"，故而更类似抽象行政行为。[4]此种概念分歧归根结底基于制度上规定的欠缺，《行政诉讼法》与《行政协议司法解释》的出台在很大程度上消除了这种不统一。本书所称行政协议也在后一种意义上使用，仅指行政机关与公民、法人和社会组织等非对等主体签订的协议，

---

〔1〕 参见杨志云：《政府间合作协议的有效性检视》，载《行政管理改革》2015年第4期。

〔2〕 《英国地方政府法》（Local Government Act 1972）第101条。H. W. R. Wade, C. F. Forsyth, *Administrative Law*, London：Oxford Clarendon Press, 1994, p. 803.

〔3〕 邹兴华、陈品贤主编：《浙江人民公安志》，中华书局2000年版，第156~158页。

〔4〕 黄学贤、廖振权：《行政协议探究》，载《云南大学学报》2009年第1期。

而并不包括政府间协议。

（三）行政协议的基本特征

当前学术界对行政协议特征的已有研究颇多，受公私法二分的传统思路影响，主流观点基本集中于签订行政协议的一方当事人是否为公权力主体、是否以推行行政管理或提供社会服务的公益目标为宗旨、行政机关是否具有优先于相对人的特权等多方面综合考量，共同生成对行政协议的识别标准。但这种分析框架仅在一般意义上说明了行政协议的特点，属于对行政协议定义的延展解读，并没有说明行政协议的特质。

所谓特征正是一事物异于其他事物的独到之处。行政协议的基本特征应当建诸不同比照对象基础上的提炼。行政协议作为一种以双方同意为构建基础的约定产物，其特征因所参照行为的不同而有所区别。与行政处罚、行政许可、行政强制等一般行政行为相比较，行政协议的特点集中表现为涉及领域广泛、裁量权较大以及法律关系主体非对等。与一般民事行为相比，行政协议又对契约合意性有所突破，行政权力属性凸显，行政机关享有从协议签订到履行各个环节的行政优益权。而行政协议的这些特质正表明，其无法受一般行政法律规范的调整，也不能由统一的民事法律规范所规制。

1. 特征之一：从单方行政到双方合意

"民事合同与行政协议之间，也存在这样的一种最大公约数，这就是契约合意。"[1]从逻辑的角度，协议在本质上是一种经双方共同确认形成的意定约束，与作为外部规则的法律规范共同构成行为规制的两种方式。有学者曾从行政法律关系的视角将行政协议定义为双方当事人各为的意思表示形成统一后而成立的行政行为。[2]正因如此，行政协议还要受来自行政相对人的意思表示拘束，得益于此种"交互合意"，行政协议便拥有了其他行政行为不具备的竞争激励与利益协调的独特功能，构成适配于市场经济体制的新兴的行政管理工具。

---

〔1〕 于立深：《行政协议司法判断的核心标准：公权力的作用》，载《行政法学研究》2017 年第 2 期。

〔2〕 周伟：《论行政合同》，载《法学杂志》1989 年第 3 期。

按照"两种行为并行禁止"理论,当行政机关选择行政协议的"意定"方式后,通常不能再通过"强制性"的行政行为对相对一方施以命令,此两种法效力汇集于一处则相互抵牾。[1]但行政协议的特殊性正在于在合意之外,又不可丢弃维护社会整体公共利益的行政职责,因此应当允许在特殊情形下对该原则予以适当突破。这种突破就集中表现为行政协议中行政机关的单方优益权,具体包括政府选择社会合作方的权利、对协议正确落实的引导权、对不履约相对方的监督权、必要情形下的协议解除权和变更权等权能内容。在协议处于正常履行状态时,行政主体的优益权处于备用状态,只有在必要情形下方得以出场,包括协议处于履行异常状态、合同目的难以落实,其行政性与公益性则可通过"在契约中保留政府特权或者主导性权力的条款来实现"[2],作为监督者和引导者的行政机关的优益权获得释放,以实现纠正价值。行政优益权虽然只是行政协议实现行政目的的派生手段,不能反过来作为识别行政协议的标准,[3]但是行政机关单方具有优益权的协议一定是行政协议。[4]

2. 特征之二:单一对象域的大幅拓展

行政协议作为行政管理新手段,在社会生活的多个方面都有应用。《行政协议司法解释》第2条集中列举了几种应当依法受理的行政协议行政诉讼案件类型:其一,政府特许经营协议,特许经营权的权利客体是一种稀缺资源,包括对有限自然资源的开发利用、对需要特殊资信和能够产生巨大经济利益等经营性资源的特许;其二,土地、房屋等征收征用补偿协议,即国家出于公共利益所需,遵循法定程序和法定权限将集体所有土地转化为国有土地或在不改变所有权的情况下收归公用时,需要依法给予合理补偿和妥善安置而与被征收征用人签订的补偿协议;其三,矿业权等国有自然资源使用权出让协议,允许这一内容进入行政诉讼受案范围,将有效监督国有自然资源领域

---

〔1〕 参见刘飞:《行政协议诉讼的制度构建》,载《法学研究》2019年第3期;徐键:《相对人不履行行政协议的解决路径》,载《政治与法律》2020年第11期;方世荣、付鉴宇:《论法治社会建设中的政府购买公共法律服务》,载《云南社会科学》2021年第3期。

〔2〕 邢鸿飞:《政府特许经营协议的行政性》,载《中国法学》2004年第6期。

〔3〕 参见余凌云:《行政契约论》,中国人民大学出版社2006年版,第24页。

〔4〕 参见胡宝岭:《行政合同争议司法审查研究》,中国政法大学出版社2015年版,第36页。

政府不履约、不监管等乱象；其四，保障性住房的租赁买卖协议，有别于完全由市场提供的住房，租赁型保障房由政府组织建设，面向有经济困难的家庭或个人出租；其五，符合《行政协议司法解释》第 1 条规定的政府与社会资本合作协议，政府和社会资本合作是政府通过借助私人部门完成行政任务，移交公共任务经营权与执行权的合作化政府治理模式，实施的领域集中于基础设施和公用事业。

从上述纳入法院受理范围的行政协议案件来看，其所涉领域十分广泛，几乎覆盖到自然资源、社会保障、政社合作等各方面。相比于传统单方行政行为，行政协议更偏重于行政任务执行方式的变革而非行政任务本身的行为性质。也正是这一原因大大拓宽了行政协议可得应用的实施场域，不同场域内的主体关系及附着其上的利益不具有可通约性，复杂交叠的法律关系大大加重了其规制难度。

3. 特征之三：从片面震慑到裁量制约相兼容

从行政控权角度，"羁束性行政行为"与"裁量性行政行为"是一对学理上的经典概念。行政自由裁量权是指行政主体在法定幅度范围内，自由合理运用其权力的行为。建构理性化的法律模型进而实现社会治理规则控制是通常的限权思路，这要求行政机关在作出行政行为时符合法律规则所预设的目的要素、行为要素和结果要素。但在理论上，如要诉诸对自由裁量权无遗漏式的法律规制，却容易产生悖论。行政协议的灵活特质在行政协议法律关系的相对人一方，就凸显为公民等社会主体的权利意识兴起，要求参与的自主能动的意愿；在行政机关一方，就表现为行政机关可以根据自由裁量权签订和履行行政协议。再从行政行为发展变迁的角度来看，行政协议之所以勃兴，正是因传统单方行政行为难以负担日益增多的行政管理任务，而自由裁量权可积极地发挥行政机关社会管理的能动性，利用双方智识灵活高效地处理问题以纾解困境。可以说，正是宽泛的自由裁量权在公共行政范式急速转变背景下赋予行政协议以存在的意义。

此外，行政协议自由裁量权较大也容易引发权力控制不当的问题。国内行政法学对"行政裁量基准"的研究和应用都呈现出较为繁荣的态势，其基本思路是通过行政机关在实际工作中能动地发现问题、积累经验、制定针对规范行政自由裁量的管理约束机制,使得行政机关既可高效推进行政任务,又能尽量减少借由自由裁量进行权力寻租的可能。[1]这似乎为行政协议的裁量控制提出了一个很好的思路。但设置行政裁量基准的前提是存在基本完备的制度框架,而行政协议法律制度的制度框架要素欠缺,不足以支撑裁量基准的进一步细化,存在自由裁量权控制需求与规制不足之间的困境。

(四)行政协议的基本类型

有名行政协议的具体类型在诉讼法及其司法解释中已有列举,学理上的分类则有所不同,包括:①根据协议所属行政关系分为内部协议和外部协议;②根据协议内容,行政协议分为承包协议、转让协议和委托协议;③根据协议事项领域,可分为基础设施、人才引进、拆迁补偿等协议。但这种简单根据协议表象特征的列举区分方式未触及行政协议之根本特质。余凌云教授也曾在《行政契约论》一书中选择了三个较具代表性的协议形态进行个案剖析,其中政府采购协议属于"混合契约"形态,治安承诺协议属于纯粹行政契约形态,执法责任协议为"假契约"形态。[2]但这种划分方式弊端也很明显,把现代政府中借助协议理念进行的单方行政管理活动都囊括至行政协议范畴之中,拓宽了行政协议的外延,与我国已有法律规范行政协议的通说概念不符。

行政协议的产生和发展标示着以关注"行政行为本位"的传统行政法转向以"行政协议法律关系"为内核的现代行政法,行政相对人的地位由过去单纯受规制方变为与行政机关并列的对等主体。对行政协议的类型划分可以参照法国识别行政协议的"公务理论",该理论奉行"与公务有关"的行政机关保有特殊权力的识别标准。"与公务有关"包括两种情况:一是协议当事人直接参加公务的执行;二是协议本身即作为施行公务方式之一。[3]可以看

---

〔1〕 参见廖秋子:《行政自由裁量权的存在悖论与规范理路》,载《东南学术》2010年第2期。

〔2〕 参见余凌云:《行政契约论》,中国人民大学出版社2000年版,第38~40页;余凌云:《行政法讲义》,清华大学出版社2010年版,第256页。

〔3〕 参见余凌云:《论行政契约的含义——一种比较法上的认识》,载《比较法研究》1997年第3期。

到，法国"公务理论"充分认识到了不同行政协议中相对人地位的非均等性，并以此进一步划分了行政协议的两种情况。结合我国行政协议的现实情况，这种以行政协议相对人地位和权能为标准的甄别思路，同样可以运用于行政协议的学理类型划分上，包括：一是协议仅作为执行公务的结果输出方式的，属于"执行型行政协议"；二是协议相对人实质参与到公务执行全过程的，属于"合作型行政协议"。

1. 执行型行政协议

执行型行政协议通常是为了顺利贯彻行政机关先前决定，增加相对人的可接受程度，而替代性地以协议签订方式加以确认，是具体行政行为的自然延伸。换句话说，此类行政协议旨在以具体行政行为的替代方式"便宜地实现行政目的"[1]。例如"土地、房屋等征收征用补偿协议"，其仍依托于行政征收和行政征用的具体行政行为，行政协议仅具有确认补偿和安置结果的补强功能，并非是与行政征收和行政征用并列的独立行政行为。从权能角度来看，这种附着于传统行政行为上的执行型行政协议大大限缩了行政相对人可得行使的权利。在协议签订阶段，行政机关有权依据先前行为直接指定相对人并要求签约，相对人一方交流意愿弱化，不享有是否签订协议的自主决定权，仅享有在协议签订前针对具体条款的商榷权；在协议履行阶段，由于执行型行政协议相对人可得履行的内容一般已经完成，即便需要相对人作出一定履约，也通常为一次性的简单给付或行为，对相对人自身合作能力要求较低。此种协议一经签订就基本定型。故此，此类行政协议本质上只是负责输出结果的工具，协议方式只不过为相对人提供了一个相对平等的意愿交互平台，增加了其心理上的可接受性。

2. 合作型行政协议

合作型行政协议则偏重于运用社会资源，注重合作伙伴的自身能力，通常是以推动本地经济为目的展开的政府与社会合作，可不依附于其他行政行为而独立存在。政府具有行政管理职能并不意味着必须由政府直接包揽各种服务事项。合作型行政协议并不以其他行政行为附着对象，其运作机理表现

---

〔1〕 徐键：《相对人不履行行政协议的解决路径》，载《政治与法律》2020 年第 11 期。

为一种行政任务的"双方交易"，行政机关（任务负担者）在缔约前允诺中设置以利益诱导为内容的合作红利，而作为交易对象的行政相对人（帮助完成任务者）则在这一动力的指引、推动下完成协议中指定条件，进而获取奖励，最终达到行政相对人"私益"与行政任务"公益"的双赢。以政府购买公共服务为例，从社会建设的广阔领域和需求范围讲，政府直接提供服务在人力、智力和技术资源等方面都不现实，因而通过购买社会蕴藏的服务力量是政府履行职能的一种选择，这就形成了法治社会建设中的政府购买模式。政府以付费出资形式为需要帮助的社会群体购买服务，由社会承接主体替代完成服务任务并获得相应报酬的服务供给方式，能化解"更多的政府服务和更小的政府规模"之间的矛盾。〔1〕在合作型行政协议的权能配置中，国家或地方政府是以协议一方主体身份而非统治者或者管理者的身份出现，其交易内容来自于双方的合意，合作目的在于完成公共任务，向社会公众提供符合其现实所需并更优质高效的产品或服务。〔2〕在合作型行政协议中相对人不是辅助人而是合作者，行政协议双方在协议订立和履行过程中拥有等价的意思表示更类似于民法意义上的合同行为。这种模式打破了原有的"政府—公民"二元关系，由私人主体介入直接面向公民提供公共服务和产品，形成了"政府—私人主体—公民"的三元法律关系。在权利配置方面，行政相对人认为自己能如约完成协议要件的，可得主动回应行政机关发出的要约邀请，享有在协议缔约环节的选择权，而非被动接受来自行政机关的指令。

综合比照两种行政协议类型，执行型行政协议是其他行政行为先行于行政协议，一般不具有实质合作内容，只具有权利义务关系的文本确认功能，相对人参与度较低；而合作型行政协议则仰赖相对人的认同和参与，进行协议相对人是否具备良好的履约能力、履行意愿和社会责任感等主客观因子的评判，相对人参与可以对协议订立以及履行结果产生实质影响，双方间形成"决定权共享"的行为结构。

---

〔1〕［美］彼得·伯杰、理查德·约翰·诺伊豪斯：《赋权于民：从国家到市民社会》，载［美］唐·E. 艾伯利主编：《市民社会基础读本——美国市民社会讨论经典文选》，林猛、施雪飞、雷聪译，商务印书馆2012年版，第177页。

〔2〕参见邓小鹏等：《基于行政法学角度的 PPP 合同属性研究》，载《建筑经济》2007年第1期。

二、行政协议的制度规定及适用现状

（一）行政协议现有制度规定梳理

实践中，行政协议的立法风格呈现出以行为类型为分类标准的"一种行政协议一个立法"的单行法外观，在内部则呈现出公私法混合的立法规范构造。《中华人民共和国宪法》（以下简称《宪法》）和《中华人民共和国立法法》（以下简称《立法法》）要求行政立法遵循统一性原则，各层级的立法之间不能有冲突。因此，要解决行政协议的制度统一性问题，需要首先厘清行政协议的现实立法状况，是否存在不统一及其不统一的外观样态。在制度的实际运行方面，各地主要以《行政诉讼法》和《行政协议司法解释》列举的有名行政行为为基本分类，行政协议立法是有关行政协议各位阶法律依据的总和，包括法律规定、地方立法规定以及司法解释规定。

1. 政府特许经营协议

"特许经营权"即面向社会主体赋予其特定的、数量有限的权利。《中华人民共和国行政许可法》（以下简称《行政许可法》）第 12 条第 2 项规定了有限自然资源开发利用和公共资源配置等事项的特许权，这构成政府实施特许经营的重要基础以及合法性来源。《行政许可法》第 53 条规定实施该法第 12 条第 2 项行政许可应以"招标、拍卖等公平竞争"方式进行，此项相比照一般的行政许可而言，凸显出明显的市场化路径特征。国家发展改革委等六部委规章《基础设施和公用事业特许经营管理办法》（以下简称《特许经营管理办法》，2024 年 5 月 1 日修订），这也是目前专门针对特许经营所设定的位阶最高的法律规范，在其第二章专设"特许经营协议订立"，就协议的缔约方式、主要内容、基本程序等做了规定。[1]可特许的包括能源和环保等公共设施和资源。根据《特许经营管理办法》第 65 条的兜底条款，以特许经营方式进行的行政管理活动中若有可依据的其他高位阶法律另设规定的，必须予以遵照。例如，我国《中华人民共和国水法》（以下简称《水法》）设定了依

---

[1]　涉及特许经营的相关规范政策还有：《市政公用事业特许经营管理办法》（中华人民共和国住房和城乡建设部令第 24 号）和《关于优先发展城市公共交通的意见》（建城〔2004〕38 号）等。有关自然资源特许协议的法律规定，将在后文单独列出。

法取水许可和有偿使用制度，按照法律位阶的优位次序，取水行为的专门行政许可首先必须遵循《水法》，在前者无规定或规定不足情况下，《特许经营管理办法》方可得适用。再比如，国务院发布的《收费公路管理条例》对高速公路收费事项作了专门规定。在地方立法中，各地方也单设了关于市政公用事业特许经营的地方法规、规章。如《成都市人民政府特许经营权管理办法》第16~25条设定了特许经营协议的签订、内容、生效、解除、终止、权利义务以及补偿等全过程的协议管理办法。

2. 土地、房屋等征收征用补偿协议

土地、房屋征收征用的法律依据，以位阶顺位排序则分别包括：《宪法》、《民法典》物权编、《中华人民共和国土地管理法》（以下简称《土地管理法》）、《土地管理法实施条例》和《国有土地上房屋征收与补偿条例》（以下简称《征收补偿条例》）。《征收补偿条例》第25条规定了房屋征收双方需就补偿方式和金额等订立协议。《土地管理法》和《民法典》物权编都对征收补偿的条件、程序、标准和费用等做了规定，这些属于征收补偿协议中的实体法律依据。

3. 矿业权等国有自然资源使用权出让协议

除土地外的自然资源都具有一定的消耗性和不确定性，故不能在此设立民法上的用益物权。《行政许可法》第12条第2项设定了有限自然资源开发利用的行政许可。实践中，为了规范双方的权利义务，行政机关还通常需要与被特许对象签订自然资源使用协议。自然资源使用权一般以行政许可方式出让，分布于采矿、海域以及取水等领域，相应地，这些权利内容就被分别规定于《中华人民共和国矿产资源法》（以下简称《矿产资源法》）《渔业捕捞许可管理规定》《水法》等实体法律规范中，与之相关的行政协议不可脱逸其而独立发展。譬如，《矿产资源法》规定勘查、开采矿产资源由自然资源管理部门承担矿业权出让工作，相应地，矿产资源开发行政协议就需要严格遵守该法划定的许可范围，不可授权开采此法第20条内禁止地区的矿产资源。同时协议中约定的矿山企业开采方式（回采率、选矿回收率和采矿贫化率）也应当符合国家劳动安全卫生规定和设计要求。此外，因自然资源特许使用权与民法物权具有相似性，在不抵触公法的前提下，可以选用相关物权法律规范予以规制。[1]

4. 政府投资的保障性住房的租赁、买卖等协议

公有租赁住房和新类型保障房是以国家财政支持，租金收入缴入同级国库的房屋，目的在于满足部分所需人群的住房权利，具有福利给付性质。[2]这就形成了"政府——市场主体（开发商、物业公司）——住房者"间的三方法律关系。此类协议此前一直面临民事合同还是行政合同的争议，可供依据的行政法律规范也并不多。《经济适用住房管理办法》第31条规定，若经济适用房已购家庭因购买其他住房等事由退出协议的，政府应按规定和协议约定对原住房进行回购。但该办法并未对如何签订协议和协议内容等作具体规定。2012的发布的《公共租赁住房管理办法》则相对系统地规定了政府投资的保障性住房协议的法定要件，第16条规定所有权人或者其委托的运营单位应与配租对象签订书面租赁合同，同法第17条规定了协议应当包含的基本内容[3]，第18～23条则对公共租赁住房协议的租金标准、租金去向和房屋调换等作出规定。此外，地方各级政府也出台了相关公共租赁住房管理的专门地方规定，如《北京市公共租赁住房管理办法》。《上海市经济适用住房管理试行办法》第19条规定了应当签订《经济适用住房预（出）售合同》或者《经济适用住房租赁合同》。

5. 政府与社会资本合作协议

近些年，有关政社合作的立法逐年增量。按照时间顺序排列，2005年国务院最早发布《关于鼓励支持和引导个体私营等非公有制经济发展的若干意见》，允许鼓励非公有资本进入公用事业和基础设施等领域。此后，国务院和各部委发布出台的《关于鼓励和引导民间投资健康发展的若干意见》（2010）、《进一步鼓励和引导民间资本进入市政公用事业领域的实施意见》（2012）、《关于加强城市基础设施建设的意见》（2013）、《关于创新重点领域投融资机制鼓励社会投资的指导意见》（2014）等进一步拓宽了民间投资的领域

---

〔1〕　参见王克稳：《论公法性质的自然资源使用权》，载《行政法学研究》2018年第3期；王克稳：《行政许可中特许权的物权属性与制度构建研究》，法律出版社2015年版，第204～210页。

〔2〕　参见凌维慈：《保障房租赁与买卖法律关系的性质》，载《法学研究》2017年第6期。

〔3〕　公共租赁住房租赁协议应包括当事人基本信息、期限、租金等基本内容。

和范围。2014 年，发展改革委、财政部和国务院原法制办公室相继出台的《关于开展政府和社会资本合作的指导意见》和《关于推广运用政府和社会资本合作模式有关问题的通知》，确立了政府和社会资本合作的 PPP 模式。此外，除这些专门性规定外，政府和社会资本合作领域广泛，所涉相关领域的法律规范也不容忽视。因政府招商引资的内容常涉及土地流转、税收优惠和项目政策，政府开展招商引资活动的法律依据散见于《土地管理法》《中华人民共和国企业所得税法》等不同领域的法律规范。

就此，藉由政府特许经营协议的上述内容获知其辐射领域，并以此为基点形成了多部门、多层行政立法体系。除上述按照有名行政协议的先有法律规范的梳理外，部分地方在其程序立法中也就行政协议进行了总体设置，如西安市、汕头市等地的行政程序规定中，都在其"特别行政程序"章中为行政协议签订、履行和救济所应遵循的程序单设一节（见下表）。在行政协议司法救济方面，统一由《行政协议司法解释》明确了行政协议的内涵外延、事项范围、主体资格及法律效力。[1] 因《行政协议司法解释》明确提出要参照民事法律规范相关规定，因此《民法典》合同编中关于协议的系统规定，也可得为行政协议所适用。

表 1 - 1　行政协议地方程序立法

地方立法名称	颁布主体	主要规定
《湖南省行政程序规定》	湖南省人民政府	行政合同含义、适用事项、基本原则、生效要件、行政优益权
《山东省行政程序规定》	山东省人民政府	行政合同含义、适用事项、基本原则、生效要件、行政权力
《郑州市行政机关合同管理办法》	郑州市人民政府	行政机关合同类型、合同法制审核制度、逐级备案制度

---

〔1〕 新《行政诉讼法》以及《行政协议司法解释》填补完善了行政协议规范以下方面的空白点：其一，明确界定行政协议且将该类争议纳入行政诉讼受案范围；其二，明确行政协议案件的诉讼管辖法院；其三，明确行政协议案件的起诉期限及诉求内容；其四，明确了法律适用；其五，明确行政协议案件的裁判方式；其六，明确了行政协议案件的诉讼费用缴纳标准。在上述规定之中，既有对行政协议的实体性内容裁判，也包括大量的程序性指引。

续表

地方立法名称	颁布主体	主要规定
《合肥市政府合同法律审查暂行规定》	合肥市人民政府	政府合同类型、审查机构及审查程序
《益阳市人民政府行政合同和民商事合同管理的规定》	益阳市人民政府	行政合同审查机制
《西安市行政程序规定》	西安市人民政府	行政合同内涵、原则、效力要件、行政优益权及其补偿
《汕头市行政程序规定》	汕头市人民政府	行政内涵、主要类型、基本原则、生效要件、行政优益权

经梳理，特许经营、征收征用补偿、国有自然资源使用权出让、保障性住房的租赁、买卖和政府与社会资本合作等各领域的行政协议在具体行为分类基础上各自立法，呈现出"单行法外观＋公私混合"模式的拼盘式构造。这种构造迥异于传统行政部门法的立法体系，尚未形成如《中华人民共和国行政处罚法》（以下简称《行政处罚法》）《行政许可法》等由人大统一立法的高位阶、系统化的规范构造。

（二）行政协议制度的适用现状

1. 行政协议制度运行现状

可通过分析协议实施数据和规范制度间需求与供给的匹配程度，观察现有制度对行政协议的规制能力。承前文所述，行政协议可依相对人参与程度分为"执行型"与"合作型"两类。执行型行政协议作为传统行政行为的替代解决方式，其应用数量仍主要取决于行政机关作出的原行政行为，但"柔性行政方式"越来越成为回应多变社会管理需求的新选择。以行政执法和解协议为例，从近年实践来看，各地执法成本高、执法困难是普遍现象，行政执法案件普遍存在取证、处罚和执行等各方面的难题，资本市场案件查实率只有60％～70％。[1]由此执法需求及执法供给之间的不匹配，催生了行政机关使用"强制执行和解协议"代替直接强制执行方式。在中央层面，中国证

---

〔1〕　肖钢：《监管执法：资本市场健康发展的基石》，载《求是》2013 年第 15 期。

券监督管理委员会先后发布《行政和解试点实施办法》和《证券期货行政和解实施办法（征求意见稿）》，鼓励依相对人申请达成行政和解协议，以缓和行政主体与相对人间的紧张关系，缩减执法成本，增加执法效率。目前，执法和解协议广泛应用于在发达国家和地区，如英国、美国、德国等，英美两国证券案件以和解协议方式结案高达80%～90%，美国2014年处理的美国银行违规销售抵押贷款担保证券案件，以166.5亿美元和解金达成了和解协议。可见，行政和解已经成为境外许多国家和地区在金融、反垄断、反倾销等商事领域的常用执法方式，也是我国未来执法的主流趋向。[1]行政执法和解协议在性质上当属行政协议，故而此类行政方式的应用情况也直接反映出行政协议的实施情况。

再从合作型行政协议签订的数量来看，近年来增长率最高的应用方式非政府和社会资本合作的PPP项目协议莫属。政府和社会资本多集中于基础设施和公用事业方面的公益合作，以向公众提供更高质量、高效率的公共产品或服务为目的，双方共担风险、共享收益。从财政部政府和社会资本合作中心于2021年3月发布的全国PPP综合信息平台管理库项目来看，2021年3月以来，新入库项目64个、投资额1 411亿元，环比增加1 159亿元、增长459.4%；自2014年以来，累计入库项目10 079个、投资额15.6万亿元。累计签约落地项目7 236个、投资额11.8万亿元，落地率71.8%。由此可见，PPP市场仍然处于规模不断扩大的态势。

总体上，各类行政协议的应用总量在实践中均呈上升趋势。相应地，因不同协议类型领域高度分化，导致中央和地方性标准较多，不同协议类型的制度规制能力也有所不同。当下虽不具有普遍适用于全部行政协议的整体规范，但也基本形成了各自分别适用该领域内已有规范的"拼盘式"构造。以制度是否完备为标准，大体可分为三个等级的行政协议类型。①第一等级：制度全面，运作成熟的协议类型。在现有的协议类型中，社会和资本合作协议的制度规范最为全面，运作机制也最为成熟。比如，PPP项目协

---

〔1〕 中国证券报：《行政和解试点首次实践应用 证监会与高盛亚洲等九名主体达成行政和解》，载http://www.zqrb.cn/stock/gupiaoyaowen/2019-04-24/A1556052298323.html，最后访问日期：2023年12月24日。

议制定主要依据已成型的"操作指南"，在项目选择、采购、执行等 5 个阶段（共 19 个步骤），基本上已经形成了相当稳固的运行方式，整体执行情况相对流畅；②第二等级：制度较为全面，运行基本流畅的协议类型。主要是指《行政协议司法解释》中除政府和社会资本合作协议外的其他有名协议类型，包括"特许经营权协议"和"政府投资的保障性住房租赁协议"等。在中央法律规范之下，各地方基本都制定了具体的执行标准，如《成都市人民政府特许经营权管理办法》设定了特许经营协议的签订、内容、生效、解除、终止、权利义务以及补偿条款，实践操作中也基本围绕本地方标准执行；③第三等级：制度规定不全面，运行标准不统一的协议类型。这主要指所有有名协议外的其他协议类型，比如"科研委托协议"等，此类协议无论在中央和地方都缺乏直接专门的规范标准，故而呈现出"一个地方一个标准"的现象。

2. 行政协议司法审查现状

笔者以"行政协议"为关键词在网上案例库进行检索，"北大法宝"案例库共有案例 37900 件，其中最高人民发布行政协议典型案例 27 件，其中最早案例发生在 1997 年。为了方便整理，笔者在比对不同的网络数据库后，发现其收录的案例大体一致，因此本文后续只选择"北大法宝"数据库案例进行集中分析。整体来看，在 2016 年到 2020 年四年中行政协议案件增长快速，占整体案件比 95% 以上。可见，最近几年是行政协议管理方式应用的高峰时期，也是行政协议纠纷的高发期。在案由方面，类型相对集中，主要是关于协议不履行或在履行过程中不法变更协议状态引起的纠纷。具体来看，行政协议涉诉纠纷的主要争点包括"行政协议的性质判断及法律程序选用""涉协议效力问题"以及"履约问题"三方面。

（1）在行政协议的性质判断和法律程序选用上。在 2016 年以前，许多行政协议都被纳入民事诉讼中作为民事案件处理，尤其是涉土地类的"土地使用权出让协议""退耕还林协议"和"采矿权出让协议"等。理由在于，此类协议基于双方当事人地位平等自愿订立，与行政机关的高权主体身份及其权力运用无关，在内容上则具有典型的等价有偿等民事行为基本特征。经"中国裁判文书网"及"北大法宝"等案例检索平台查找发现，在《行政协议司法解释》出台后，过去曾存有争议的协议类型被确定可纳入行政诉讼受案范围，在一定程度实现了行政协议司法管辖权限的统一。但仍要注意，行政协议的类型并不限于司法解释中已列举情形，实践中还包括"交通合作协议""教育培训协议"和"科研协议"等未予明确的多样协议类型，这些协议的性质判断则需要结合协议具体情形及法律关系综合判断。在各地方自行制定的程序性规定中，对行政协议的类型列举不尽相同，这就极有可能导致本地法院在审理《行政诉讼法》和司法解释未予以明确的协议类型时，统一以本地方程序规定为依据，而输出差异性结果。如《湖南省行政程序规定》第93条将"行政机关委托的科研、咨询"协议归为行政协议范畴而《西安市行政程序规定》则未认定其性质，按照法律适用位阶，地方人民政府发布的程序性规定属于政府规章，法院对其有"参照适用"的判断权，那么湖南省内法院和西安市内法院在审理此类协议时则可能作出不同的判断。总体上，目前已明确列举的行政协议类型在性质判断上的争议已经渐趋明朗，对行政协议的判断标准基本兼具"是否具有优益权"和"协议主体间关系"两项标准，司法裁判者更加倾向于使用清晰易于分辨的标准对协议性质加以判断。

（2）涉协议效力判断包括行政协议本身效力及行政机关单方变更、解除行政协议行为的效力两类。这两类效力判断在《行政协议司法解释》中均有规定，以行政协议的撤销为例，第14条和第16条分别确认了对"协议整体"和"协议履行过程中单方变更、解除协议的行政行为"的撤销规则。行政协议具有公私混合特质不言自明，从第14条中"胁迫、欺诈、重大误解、显失公平"移植民法规则可撤销情形的做法可看出其对行政协议中契约特质的关照，而第16条则恰好对应了行政协议的另一重高权性特点。因诉讼规则肯认在审理行政协议过程中还可以适用相关的民事法律规范，在实践中，对于协议整体的效力判断，法院主要结合《民法典》对于民事合同的判断标准以及《行政诉讼法》第70条综合研判，但因两类规范构造和针对对象的天然不同，实际审判过程中仍免不了面临相互冲突情况下的选用难题；而对于协议履行过程中单方变更、解除协议的权力行为，在本质上属于单方的行政优益权，仍未脱离于传统依法行政框架，因此仍主要适用《行政诉讼法》第70条和第75条进行合法性判断。在判断标准方面，法院审判细化了合法性判断的基准，如某法院认为行政协议首先应当主体和内容合法,其次应当"适当、真实"[1],将其外延从形式合法性拓宽到了实质合法性标准。

(3)对于协议履约问题的判断。诉请判决行政机关继续履约是当下频次最高的诉讼请求,法院会首先对协议本身是否违反法律法规规定进行前置判断,确定协议切实有效后,则继续针对行政机关是否不履行法定或约定义务的事实情况进行审查,进而作出履行(或驳回)判决。一般情况下,若行政机关确未履行约定义务的,法院会判决其继续履行,如法院判决某街道办在60日内对原告安置用地履行定点放样职责。[2]对于约定义务与行政机关原本法定职责冲突的情形,实践中做法不一,有的法院选择支持约定义务,有的法院则认可不履行约定是合理的。

第二节 行政协议制度的不统一现象

一、各层级立法间的分散与冲突

一般意义上,立法的不统一表现为地方立法抵触上级立法,以及地方同级立法间的不一致。目前,涉及行政协议的立法层级较低、内容分散,行政协议多部门、多层级的立法体制必然导致立法的部门化或地方化。

(一)行政协议上下位法规定不一致

行政协议实体法律规范虽然严重匮乏,但也仍不能忽视其已有立法的合法性问题,其中,地方立法超越权限设定行政协议中行政机关单方权力的现象尤为突出。行政协议的契约性与行政性并存,在维护公共利益的特殊情形下,允许行政性具化为行政优益权适当冲击契约性已被广泛认可,但这种旨在限制、减损相对人权益的优先权是否符合我国《立法法》和相关组织法的规定还尚不明确。《立法法》第91条和第93条设置了部门规章、地方规章的

---

[1] 河南省息县人民法院(2009)息行初字第155号行政判决书。
[2] 浙江省金华市中级人民法院(2014)浙金行终字第18号行政判决书。

立法权限法律保留限制，即法律、行政法规或者上位法未有规定的，部门规章不得对相对人设定减损权利或增加义务的规定，不得设定增加自己权力或减少职责的规范。行政协议中最为突出的特点是行政优益权的享有与行使，关于这一权力的理论研究十分丰富，但在行政协议制度中却始终欠缺国家层面的制度支撑予以肯认。行政优益权赋予行政主体行为优先权和物质保障条件，并且这一权力也获致了行政法学界的普遍肯认。[1]但该权力如何运用于行政协议在现行法律、法规等高位阶法律规范中并不能找到明确具体的规定，因此其陷入了理论上的普遍认同但制度上却支撑不足的窘境，也导致一些地方性法律规范关于此问题的规定面临合法性诘问。例如2014年《洛阳市政府合同监督管理办法》（现已失效）第12条规定，当发生情势变更、相对人资产经营状况变动情形时，承办部门和法制机构应当采取措施以"最大限度地保障合同行政主体的合法权益"。需要注意，这里旨在保障的并不是社会整体的公共利益，而是作为协议签订一方——行政主体的合法权益，也就是说，行政机关一方面希望在行政协议中获得与私人主体相对等的协议权利，另一方面又藉由情势变更等理由，当无法实现己方利益最大化时对私人一方合同权利进行限制乃至消灭。这一条款的设置无异于赋予行政机关"既当运动员，又当裁判员"的双悖身份，明显与《立法法》"不得在没有上位法依据下增加行政机关自身权力"的理念相违背。虽然，该办法自2018年修订后已取消这一条，但与之类似的条款在其他地方性规定中仍然存在。再如《西安市行政程序规定》第92、94条也对基于维护公共利益等情势变更情形给予肯定，但对"客观情势变更"的情形以及何为"必要范围内"均没有提及，[2]这均属于权限范围外地方权力机关对自身优先权的单方赋予。设置行政优益权是必要的，但这一减损相对人权利的行为应当在法律、法规中予以明确规定，并且要设置与之相对的相对人对等权利，方能实现权力之控制。

---

〔1〕　参见周佑勇：《行政法原论》，北京大学出版社2018年版，第319页；罗豪才、湛中乐编：《行政法学》，北京大学出版社2016年版，第281页、第290～291页；应松年主编：《当代中国行政法》（第5卷），人民出版社2018年版，第1746～1749页。

〔2〕　《西安市行政程序规定》第92条规定："……行政机关有权在必要范围内单方变更、终止行政合同。"

此外，除了概括性的优益权赋予外，地方机关还会在协议签订前的"要约邀请"阶段以规范性文件形式鼓励社会资本参与合作，其中不乏一些政府主体对超出其权限范围内的事项进行任意允诺，同样违反上位法规定。如某些人民政府作出"增值税先征后返"的政策优惠作为协议对价给付，但根据相关税收法律规定，税收的"开、停、减、退、补"须严格依照法律规定执行，任何机关不得擅自作出同法律法规相抵触的决定。并且，税收先征后返政策的审批权限属于国务院，各级地方政府无权擅定。没有法定权限的主体擅自以规范性文件形式进行预先允诺，这种明显违反上位法规定的任意允诺在现实情况中并不鲜见，也是造成行政协议立法外观混乱不统一的重要表象。行政协议缔约阶段应首先确保自身允诺合法性，这属于行政机关应当履行的"先合同义务"。此类状况频出本质上反映出行政协议与依法行政理念之间的关系没有理顺，有关行政协议中的政府和相对人双方各自权利义务的配置原则还不够清晰。

（二）同级立法之间分散与冲突

由于行政协议内容极其繁复，涉及的领域涵盖工商、金融、税务、卫生、社会保障等各个方面，客观造成了行政协议规范体量格外庞大。各级人大及政府在规范制定过程中，各自的出发点和侧重点、参与起草部门、审议人员、制定时间和制定背景都有不同，因此在同一事项上的规定也有所不同。从有名行政协议类型立法角度看，目前行政协议的直接立法缺乏，协议内容以类型为基准分布于各个领域的单行立法当中，格局零散。经中国法院网"法律文库"板块查询，国家各部门出台的与政府特许经营有关的法规、政策、规章约有40余件，效力位阶最高的为国务院六部委发布的《基础设施与公用事业特许经营管理办法》，其余的皆为各地方政府结合本地实际情况出台的政府规章；有关房屋拆迁的433件，其中含国务院字号251件，各地人民政府自行制定的有2598件；有关自然资源的50余件，根据自然资源性质不同（如水资源、矿产资源）实行分散立法；有关政府和社会资本合作的20余件。

再从区域立法角度来看，目前我国部分地区的地方行政立法也对行政协议规范进行了专门设定，但均散见于各个地方的程序法条例中，且存在相互冲突的状况。如《西安市行政程序规定》第92条赋予了在维护公共利益情形下单方变更、终止协议的优益权，但《汕头市行政程序规定》第90条仅指出行政机关"不得擅自变更或者解除"行政合同，并未指明行政机关享有特殊权力。《山东省行政程序规定》在第 100 条增加了"政策信贷"协议、"行政机关委托的科研、咨询"协议和"计划生育管理"协议几项，不仅不同于其他政府规定的协议列举，也超出了《行政协议司法解释》列举的有名协议范围，而这几类协议究竟是否属于兜底条款中"其他行政协议"的范围，在山东以外地区能否获致承认也存在一定识别风险。目前这些地方程序条例虽然设专节对行政协议的定义、原则等进行规定，但这些程序立法多偏重设立规则，未严格注意这些规则与同级法律规范的一致性，这就容易产生同一类行政协议案件因地方标准的不同而遭遇差别对待，进而引致广泛意义上的司法不公平。

总体来看，行政协议规范主要依靠低位阶的法源，如何解决行政协议立法数量多但质量不高的问题，以及如何处理地方性规则与上位法和同级法律规范的不一致都是目前亟待解决的关键。

（三）分散立法规定表现为一种"渐进的立法策略"

有学者将以立法推进社会变革的思路总结为"整体主义下的系统论思路"和"基于实践理性的探索型思路"两种。[1]前者是理性主义的实践进路，意图一步到位式提前建构社会行为规范，后者则遵循经验主义的渐进模式，以审慎立法为变动不居的社会实践留足修改空间。

行政协议在提升行政任务的质量和效率的同时，要防范"市场失灵"（Market Failure）和"协议违法"的双重秩序问题。市场失灵常被用于描述市场力量无法实现公共利益的状况，其基本原因之一在于生产者受市场机制追求利润最大化的驱使，无法合理使用其赖以生存的公共资源，市场机制自身又难以提供制度规范。[2]行政协议所涉领域的广泛性、区间性和差异性决定了规制体系的差别，其单行法外观也表明，有必要根据不同协议作区分立法安排。这是典型的问题和对策相匹配的功能主义进路，[3]逻辑起点就是行政

---

〔1〕 参见钱大军：《当代中国法律体系构建模式之探究》，载《法商研究》2015 年第 2 期。

〔2〕 参见李昌麒、应飞虎：《论经济法的独立性——基于对市场失灵最佳克服的视角》，载《山西大学学报（哲学社会科学版）》2001 年第 3 期。

〔3〕 Christopher Hood，Henry Rothstein，Robert Baldwin，*The Government of Risk*：*Understanding Risk Regulation Regimes*，Oxford University Press，2001，p. 63.

协议内含的不同违法风险和市场风险。如"保障性住房的租赁买卖协议"非以盈利为目的，而在于保障特定人群的住房权利，这决定了相关项目的开发建设应严格围绕社会主体需求，公平筛选需要帮助的困难群体获得住房，至于社会主体本身"能够提供的交换价值"则不是关注点。相较之下，"政府与社会资本合作协议"的行政任务转托模式则决定了法律规范必须以公共利益最大化作利益衡量，必须选择资源充沛和具有社会责任的优质主体，因此其合同缔约前阶段的规制至关重要，社会主体履行协议的实际能力始终是关注焦点。因此，不同行政协议的领域和目标的异质性塑造了与之相配的单独立法模式。这也正是行政协议立法呈现出"一个领域一个立法"或"一个领域多个立法"的高度分散化的关键。

另一方面，行政协议现有制度的分散化还来源于不断流变的社会背景和与之相应的公共政策考量。行政协议类型的差异固然是塑造现有分散立法模式的内在动因，但并非全部。它仅可用于解释空间维度下立法内容随协议领域内容变化而呈现的分散结构，但无法回答为何行政协议规制内容在时间维度上也呈现出较大差异。以"政府与社会资本合作协议"为例，起初仅是国务院出台相关文件对社会资本合作给予鼓励的政策性支持，后来逐步演变为双方以签订协议建立合作的 PPP 模式。这源于社会外部环境不断演变催生了相应的行政管理模式变迁诉求，深刻影响着立法者所设定的规制体制。因此，行政协议的流变性无法要求立法者在某一种协议类型萌生或发展阶段便事无巨细地详尽规制。行政协议在我国起步较晚，立法者和行政机关在何时、对何种协议做何种回应，都需要结合特定时空背景进行恰当的权衡。也即，最直接反映规制优先次序的"可能是公众的排序、政治、历史或偶然"。[1]可以说，当下的行政协议立法模式符合功能主义的建构路径，也是对于不断变迁社会政策的一种审慎妥协策略，具有一定合理性。

目前分散立法状况导致针对"协议性"的专门规定欠缺，其只能从实体法律规范中进行协议要素（合法性、合约性等）的推衍。鉴于两种传统行政

---

〔1〕　［美］史蒂芬·布雷耶：《打破恶性循环：政府如何有效规制风险》，宋华琳译，法律出版社 2009 年版，第 27 页。

管理和市场模式的实施路径大有差异，其间既涉及公私法的交叉重叠，又涉及实体与程序间兼容衔接，法律适用者不得不穿梭于其中往返流转。因此，《行政协议司法解释》的出台适时地解决了行政协议争议在司法领域的一些难题。基于人大体制下司法机关和立法机关具有不同的职能分工，司法的统合并不意味着立法一致，但其至少在某种程度上提供了一个反思性诘问：为何在承认目前行政协议单行、分散立法模式具有合理性的同时，仍然要在司法层面归于统合？立法层面又何以不能实现这种统合？这或许要回溯至我国一直以来的渐进式立法策略诉诸求解。

渐进式的审慎立法策略渗透着经验主义的立法智慧。一般来说，以立法推进社会变革的路径有二：一种是社会系统论思路，主张以完备的法律体系一步到位实现法律规制；另一种是基于经验理性的探索进路，更强调通过不断的实验和试错来逐步完善法律体系。这两种路径也对标认识论角度下"理性主义"和"经验主义"这一对经典哲学范畴。理性主义强调探知真理的过程要首先设定一种明确无误的先验性原则，以此为基础探寻事物的本质和普遍知识，而经验主义则侧重归纳经验事实提炼一般原理。[1]当面对纷繁复杂和变动不居的社会情况时，立法者不可预知行政协议实施过程中所有可能出现的问题，因此也无法作出详尽无遗漏的判断，行政协议的现有立法状况是一种经验主义的折中妥协进路[2]。

从行政协议制度的拼盘式构造来看，目前专门针对行政协议的立法仅有一些地方性的程序规章，而其他实体法中也仅浅尝辄止地提到应"采取行政协议方式"，但尚未予以细化。鉴于此，当下经验主义立法模式是一种现实情况的妥协，但其昭示着一个能够导向整体主义建构的过渡思路，也就是说，以经验主义为立法策略的行政协议立法模式是暂时的中间阶段，法律体系的完备和成熟仍然是未竟的法治理想。

二、各地方执行协议的过程及标准不一

制度的生命力在于执行，理想状态的依法行政假定任何情况下，法律都

---

〔1〕　参见苗连营：《当代中国法律体系形成路径之反思》，载《河南社会科学》2010年第5期。

〔2〕　参见黄文艺：《信息不充分条件下的立法策略——从信息约束角度对全国人大常委会立法政策的解读》，载《中国法学》2009年第3期。

能够对具体执法给予具体、明确的规范指引。[1]从上述行政协议已有制度可察，现有制度并未对行政协议运行过程中可能出现的所有情形精准设定，甚至也未形成基本的法律制度框架，难以为协议执行者所依循。并且，行政协议本身具有开放性特质，事无巨细的法律规定也与当事人自由签订协议的契约自由权所不兼容。综合上述两方面原因，实践中各地行政协议的开展状况主要呈现"与需求相匹配"的市场化状态，呈现较大的自主性。虽然单行法立法模式为行政协议提供了一定的实体规范，但这些规范都较为粗略，不够系统，专门针对行政协议签订、履行的统一规范处于严重的匮乏状态，传递至行政执法中带来了许多运行上的问题。在执法领域集中凸显为过度宽泛的自由裁量权引发的协议过程和标准的地方差异。

《行政协议司法解释》列举的有名协议中，目前仅有《政府和社会资本合作项目通用合同指南》基本实现了对此类协议的全面规范。除此外，其他行政协议类型并未有专门性规定。如在房屋征收征用补偿协议中，虽然《征收补偿条例》规定了双方应订立补偿协议，但并没有关于该协议的效力、解除和违约处理等具体问题的细致规定。即使此类协议的相关实体法规范如《土地管理法》和《民法典》物权编设置了征收补偿的条件、程序、标准和费用等，但这些都仅围绕行政征收权如何运用而展开，侧重于行政机关单方行为的规制，而没有关照到行政协议整体的法律关系应当如何予以系统运作。事实上，因欠缺法律预先规定，集体土地上房屋补偿协议的订立主体呈现多元化，如各级政府、临时成立的征收中心、土地主管部门设立的征收所等不同主体都是实际行使协议签订权的主体，其是否具有签订协议的授权却存疑。

此外，行政协议中优益权的行使方式和标准各异也是不统一的重要表征。行政协议执法与传统行政行为的勾连和区别恰在于其兼具单方行为的"行政性"又具双方行为的"契约性"。如何正确理解二者间关系，防止行政权行使不当"架空"协议的合意属性就构成合理执行行政协议的基础要件。行政性置于行政协议话语体系中就具化为行政机关的单方优益权。由于我国相关行政法律并没有对行政优益权的行使做出系统性、明确性和可操作性的规定，

---

〔1〕　参见方世荣、白云锋：《行政执法和解的模式及其运用》，载《法学研究》2019年第5期。

这就容易导致行政优益权被滥用。此类限制、减损相对人权益的高权性权力来源不明、边界不清、内容含糊，如若运用不当，就会产生对法外空间或立法未决事项随意予以添或减的情况，容易冲击并消解行政协议的自由合意性。而相对人作为行政协议的另一方主体，是否应当享有与之相对应的抗辩权能？以及协议双方之间在协议各个阶段的权利义务配比如何？这些问题在现有行政法律规范中都并未获解，导致实践中做法随意性大，法定程序参差不齐。

如在"中威管道燃气发展有限公司诉苍梧县住房和城乡建设局、苍梧县人民政府"案中，原告公司与被告住房和城乡建设局签订了关于本地燃气的特许经营协议书，约定原告享有独家特许经营权，在此期间，苍梧县住房和城乡建设局不得在已授予原告特许经营权的地域范围内再行授予他方。2013年2月25日，苍梧县人民政府又与广西中金能源有限公司签订了关于同一经营权的经营合同书，其中约定终止履行与原告公司先前《苍梧县管道燃气特许经营协议》的权利和义务。[1] 被告苍梧县住房和城乡建设局给出的理由是该协议作为行政合同，行政主体可以基于优益权自行变更或解除，由此认为"这是法律赋予行政机关的权力"，而没有对行使该权力的理由给予充分阐明。在本案中，擅自终止先前与中威管道燃气发展有限公司签订的《苍梧县管道燃气特许经营协议》，属于行政优益权的滥用，而行政相对人则仅享有明显无法与优益权相对抗的程序上的陈述及申辩权，难以实现自身权利救济。此案一方面表明，由于触发行政优益权的"维护公共利益"的理由过于宽泛，留存了大量解释空间，导致实践中因对"公共利益"理解不同的执法随意化现象突出；另一方面，行使单方变更协议效力的优益权是否要遵循告知相对人等法定程序在执行上并不统一，部分行政机关认为优益权具有天然优位性，无需采取任何程序即可径行行使，而部分行政机关则依循依法行政原则给予相对人以一定知情权。

追溯各地方执行协议的过程及标准不统一的原因，在部分地方规章中则有迹可循。比如《西安市行政程序规定》第90条规定行政协议履行若有损害第三人权益之虞的，"应该征得第三人的书面同意"，第92条规定行政机关变

---

[1] 参见梧州市中级人民法院（2017）桂04行终45号。

更、解除行政协议，应当书面说明"（一）变更、终止行政合同的事由；（二）对公共利益的影响；（三）是否给予当事人补偿及理由"，而在其他地方规定都未有类似的协议格式标准条款和优益权行使的理由制度。

三、审理行政协议的司法裁量基准不一

（一）欠缺统一性裁量基准

在司法领域，司法机关的主要任务是将法律规范与待审案件结合作出裁判，其公正性之保障有赖于司法机关准确适用法律，从法律适用的逻辑来看，各地有关行政协议实体规定不一致的立法问题致使其这一根基并不牢固。通过整理实践案例，发现司法实践中的裁量基准在不同法院间差异明显，其中最为突出的是对行政协议的识别标准和效力判断不统一问题。

1. 行政协议识别标准的不统一

行政协议司法审查中对于如何判断行政协议是否属于受案范围，理论上已经发展出主体说、目的说和内容说等多种观点。比如，有学者主张以"契约所设定的法律效果"作为识别行政协议的标准，并分为法律明文授权行政机关缔结协议的、契约内容作为实行公务的手段、契约标记了双方当事人公法上的权利义务等六项判断标准。[1]但即便理论和司法解释中都已经反复阐明的行政协议意涵，在实务中仍然会出现争议，如司法机关对于进一步认定何为"公法上的权利义务"，因较为复杂导致难以判断，就存有解读上的差异。司法判决中，有关行政协议的判断标准可分为"肯定性标准"与"否定性标准"两种，前者如"行政主体具有签订协议的法定职权""协议基于公共利益目的"等；后者如"不存在行政管理关系"[2]和"不具有公益性"等否定标准。但对于"公益性"和"法定职权"等识别行政协议法律关系的核心标准却仍有分歧。

一案中，原告地产开发有限公司与被告政府之间签订的土地征收补偿协议未能有效履行，岳阳经济技术开发区管理委员会作出回复承诺尽快按协议

---

〔1〕　参加江嘉琪：《行政契约的概念》，载《月旦法学教室》2007年第2期。
〔2〕　广西壮族自治区北海市中级人民法院民事判决书（2014）北民一终字第71号。

办理土地权证或按照出让国有土地使用权的时值实行收购。该案历时五年，经历了一审和两次再审共三个阶段，该回复的定性作为争议焦点之一却始终难以统一，初审法院认定该回复为行政允诺，[1] 而原审法院再审则更改认定其为行政合同，指明"行政允诺最终会因相对人承诺而成为行政合同"[2]，高级人民法院再审则再次认定此回复为行政允诺，认为"不符合行政合同'行政主体与相对人之间订立的具有行政法上权利义务内容之协议'的特征"。[3]

该案表明，行政协议作为一项可被提起诉讼的独立行政行为已被肯认，但此案在不同审理阶段对《关于〈强烈要求协议出让土地权证并支付剩余土地出让金的报告〉的回复》的重复界定反映出行政协议识别标准的不足。

2. 行政协议效力判断的不统一

《行政协议司法解释》第 12 条规定，法院可同时适用公法与私法双重规范判断行政协议"是否无效"。实践中，司法机关同时运用行政诉讼法规则与民法规则对无效行政协议进行审查，有学者将其总结为"嵌套适用""同时适用"和"独立适用"三种不同方案。[4] 虽然三种路径在理论上都符合司法解释两套规则并行的规定，但因两种法律规范无效情形并不重合，导致了更为严重的实践困境。以"嵌套适用"为例，在"刘某等诉资兴市国土资源局案"[5] 中，某些户所签订协议由无权代理人代签，法院由此认定这些协议无效，并援引《最高人民法院关于适用〈中华人民共和国行政诉讼法〉的解释》（以下简称《行政诉讼解释》）第 99 条将无权处分归为"其他重大且明显违法"的兜底条款内，在裁判理由部分则援引民事合同法律规范相关条文解读无权处分。但"无权处分"实际上并不在《民法典》合同无效的"无民事行为能力人签订""虚假的意思表示""违反法律规定""违背公序良俗"

---

〔1〕　湖南省岳阳市中级人民法院行政判决书（2013）岳中行初字第 52 号。

〔2〕　湖南省岳阳市中级人民法院行政判决书（2014）岳中行再初字第 1 号。

〔3〕　湖南省高级人民法院行政判决书（2016）湘行再 21 号。

〔4〕　嵌套适用是指在适用行政诉讼法规则的基础上，同时在兜底的"重大且明显违法"中套用民法规则；同时适用是先适用行政法规则，再适用民法合同规则；独立适用是只适用行政诉讼法或合同法规则。参见韩思阳：《无效行政协议审查规则的统一化——兼评〈行政协议解释〉》，载《法学杂志》2020 年第 10 期。

〔5〕　刘某等诉资兴市国土资源局案（2018）湘 1021 行初 2 号。

和"恶意串通"几种情形当中。也就是说，无权处分在民法合同语境下并不必然导致合同直接归于无效，而是属于经由权利人追认则具备效力的"效力待定"状态。这表明，民法合同无效事由与行政行为的无效虽然都归于自始、当然无效的效力结果，但其前置情形却是不同的，两种规则同时适用容易产生混同。并且，因裁量缺乏实体法依据，面对类似的效力判断案件，不同法院因民法和行政法律规范选用不同而产生差别裁判结果，引发了进一步的混乱。

此外，除了行政协议效力判断审理规则的不统一，如行政协议的起诉期限、当事人资格等法律适用问题都存在一定程度的交叉，无效行政协议所面临的问题仅是其中之一。如何看待两类规范针对同一内容的不一致规定，是否存在整合基础以及如何整合都最终要回溯至立法中进一步研究。

（二）司法解释代替立法的正当性不足

司法解释是全国人民代表大会及其常委会以宪法和法律赋予司法机关解释权的"授权性"解释，解释主体是最高人民法院和最高人民检察院。2019年最高人民法院发布的《行政协议司法解释》无疑令行政协议案件裁判规则实现了"从无到有"的跨越式进展。但仍要注意，囿于人大体制下立法权与司法权分立，统一设置对行政协议审判规则仅解决了部分司法上的法律适用问题，而无法代替立法机关创立行政协议实体法规则。

1. 司法解释的功能定位之争

通说认为，基于司法机关与立法机关的职能分工，司法裁判仅具有纠纷发生后的事后指引功能，无法代替法律规范进行统一的规则预设。与主权性质的立法解释相比，其在内容、效力、方式上均有不同。[1]在法源谱系中，司法解释的功能定位决定了其属于法律适用法，解释对象为已有法律规范，并不能创设实体法律，也就不是法源。但近年来，司法解释在实际运行中已经突破了自身的功能限制，显现出对法律未决内容自行设定和补充的趋向。学界也相应开展了对司法解释应当定位为"创立规则之立法"抑或"适用法律之司法"的争论。有学者认为，司法解释逐步呈程序主动、内容创制和方

---

[1]　参见郭华成：《法律解释比较研究》，中国人民大学出版社1993年版，第127页。

式专断的特征，导致其"泛立法化"状况正愈加凸显，司法解释显然已经突破了其分析确认立法原意、指引司法裁判和细化裁判标准的功能。[1]而有学者持相反观点，提出"泛立法化"本身即是一个伪命题，司法解释权的运行模式不同于判例法系国家"法官造法"的"司法立法"，其在行权方式、目的和内容等方面都有明显的立法样态，[2]由此得出结论——司法解释本就具有立法属性。两种学术观点分歧的根源在于其各自对于立法概念的阐释方法不同，前者采取限缩解释的方法，认为当解释对象已然溢出司法权本身范围外，逾越到法律未曾赋权解释的范畴时，已具备实质上的立法特征，其行使的权力已经无限接近于实质上的立法权；而后者采取扩张解释，认为司法机关的立法权来自于人大的直接授予，其性质本就该具有立法性质，因此司法机关解释与立法并无性质差异，仅有程度之区分。抛开分歧，实际上二者观点都建立在一个统一的共识基础上——当下司法解释已具有立法外形和立法效力。

如果不过分拘泥于立法概念，只对内容和效力进行评判，目前司法解释成为法院进行司法裁判时必须遵守和适用的法律依据，那么无论立法机关、执法机关或司法机关制定的抽象行为规则都可以视为是在行使立法权。退一步讲，即使突破原有立法概念，承认司法解释具有法源效力的立法，那么司法解释就可以替代人大进行立法吗？司法解释在内容上归根结底以解决司法实践中的法律适用问题为主，司法机关也并不是专业的立法者，不具备全面且系统预设行政协议裁判规则之外规则的能力。

2. 《行政协议司法解释》难以完成行政协议制度统一任务

如果承认司法解释的立法效力，那么其对法律规范本身未予设定的事项进行创制或添减则相应成为创制规则和填补漏洞的重要方式。但反过来看，并不能以此承认司法解释能够取代立法，或者说压根不需要继续立法。创制性解释出现的成因正在于立法欠缺或过于粗略，进而催生了以司法解释创制规则的现实需要。就《行政协议司法解释》而言，在专门针对行政协议的实

---

〔1〕 参见袁明圣：《司法解释"立法化"现象探微》，载《法商研究》2003 年第 2 期。

〔2〕 聂友伦：《论司法解释的立法性质》，载《华东政法大学学报》2020 年第 3 期。

体法律规范原本缺失的前提下，司法机关"解释先行"的路径或许可以在当下切实回应一些行政协议争议的现实问题，但这并不意味着司法解释就是最终的法律规范。

首先，目前行政协议多部门、多层级的立法状况导致了行政协议立法部门化或地方化趋势，仅凭《行政协议司法解释》难以统合地方行政机关的分散立法格局；其次，《行政协议司法解释》的解释内容在于回应已进入司法阶段的行政协议如何适用法律的问题，而不具备在争议尚未发生阶段引导行政协议订立和履行的职能，单凭司法解释对个别审判规则的创设也不足以反向逆推出其行为规则；再次，《行政协议司法解释》没能统合现有的地方标准，反而间接地对某些地方标准进行承认，这更易于滋生法律适用上的混乱；最后，《行政协议司法解释》也没能够实现法律适用问题的统一，尤其是其虽然承认可以参照适用相关的民事合同法律规范，但在法律规范本身存在冲突的情况下应当如何适用，仍旧要依靠法官的自由裁量权进行评判。如《行政协议司法解释》第18条规定当事人可依民法规定行使履行抗辩权，但民事合同中抗辩权如何嵌入行政协议则未有阐明，当事人可否行使不安抗辩权要求解除合同？不安抗辩权与行政协议公共利益间冲突如何消解？这些问题都未有解答。

也就是说，即使承认司法解释可以创设一定立法属性的规则，但这种规则创设只能解决业已发生的争议，但事实上，在争议尚未产生的协议签订和履行阶段仍有许多有待规制的问题。比如行政机关的先合同义务问题，当前《行政诉讼法》和《行政协议司法解释》对缔约前双方义务规定付之阙如，若行政机关没有正当理由任意在协议签订前撤回要约，单凭事后司法裁判难以实现对行政协议相对人救济规则的统一。至于如何确立公法协议的缔约过失责任制度则主要是立法者的职责。再比如，行政协议履行过程中，对于行政机关单方特权的具体权能及其法治限度，目前也缺乏立法上的统一规定，司法解释则更难以回应。

因此，完全依靠《行政协议司法解释》来指导行政协议实践仍旧面临正当性不足的困境。可以说，司法解释主要围绕行政协议的履行问题实现了部分司法审理规则的统一，而行政协议整体规则的预设仍要依靠立法机关来完成。

第三节　行政协议为何要实现制度统一？

一、行政协议制度统一的内涵

制度统一侧重对法律一体权威的关注，是法治国家确保政治体系平衡发展的基本要求，也是确保法律秩序稳固的客观需要，法律制度统一既包括制定的统一，也包括执行和适用的统一。在横向上，法律制度统一包括刑事、民事和行政等各部门法领域的整体统一，纵向则以人大体制下各部门的职能为标准，分为立法统一、执法统一及司法统一。也即，统一的法律制度不仅代表立法层面的"有法可依"问题，其向下辐射则必然涉及"有法必依"的执行及裁判等法律实施层面的问题。如何使立法获得社会成员的普遍遵循、如何使各类执法和司法机关统一地执行和适用法律规范，是必须预先考虑的问题。[1]

目前，分散式行政协议立法模式难以全面覆盖现实法治需求，这体现在：

第一，原则性、基础性规则供给不足。行政协议法律规范多偏重于规则设立，制定者以为只要规则足够多就可令行政协议有法可依，但却未注意与上位法和同级规则间的一致考量，反而扰乱了整体法秩序，最终形成"立法泛化但质量偏低"的体系格局。为防止不同规则间的抵触，需要以更加原则性和基础性的规则来统摄行政协议法秩序，扩容行政协议的解释空间和灵活程度。

第二，分散式行政协议法规范导致大量重复。行政协议虽然种类繁多，跨领域广泛，特征各异。但只要"契约叠加行政"的底层行为逻辑不变，即便是不同内容的行政协议在基本性质和功能上仍可归为同类行为，相应其行为的方式、效力、程序和期限方面也具有一定共通性。但由于缺乏统一的行政协议制度载体，这些规则被反复规定于不同区域、不同级别的立法文件中，

---

[1]　聂友伦：《司法解释场域的"央地矛盾"及其纾解——以"地方释法"为中心的分析》，载《法律科学（西北政法大学学报）》2021 年第 1 期。

大量类似或者完全一致的条款重复出现，造成了行政协议的法规范体系十分冗杂，也耗费占用了许多不必要的立法资源。

第三，行政协议具有鲜明的地域性特征，导致其规范体系性弱。一方面，行政协议现有规范多是基于维护和发展本地区经济目的开展的社会合作，如政府的招商引资协议当属典型。若制度不健全，则容易引起以本部门和本地方利益为牵引的"部门主义"和"地方保护主义"倾向。另一方面，行政协议带有较强烈的政府自主裁量色彩，行政协议的签订和执行很大程度上依附于行政机关中协议主管人的个体意志。在规则导向不足的前提下，基于个体对法律制度整体掌握的能力有限性和"经济人理性"的趋利倾向，过大裁量权空间就不可避免会导致协议实操者有时未能依据宪法、法律规定、法律原则和法的基本精神实行。并且，由不同地方立法部门分别立法，难以统一其各自对行政协议的制度目标考量。提炼各协议类型部门立法、地方立法的"最大公约数"，都指向"行政协议"这一规制对象，也在某种程度上共享优化行政管理方式、实现公共利益的规制目标，制度分化则不可避免地割裂了行政协议规制的整体主义视角。

统一行政协议制度包括从"从无到有"的建构面向，也包括"从零散到统一"的整合面向。前一种面向偏向立法论，为弥合目前专门性行政协议法律规范欠缺以及行政协议实践愈加广泛间的规制张力，建构系统、全面行政协议实体法规范势在必行；另一种面向则较偏向解释论，当下行政协议可得适用的法律规范零散分布于不同领域、不同层级中央及地方立法中，规范间的冲突在所难免，因而亟需将分散规范通过释明加以整合。进一步讲，行政协议制度统一可区分为立法统一、执法统一和司法统一三方面：①立法视角下，行政协议制度统一是行政协议立法权行使的统一，要求中央立法间、中央与地方立法间及地方立法间，须遵循效力位阶，保持协调一致。立法者在制定行政协议法律规范前应注意遵守"上位法优于下位法""下位法不得与上位法相抵触""程序法和实体法相互呼应"（实体法支撑程序法，程序法保障实体法）等基本原则，行政协议法律体系内所有相关法律要素互相支持配合、协调统一；②执法视角下，行政协议制度统一包括外部和内部两个方面，外部统一强调纵向维度上执法者对立法的一致遵循，内部统一则指的是行政执法体系内部在不同区域、不同部门间裁量基准的统一，防止出现执法部门保护和地方保护主义的倾向；③司法视角下，行政协议制度统一是指法院在法律法规适用时遵守法律位阶，确保适用法律的一致，类案判决遵循基本一致的法律适用规则，可以说人民法院的审判过程本身即体现维护法律制度统一的要求。此外需注意，立法、司法与执法三者之间并不是简单的并列关系，执法和司法的内容归根结底源于立法，其各自统一的目标的实现要首先建诸立法层面的统合。

二、行政协议制度不统一的不利后果

（一）不利于营造公平的营商环境

中国共产党第十九次全国代表大会和中央经济工作会议提出，进一步优化经营环境，改革和创新体制机制，是建立现代经济体制，促进优质发展的重要基础，也是政府提供公共服务的重要组成部分。2021 年中共中央、国务院印发的《法治政府建设实施纲要（2021—2025）》指出"强化公平竞争审查制度"并"及时清理废除妨碍统一市场和公平竞争的各种规定"是"持续优化法治化营商环境"的重要内容。从世界银行《营商环境报告》来看，评价营商环境的优劣主要是评价政府行为，治理营商环境最核心的是治理政府的管理和服务。[1]。

随着政府角色和履职手段的多样化，其营商责任有着更为丰富的意涵：一方面，商业活动需要政府提供完备和公平的法治环境，保护、引导企业健康发展，这是政府作为社会管理者所必须履行的常态性监管职能；另一方面，积极与社会主体展开合作治理本身是营商环境的治理方式之一，政府不再是宏观的调控者，而转变为平等的参与者与其他社会成员共建共享营商环境成果。双重角色下，对政府及其工作部门需要承担的建立公平正义的法治环境、促进市场秩序有序健康发展等营商环境责任提出了更高的要求。

目前，行政协议制度尚不统一，呈现上下级、地方间标准不一致的情况，

---

〔1〕 宋林霖、何成祥：《优化营商环境视阈下放管服改革的逻辑与推进路径——基于世界银行营商环境指标体系的分析》，载《中国行政管理》2018 年第 4 期。

导致实践中乱象丛生。就制度不统一对营商环境的影响来看，具体包括：
①不公平的市场竞争环境。基于信息和地位的天然不对称，行政主体可能利
用己方"挑选社会合作者"的优势地位排除、限制市场竞争并破坏交易秩序，
若不预先设定规则加以防范，长此以往将影响社会主体自发参与行政管理合
作的积极性；②不透明的政务环境。不统一的行政协议制度导致部分地方政
府在缺乏法律依据的情况下与协议主体签订协议，权力运用于法无据，而社
会主体处于无从获知其权力来源的"身份盲区"；③不健全的法治环境。理想
法治环境仰赖于立法对行为规范的预先设置，行政协议立法缺失等容易导致
行政主体在进入、履行和退出行政协议过程中随意运用其权力，破坏公平交
易的合作秩序。

对此，需要统一并完善专门针对行政协议的法律制度，统一行政协议的
授权、格式和程序等内容，将营商环境中"整体政府公信力、区域性人格名
誉、市场主体交易安全"等共有共享的国家和社会公共利益渗透到法律制度
的统合与再造中，设定行政协议行为的基本制度框架。

（二）难以回应依法行政原则与行政协议的兼容困惑

依法行政原则是行政法学的王牌原则，核心是行政行为必须于法有据。
依法行政原则以行政行为为规制对象，在新《行政诉讼法》和《行政协议司
法解释》出台后，行政协议当属法定化的行政行为，也在该原则的规制范畴
内。虽然目前行政法学理论界对行政协议的研究已经有了相当体量的累积，
但在立法、执法和司法的实践中，围绕行政协议产生的各类如身份识别、秩
序依归和责任承担等具体问题依然没有得到彻底解决。

"法无授权不可为"是依法行政的基本要义，包括法律优先和法律保留两
项子原则。相比于传统行政行为，行政协议双方主体享有一定的缔结自由，
其可以约定方式确定行政法上权利义务，具有法律上的容许性。因此，若严
格适用法无规定不可为的依法行政原则，则反而会在某种程度上"侵蚀"其
自由领地，可能致使大量行政协议陷入合法性危机。对此，有学者指出"与干
预行政领域不同，给付行政领域被认为只需要遵循低度的法律保留原则"。[1]按

---

〔1〕　陈无风：《司法审查图景中行政协议主体的适格》，载《中国法学》2018年第2期。

照这一说法，行政协议作为带有给付和授益性质的行政行为，其作出不在于必须要有明确的法律授权，而在于是否被法律所禁止。但另一方面，承认其自主性并不意味着对违法行政协议的放任，既然是行政行为，就必然要以合法的方式行使职权和履行职责。行政协议的特点隐含着其与形式意义上依法行政理念所确立的"平等实施原则"以及"法律保留原则"相冲突的风险，将造成"依法行政理念确立的约束和控制行政权的整体框架松动化和随意化"[1]。由此，既要适当开放传统意义上严格依法行政的外延，又不可放弃对行政协议合法性的控制，如何调和二者之间的张力就成为不得不解决的问题。

解决上述困境最终仍要诉诸统一完备的法律制度。其一，行政协议的制度统一主要是以系统法律规范确定行政协议的行为边界，相对应地，法制不统一则难以清晰划分"合法"和"违法"间的标准，也无法回应理论上对行政协议何以符合依法行政原则的诘问。随着以协议类型为基准的行政协议单行立法趋于封闭，部门法思维就对思考由下至上的系统性法学问题形成限制，"部门法表象上的差异被过度强调，而法律理论的整体视角遭到忽略甚至排斥"[2]；其二，如果行政协议始终未能以立法形式确立统一的法律规范，那么对于如何确认行政协议的身份、如何确证其合法性等未决问题都会传递至执法和司法实践中造成进一步应用上的困惑。

（三）裁断标准不一易于引起"同案不同判"的法律适用问题

司法裁判本质是将已有法律适用于法律事实的过程，具有可供依循的完备法律制度规范是其前提。经整理现有案例可知，现有的行政协议司法存在一些法律适用问题，包括：①《行政协议司法解释》明确承认可适用民事法律规范裁判行政案件，但却忽视对行政协议与民事合同二者异质性的关注，尤其是针对同一事由在民法和行政法中都有规定的竞合条款的选用上，部分法院选用民事规范而部分法院则沿用行政规范，由此，差异性法律适用输出的法律后果自然不同甚至大相径庭，影响了司法适用的统一性；②制度不统一还间接地为司法裁量基准"大量留白"，进一步增强了法官的自主裁量权和

---

〔1〕 参见余凌云：《行政契约论》，中国人民大学出版社 2000 年版，第 90~91 页。
〔2〕 戴昕：《威慑补充与"赔偿减刑"》，载《中国社会科学》2010 年第 3 期。

自主裁判权。目前，因法律依据缺乏引起行政协议审理标准或过于宽泛，或失之片面，类似案件因裁判者意志的不同而"不同判"的现象频出，严重影响了司法公信力。一般来说，审查标准的精细程度往往与审查过程和结果的公正性呈正相关关系，一套内容细致、逻辑清晰的司法审查标准对促进法院准确裁判案件具有重要价值。

究其根本，法律适用分歧源于"法律自身的不确定"与"对不确定法律概念的理解差异"的合力结果，不统一的法律规范会导致同类案件因时间、地域的差异产生审理结果上的不公正，攸关相对人实质性合法权益。因此，统一行政协议法律制度，缩减不确定法律概念的意定空间，统一同一类行政协议案件的裁量基准，从理论上讲可以有效抑制"同案不同判"的法律适用问题。

（四）社会公众难以形成对行政协议的基本认同

法治价值最终实现依赖于社会主体对法治的确信，即形成"法之认同"，即"相信法治的实际功用并自发愿意使用法治手段解决问题"〔1〕。社会公民对法律的整体认同感则直接来源于对个别法律制度感知能力的总和，而这有赖于各个法律领域内制度的健全，如果这一基础不存在，"认同"的对象也无从谈起。

行政协议的显著特点之一即在于通过行政管理模式的转变，提升了相对人法律地位。在一般行政行为法律关系构造中，公民往往处于受行政机关以单方命令和要求的依从地位，若不遵从则将面临法律上的不利后果，因此其处于不自愿地接受行政机关评价和指挥的"被动"角色。但在行政协议中，行政协议相对方演变为行政机关的合作者，可以"主动"地以自身的能力和专业知识技能等参与到行政机关管理活动中。与此同时，相对人地位的提升也为其设定了相应的义务，即按质按量履行从行政机关处转接而来的行政任务，这主要取决其是否具有较高的法治责任意识。一方面，绝大部分普通公民并不具备法律专业知识，公共理性欠缺、法治观念单薄是横亘在法治社会推进道路上不可忽略的意识层面阻碍，当下的分级、多头和零散的行政协议

---

〔1〕　付鉴宇：《论法治社会建设中的科技支撑功能及其实现》，载《广西社会科学》2021 年第6 期。

法律制度现状，无疑会加大相对人获知和理解行政协议法律规范的难度；另一方面，行政协议作为融入市场化方式的行政行为表达，其吸引相对人积极主动配合的关键恰在于行政机关能够提供符合社会主体私人利益实现的价值期许。但基于市场主体自身的天然逐利性，社会主体还尚未普遍形成积极实现并维护行政协议中公共利益的法治思想，仍需要法律制度加以指引。

三、行政协议制度统一的重要意义

（一）法治社会建设的重要组成部分

法治社会建设的根本目的是让人民群众共享"信仰法治、公平正义、保障权利、守法诚信、充满活力、和谐有序"的社会建设成果。其中公平正义、保障权利、和谐有序等都具化成为满足人民群众日益增长的精神、物质以及安宁环境需求的公共服务。法治社会建设的长久性和内容广泛性，需要政府提供体量充足且多元化的服务和产品，但基于政府资源的短缺必然会导致服务数量有限和品种单一的问题，相较之下，社会中蕴藏着充沛的多样化人才、服务、技能和设施，并具有来自实践的无穷创造性，因而有能力提供数量足够且品种多样的公共服务。中国现阶段的主要矛盾是人民日益增长的美好生活需要和不平衡不充分的发展之间的矛盾，提供全面、优质和便捷的政府服务就是从法治层面满足人民美好生活的需要。

从手段功能上讲，行政协议的制度统一是法治社会建设的重要方法。行政协议作为一种新兴的行政管理手段正是基于填补单纯由政府提供公共服务的不足应运而生，而这种管理方式的权力来源是否清晰、过程是否规范、结果是否有效等都有赖于完备和清晰的法律制度。通过统一的行政协议法律规范，将行政协议的基本原则和基础规范加以集中规定，有助于彰显行政协议法治的基本价值，对于行政协议执法与司法具有重要的引领作用。因此，有关行政协议的统一不仅是行政法制统一的重要组成部分，从法治国家建设的更广视阈来看，行政协议法律制度的统一建构也是对行政协议作为国家治理手段的充分肯定。

从目的上讲，行政协议的制度统一有助于实现法治社会的建设目标。行政协议法律规范将突破以往单纯关注行政主体一方行为的行政法规制格局，也不单单是调整平等主体人身关系和财产关系的民事法律规范。行政协议既涉及政府应当提供的基本公共服务，也涉及普通公民在政府公共服务中的参与权能和参与义务，其法律制度的统一有助于规范"政府—社会成员"二元格局构造下展开的各类合作行为。在法治社会里，对于行政机关和社会主体合作行为的规范，属于社会范围内普遍性、全局性和基础性的活动，而统一的行政协议制度正是开展此类活动的基本法律遵循和依靠。所以，行政协议的体系整合通过解决一直存在的一系列立法、执法和司法问题，弥补缺陷并消除矛盾，完善国家治理的基本法律支撑，优化治理者的治理能力。

（二）行政法典化整体进程的重要组成部分

近年来，行政法典的立法推进是法学理论界的热点议题。行政法典的目标是营造公共行政制度统一的行政法秩序，具有稳定性、明确性和可预期性的时代价值。目前，有关法典化的具体形式争论不休，有包括制定"行政程序法""行政法总则"在内的多种建议。但无论是哪一种方案，作为公权力载体的行政行为都将是行政法典化进程中不可忽视的组成部分。行政行为随着社会进步不断迭代，行政法典编纂的核心则"在于创新和稳定的价值冲突"[1]。在普遍的认知中，行政协议是一类新兴的行政行为，并非行政方式的简单转变，其对公共行政的影响是深远而全面的，本质上是通过公私合作由"高权行政"迈向"平权行政"的行政法体现，在理念、组织、行为模式和法律后果等方面都有重大的变革。行政法典应当是行政基础规则的明确，必须正视行政协议制度建设的时代命题，如忽视这一命题，行政法典则可能出现实践与制度的严重脱节——多元灵活行政方式的需求旺盛与基础规范不足间的张力将愈加凸显。

总体上，行政协议公共性的制度统一现实与行政法典化的构想愈发契合：一方面，行政协议的公共性（公共目标、公共资源）决定了其具有公法上规则统一的必要性，完全的契约自由并不可取，这也是行政法典化的重要基础；另一方面，行政法典化目的是创制一致性的法规范，本身就回应了行政协议制度建设的需要，形成了二者间的双向互动。

---

〔1〕　马颜昕：《论行政法典对数字政府建设的回应》，载《现代法学》2022 年第 5 期。

（三）有助于为行政主体依法行政提供依据和标准

依法行政作为评价行政行为的"王牌原则"，前提必须是存在可供参照的完备法律依据，行政协议的制度统一有助于充分发挥该原则的指引作用，并进一步转化为法治政府发达程度的考核指标。行政协议现有问题在于裁判性规范过多，但缺乏与之相匹配的行为规范。这就呈现出规范集中向司法末端倾斜的"司法统一和立法不统一"间的二元背离问题。

行政协议在公共行政范式转换情景下具有的广阔应用空间，是个人和国家之间的新型合作关系。依法行政原则对于现代行政法具有根本性意义，研究行政协议的制度统一既要看到行政协议的特殊性，又要对传统针对单方行政行为的依法行政原则进行适度变更，完善的协议制度可以推动行政协议行为与依法行政原则相互适应。随着现代行政行为的多元发展，行政协议制度将通过明确权力来源、行为规范和正当程序等对行政协议的规范行使进行精确设定，行政机关在订立协议之前有据可循，得以对自己行为是否有违法风险形成基本预判。从这种意义上，完善行政协议法律制度还可以将脚步逐渐迈出依法行政原理的传统框架，助力于补充、更新行政行为理论。

除行政机关一方外，完善的法律制度还可以通过明确双方权利义务规范的方式防止其侵害私人合法权益。行政协议是公私合作的产物，这种合作模式在某种程度上模糊了国家与社会各自的功能领域，我国传统行政管理领域偏重权力体系的建构，义务规范设置一向被忽视。统一的行政协议法律制度可以围绕主体、客体和协议内容等形成明确清晰的权利义务关系。在权能设置上，可以制度形式区分行政主体和私人个体的权利义务，进而对协议违约样态和行政权单方违法样态进行分类，令大部分行政协议内设概念能够得以精准分别和归并，让有关协议设立、变更、中止、终止或撤销等制度能够既有分工又有配合地发挥作用。因此，行政协议的制度统一也是平衡其公私二元属性的要求，研究其制度统一问题就是研究以行政协议为基点的公私权利义务配置问题。

（四）有助于提升协议相对人的法治责任意识

全民守法是法治社会建设的基础工程和重要保障。习近平总书记指出：

"法律要发挥作用，需要全社会信仰法律。"[1]以编纂统一法律规范的方式，不仅最能体现法律关系逻辑和公私权利义务的最佳配置，也是学习研究、贯彻实施行政协议的最佳方式。按照德国行政法学者对于"特别权力关系"的论述，特别权力关系包含"公法之特别监督关系"，行政协议法律关系是将公法任务转移给私人承担的载体，行政机关对于协议的实际履行状况仍要承担必要的监督职责，因此，二者契合于"特别监督关系"要件。在公共利益的整体指向下，协议相对人有必要放弃一部分个人自由和权利，而由行政机关统一实行指引。而行政机关享有何种特别权力以及相对人又需要让渡哪部分个体权利，都需要法律予以明确。

要让社会不同个体在思想、观念上对法治理念与精神形成共识与认同并不容易，通过建立完备统一的行政协议制度，令行政协议执法和司法程序有可供依循的规则，可以减少因掺杂个人情感影响产出结果的可能，最大程度上克制贪腐和权力运作的不透明与不规范。反过来，如果不存在公开完善的行政协议制度，公民则可能认为行政协议的签订和执行很大程度上取决于行政机关的个人意愿，很难增强社会主体对行政协议运行的普遍法治认同；其次，建构协议制度的应有之义是将协议的社会主体一方应承担的社会责任予以法定化，对罔顾公共利益的违法者设定精准处置方案，增加社会主体的违法成本，借由制度框架形成让其不敢违法的心理威慑；最后，完备的协议制度还可以正向增强对社会主体权益保护的范围和效率。尤其是在社会主体权益受到来自行政机关单方变更、解除等行政行为侵害时，设置其可得利用的对等救济手段即时保护自己的合法权益，也有助于培育社会主体参与行政管理过程中自觉自愿运用法律解决问题的守法思维和守法习惯。

综上，确立统一行政协议制度有助于营造公平竞争的营商环境、推进依法行政与行政协议相融合、帮助法院树立统一裁判基准以及增强社会主体的法治责任意识。同时也要看到，确立行政协议制度也符合从单行法到整体立法稳步推进的道路时机。新《行政诉讼法》及相关司法解释也体现了"以程

---

[1] 习近平：《严格执法，公正司法》，载中共中央文献研究室编：《十八大以来重要文献选编（上）》，中央文献出版社2014年版，第721页。

序法规定推进实体法建设"[1]的审慎型行政法治发展策略。从这种意义上说，所有的单行立法和先行立法都是为最终体系立法所作的尝试，而统一的制度体系将是终极目标。随着司法实践对行政协议案件审理经验的日益累积，我国行政协议实体制度也将逐步得到确立。

四、行政协议制度统一的目标调适

有学者曾在新《行政诉讼法》实施之后预言，涉及行政协议争议的一些旧问题将不断重复，而一些新问题也会涌出，行政协议作为一种新型并得到广泛运用的行政管理行为形式，其适用、实施和纠纷处理都将形成独立的体系化法律制度。[2]域外国家中，早在 20 世纪 50 年代，受到法国独立行政合同[3]法制的影响，英国学者也呼吁应当建立管理政府合同的"单独法律体"，理由在于：①私法对政府机关订立的合同不具有专门针对性，而单独的政府合同法律体则可以结合合同的行政特点作出特定反应；②独立政府合同制度可以通过调和公共和私人利益为涉合同主体提供更全面保护；③戴西的平等原则并未实现对国家机关权力的有效控制。[4]可以说，自行政协议伊始，支持其制度统一的观点不断被提出。

制度统一在通常意义上代表对特定行为的控制，而行政协议相比传统行政行为的特殊功能恰在于其模拟着类似市场交易的自由状态，"压制型"规制模式则与其功能似乎天然相悖。因此，制度统一需要结合待规制对象的属性进行目标上的调试，不可一概而论。通常，单论及某一法律行为的制度统一内涵有许多，包括行为定义、基本性质、实施程序、权利义务、行为内容和规则等各个方面的统一。行政协议制度统一的目标应当包含上述全部还是部分？规定的详尽化程度如何？这些都要结合协议的特殊性具体分析。

第一，全方位、无遗漏式的制度统一方式不适合于统合行政协议规范，

---

〔1〕 闫尔宝：《行政协议诉讼法定化的意义检讨》，载《学术论坛》2019 年第 5 期。

〔2〕 参见闫尔宝：《行政协议诉讼法定化的意义检讨》，载《学术论坛》2019 年第 5 期。

〔3〕 这里使用"行政合同"而非"行政协议"是出于与译文同源性和学术界惯用语的考虑，二者指称的内容是相同的。

〔4〕 参见于安：《政府活动的合同革命——读卡罗尔·哈洛和理查德·罗林斯：〈法与行政〉一书"酝酿中的革命"部分》，载《比较法研究》2003 年第 1 期。

应当适当放宽。这是基于：①行政协议具有市场交易的灵活特质，在政府一端表现为行政机关由过去"上传下达"的纯粹管理模式转向根据实践需求"外包"一定行政任务的自定手段，在社会主体一端则表现为公民要求参与政府活动的自主能动意愿大大增强，这些都表现出双方主体以"意定"代替"法定"的强烈倾向。此外，契约本身即意味着容许双方自由缔结法律上的权利义务，因此，双方协议内容的大部分条款应属于可自由拟定的合意范畴，只要不超过行政机关授权范围或违反禁止性规定，即便是统一的行政协议制度也不能预先予以规定；②行政协议类型分化和地域差异明显，应为不同协议类型和各地营商环境留存必要的自行调整空间，不宜规定过细过僵。从营商环境的区域调节来看，中央层面的统一立法也不宜规定过细，目前各地区政府管理、公共服务、市场环境和创新环境等各种营商环境指标仍参差不齐，地方政府更倾向于自行制定符合本地实际情况的政社资本合作协议细则。比如，营商环境较好的城市，可能会将行政协议依内容和标的金额分为几个等级，调高"重大行政协议"的金额标准，从而适用更为严苛的协议审查模式。

第二，行政协议一般承载着公共利益目的，因此与之相关的程序、权利义务条款和标准必须统一，不能全权交由当事人合意。允诺私方主体一定的合作利益是政府为高效完成行政任务所采用的激励手段，最终目的仍然服务于"实现公共利益"的整体导向。可以说，行政协议虽然类似市场交易，但是公私合作中服务商提供的服务本是代位国家实施供给，实质仍是行政任务。为了保障公共任务的顺利推进，行政协议制度应当对行政协议签订的规范语义、一致格式、基本流程、特殊行为规则等进行确定。比如，对于执行行政机关先前决定的执行型行政协议，出于效率和公平的考虑，适合拟定标准合同，而合同格式在一国内（至少在一省内）应当是统一的。特殊行为规则主要是指为维护公共利益的行政机关优先权的行使规则必须明确，以防止滥用。除立法规定外，行政协议的制度统一还应包括尽可能地细化执行标准和司法审查标准，这主要是保障法律适用标准的统一，防止同案不同判，对同类行政协议给予相同评价，保障行政和司法公信力。

第二章 行政协议制度欠缺统一的
主要原因分析

对行政协议的理论误区、认知局限以及客观体制机制障碍都是阻碍行政协议制度统一的主要原因。现有理论惯以传统公私法二元视角将行政行为和民事行为截然两分，行政法学界虽谙熟"行政协议兼具行政成分与民事成分"，但疏于与民法理论和实务展开充分对话，也缺乏对这两种行为差异与共性的基础性研究，导致民事法律规定难以真正适用于行政协议。认知局限体现在目前行政法学理论界多奉行"行政行为论——合法性审查"的单一逻辑链条，行政协议研究成果偏重解决纠纷的司法末端而轻视行政过程，试图以司法救济还原规范本身，并返以约束行政协议的思路当属逆流而上，难以回应为何行政协议纠纷层出不穷的诉源问题，故具有局限性。另一方面，客观的体制机制障碍同样是阻碍行政协议制度统一的重要因素。中国举国体制下行政机关权力过大，政府无法作为一般的民事主体接受民事合同法律规定的调整，又碍于行政协议的契约性，一般行政法律规范也难以直接适用。

第一节 理论误区：民事合同与行政协议截然二分

行政协议在我国客观、普遍且长期地存在催生了相应的规制诉求。随着行政协议相当部分的审理规则在《行政诉讼法》以及《行政协议司法解释》中获得确认，行政协议争议解决已正式进入诉讼程序法中。然而，实体规则的长期缺失在裁判性规则日益趋于完善的背景下被衬托得更为明显，二者间的背离不容忽视，行政协议实体法规则的缺失原因何在？纵观行政法学界已有的关于行政协议的研究成果，可以发现其间仍存在较大偏向性，乃至于走入理论误区。

一、行政协议理论研究的基本脉络

要识别行政协议的理论研究误区，首先要对目前已有的理论研究进行概览式梳理，以窥其全貌。按照行政法学研究中"行政立法学""行政行为法学"和"行政救济法学"的基本范式，行政协议属于行政行为，但由于行政协议可得研究的规范文本素材不多且较为零散，按照上述传统分类尚难以完全匹配当下研究情况。因此结合目前产出成果的实际，对于行政协议研究可以再分为"行政协议总论""行政协议分论"和"比较法学研究"三部分。所谓行政协议总论，是旨在全方位刻画行政协议行为法律制度的研究模式，而分论则是对行政协议中一个或几个问题进行单独研究。在所有分论的专题研究中，行政协议司法审查无疑是目前体量最大的研究方向。还有部分论者以比较研究方法对国外行政协议进行研究，如杨解君教授2009年编著的《法国行政合同》等，这部分论者试图以"他山之石"为我国行政协议研究提供有益借鉴。

总体来看，目前行政协议研究虽然体量庞大，但聚焦点或在于为行政协议下定义以及提炼行政协议性质等细节问题上，或在于研究行政协议的司法裁判规则或审理标准等救济问题上，抑或是归纳比较德国、法国、日本等其他国家地区的已有行政协议经验和成果，从宏观角度对行政协议法律制度整体的总论研究不足。并且，现有研究的偏向性还暴露出了一些问题，比如对于行政协议的认定，大部分学者都认为行政协议当属于行政行为，但在《行政诉讼法》和《行政协议司法解释》中都明确不排斥对于民事法律规范的适用，间接表明行政协议兼具民事行为特征，否则适用的基础也不复存在。这就提出一个关键理论命题：行政协议与民事合同中作为塑造制度规范的关键行为要素与逻辑是否具有共通性？略过对这一问题的基础性回应，则容易将研究视角局限在行政法学科内部。

二、民事合同与行政协议的理论分野

行政法学研究中关于如何识别行政协议的文章有许多，其中如何界别民事合同与行政协议是主要争点。

如王克稳教授早在 1997 年于《论行政合同与民事合同的分离》一文中提炼了行政协议和民事合同区别的几种学说，包括"主体说""目的说""契约标的说""手段说"及"法律基础说"。此外，还有学者从效力、法律适用和纠纷解决方式几方面总结二者的区别。[1] 总体来看，目前关于行政协议的研究都试图放大行政协议中的行政性特质，并细化为"公务说""职权说"和"公共资源说"等不同学说，极力证明正因行政协议中行政要素的存在而使其明显不同于民事合同，以此来实行甄别。从实践来看，行政协议的法律适用并没有因为二者在理论上的区分而越辩越明。囿于长期以来的诉诸"求异"，缺乏对共识的关照，在允许行政协议混合适用公私法二元规范的司法解释出台后，反而让人怀疑强制界分两种行为是否必要。

从行政法学界对差异的强调可以看出行政协议与民事合同始终处于一种疏离状态。反观民法学界，学者们似乎早以一种更为包容的视角看待行政协议的存在，并就其是否应当纳入民事法律规范调整范围进行了一定讨论。在《合同法》（现已废止）制定之初，有学者对行政协议的性质、范围以及是否应纳入《合同法》调整进行了争论。如在崔健远教授《行政合同之我见》一文中，对通说中判断行政协议的"当事人中必须有一方是行政主体""行政主体保有特别权力""超越私法规则"和"执行公务为目的"[2] 四种标准进行了一一驳斥。[3] 总体上，他并不排斥行政协议中行政机关享有特别权力，也承认行政协议兼具行政和民事两种属性，但其认为对某一具体行政协议性质的判断应当建诸"看哪种性质处于更重要的地位，更起主导作用"的实质判断标准。比如因土地出让协议中特别行政权力在整个协议中占比较低，尚未达到变更协议根本属性的程度，故而本质上仍应属于民商事合同。同样地，梁慧星教授也认为行政协议本质上属市场交易，即使在协议主体为行政机关

---

〔1〕　参见王瑛：《行政协议认定标准探讨》，载《法商研究》2021 年第 3 期。

〔2〕　上述几项判断标准来源于应松年在 1997 年于法制日报发表的文章当中。直至今日，行政法学理论界对行政协议的研究也极少有突破这几项标准之外的通说形成。参见应松年：《行政合同不容忽视》，载《法制日报》1997 年 6 月 9 日，第 1 版。

〔3〕　参见崔建远：《行政合同之我见》，载《河南省政法管理干部学院学报》2004 年第 1 期。

并法定缔约的情形下，也仍不变更其民事属性，并且，国家适度干预市场交易行为不变更其性质，也就"不可能使这些市场交易关系变成所谓行政合同。"[1]可以见得，早些年在各类行政协议类型尚未以有名行政行为进入独立的行政法部门前，民法学者积极争取将其纳入私法调整范围。不仅理论中如此，在实践中，早年也有不少行政协议进入了民事审判。三度修改的《民事案件案由规定》中，关于"合同纠纷"案由的规定都没有进行民事合同和行政协议的区分，其第86项为建设用地使用权出让、转让合同纠纷，第135项为土地承包经营权（包括转让、互换、入股、抵押和出租）合同纠纷。这些被纳入民事案由的纠纷，也同样符合行政法学通说所一般认定的"行政主体要件""权利义务要件"以及"变更方式要件"的行政协议要素。再就公报案例来看，在"青岛市国土资源和房屋管理局崂山国土资源分局与青岛乾坤木业有限公司土地使用权出让合同纠纷案"中[2]，法院评判涉案合同的效力问题时援引了《合同法》中关于民事合同成立、生效要件的规定，同时还援引了《土地管理法》第44条的相关规定，综合认定协议部分无效，但不会影响其他部分的效力。除此案外，还有"崂山国土局与南太置业公司国有土地使用权出让合同纠纷案"[3]也归为民事案件由民事法庭裁判，这些案件在裁判理由部分中则均有涉及行政法内容。

综上，无论是行政法学者一直试图从各个方面论证二者的不同进行严格区隔的努力，还是民法学理论和实务界对部分行政协议的普遍吸纳态度，究其实质，这源于行政协议与民事合同一直以来的性质纠葛。行政法学者担心若过于强调二者的共性，可能会加大行政协议"遁入私法"的风险，故急于使行政协议摆脱这种胶着状态，将二者做非此即彼的区分。但只强调差异而忽略共性，不仅没有讨论出足以使二者截然两分的具有说服力的理由，反而在承认可得适用民事法律规范的司法解释出台后，面对日益增多的法律适用困境显得回应性欠佳。目前，行政法学界对行政协议中包含的民事要素，仅浅尝辄止于对契约合意价值功能的整体认同，鲜有探讨在行政协议中如何具

---

〔1〕　参见梁慧星：《民法学说判例与立法研究》，国家行政学院出版社1999年版，第191页。

〔2〕　参见最高人民法院民事判决书（2007）民一终字第84号。

〔3〕　参见最高人民法院民事判决书（2004）民一终字第106号。

体体现行政和民事两种成分，特别是针对两种协议法律关系和权利义务等方面共通特质的系统、精细研究。

三、行政协议双重特性理解不足

行政法学界和民法学界的态度差异根本源于行政协议的性质多重性，一边试图着力放大行政特质以使得二者实现彻底分离，另一边则试图将其收归至现有体系当中一并管理。性质分歧投射于法律条文的实际应用中，回答的是行政协议究竟该为行政还是民事法律规范所调整的问题。在新《行政诉讼法》和《行政协议司法解释》出台之后，关于行政协议的性质争论有所消减，行政协议的学理研究开始转向"解释论"，即在既有行政法规范和学理框架内对行政协议进行细节研究，尤其是有关行政协议司法审查的文献成果成倍增长。但需要注意，目前仅实现了部分行政协议的法定化，而并没有完全将那些尚未在列举范围内但同样兼具两种性质的协议属性进行界定，如土地承包经营权协议等模糊协议类型在民事领域也仍有一席之地。行政协议的归属问题尚不清晰，这种背景下进行的细节性研究也势必受到格局上的限制而无法真正展开，有"舍本逐末"之嫌。正如张树义教授指出的，国内对于行政协议的研究多将一种先验或舶来理论直接用于分析中国的行政协议实践，似乎形成了"人们头脑中先天地存在行政合同理论，然后再借以说明实际的行政合同"。[1]行政协议理论研究之所以形成这种封锁格局，一是一直以来对行政协议双重性认知浮于表面，二是将民事法律规范视为"查缺补漏"的功能性填补。

（一）表征之一：对行政协议双重性的认知浮于表面

虽然研究行政协议的大部分专著和文章都称其兼具公私法两种面向，但就其各自的具体样态，始终未有充分阐释。正如江必新所言："行政合同作为行政性要素与契约性要素的融合体，如何嵌入以公私法二分为基础的法秩序，是一个为获得相应便利而不得不承受的负担。"[2]在公私二元论背景下，这种负担正体现在我们当下既不能从民法学科内部吸取相关知识以填补，又没能

---

〔1〕 张树义：《行政合同》，中国政法大学出版社1994年版，第3页。
〔2〕 江必新：《中国行政合同法律制度：体系、内容及其构建》，载《中外法学》2012年第6期。

建立行政法关于行政协议统一的法律制度可供适用。其实，在诉诸负担"求解"过程中不难发现，"行政法本位"的指导思想并不永恒为真。有学者指出，对协议的定位应当看哪种性质处于主要地位，起到主导作用。不同行政协议样态中民事与行政要素的占比不尽相同，如合作完成行政任务的协议类型中更注重双方自由合意，而作为执行单方行政行为延伸的行政协议则偏重行政权力的贯彻。就此，如何确定不同占比的行政协议并进行分类，需要打开封闭视角，找出二者共性的"联结"，结合行政和民事的要素比例而予以进一步类型化。这是目前行政协议法学理论研究中亟需填补的疏漏。

（二）表征之二：将民事法律规范限定为"查缺补漏"的功能性填补

在《行政协议司法解释》出台之后，又集中涌现了一批文章讨论在行政协议中如何具体适用民法规范。有学者总结道，在司法实践方面，对民事法律规范的准用也一般严格框定于"参照"地位，具体方法则多采"嵌套"运用的基本逻辑："行政法漏洞确认→相似民法规范查找→比照准用"[1]。民事法律规范的适用容许性究竟是在行政法未作规定时方可适用，还是可以同时与行政法规范"择优适用"，抑或尝试打破民事行为与行政行为的二元对立格局而单独构建一种公私法融合的独立审查规则，这些常见诸一些具体问题的讨论上。例如，在无效行政协议的两套审查规则的选用问题上，有学者认为应当先行适用《行政诉讼法》无效行政行为规定[2]；还有学者指出，行政协议本质仍是一种契约，在识别行政协议是否无效过程中也可以准用民事合同法律规定中的无效事由加以判断。[3]实践中，最常见的方式是优先适用已有的行政法律规范，在行政法规范不足以支撑案件事实的情况下，再行选用相关民事法律规范。这种将民法规范视作行政法规范之替补的"查缺补漏"的适用方法也基本为学界所承认。表面上看这似乎符合《行政协议司法解释》第 12 条之规定，但从结果来看，针对同一协议行为的判决依据最终只能择一适用民事规范或行政法律规范，而无法同时适用两类不同规则。并且，实际

---

〔1〕 王春蕾：《行政协议诉讼中的〈民法典〉准用》，载《现代法学》2021 年第 3 期。

〔2〕 参见江必新：《行政协议的司法审查》，载《人民司法（应用）》2016 年第 34 期。

〔3〕 参见陈无风：《行政协议诉讼：现状与展望》，载《清华法学》2015 年第 4 期。

上判断民事合同和行政行为的无效又可细分为多种事由，同一行为在民事合同中无效的，在行政协议中未必不具有效力，简单的嵌套适用很难完成对立情形的整合工作。

有学者认为，无论是单凭私法还是公法加以规制，都各有弊端，私法模式易于导致公共利益被削弱，而公法模式则欠缺对相对人权益的关照，公私法二分模式最为合理。[1]主张依据纠纷产生原因的不同而适用不同的救济路径：因政府单方违法引起争议的，应归于行政诉讼；若因任一方"违约"或由于风险分担引发争议，则选用民事纠纷解决机制就更为合理。[2]上述观点表明，行政协议的具体裁判过程应结合待审行为的法律性质综合研判，预先合理划分双方"合意行为"和单方"高权行为"是关键。这一提法看似合理，但实际上仍然没有跳出公私二元论的对立立场，只将目光聚焦于行为本身，而忽略了作为"上层建筑"的规则本身逻辑不自洽的问题。适用何种法律依据不仅仅取决于行政协议中民事因素和行政因素所占的比重，并非是行为性质和规则间的简单对应关系，还要从理论上考察民事规范行为何以与行政协议相融及其容许程度问题。

应当说，行政法学者与民法学者对于行政协议兼具两种性质的客观属性存有共识，否则二者间的对话基础也不存在。但若不充分提炼二者共性，行政协议司法裁判中民事法律规范适用难题都将长期、普遍地存在。总体上，行政协议制度的统一构建不可脱离于民法独立行走，行政协议性质的二重性决定了作为上层建筑的法律规范间势必要展开充分的对话和交流。

第二节　认知局限："行政行为论——合法性审查"的
单一逻辑链条

与学术研究中的理论误区相比，认知局限则更侧重于关注规范话语体系

---

〔1〕　参见李霞：《公私合作合同：法律性质与权责配置——以基础设施与公用事业领域为中心》，载《华东政法大学学报》2015年第3期。

〔2〕　参见胡改蓉：《PPP模式中公私利益的冲突与协调》，载《法学》2015年第11期。

中的基础认知是否全面。目前行政协议研究成果畸重于行政协议司法审查研究，在立法缺失的前提下，应承认通过研读法院案例以及司法救济还原一部分行政协议的真实运行样貌是必要且可行的。但也要注意到，按照"行政立法论——行政过程论——司法救济论"的行政行为运作基本逻辑，无论是行政协议诉讼制度还是相关的救济理论，均处于旨在解决业已发生纠纷的"下游"阶段，而难以从根源上形成行政协议的整体规制图景。这一问题的生成原因有二：一是因为我国行政法制度建设仍然偏重倚赖"行政行为"为逻辑起点，虽然理论界一直强调行政协议有别于传统单方行政行为，但仍未能组建起关于行政协议新的系统性认知；二是因完备的司法审查制度要依靠相关法律制度实现供给，行政行为论统摄下的司法审查片面强调行政机关一方行为，侧重单方行政行为合法性的"行为之诉"难以涵盖行政协议中双方乃至多方法律关系。

一、传统行政行为论的认知障碍

（一）源起与嬗变：作为"阿基米德支点"的"行政行为论"

德国行政法学通过提炼纷繁复杂的行政活动，将之总结为处分行为、行政合同以及事实行为等基本类型，进而归纳其各自构成要件和法律后果，由此则将行政法整体置于以"行为类型为中心"的观察视角。此种类型化的努力最终得以实现"一整套有关行政方式的教义学"[1]。该教义学路径的最终目的在于：一来通过对行为方式的型式化和固定化，将可能的行政恣意统统纳入防范和控制范畴，以实现对公民权利更为完整的法律保护；二来方便化解行政主体选择行为手段的难题，敦促其合法、有效完成其法定职责。此种行政法教义学以其周延逻辑、详实内容和严密制度一直备受尊崇，"行政行为"作为其中当然的核心概念，也是多年来屹立于学界的"阿基米德支点"。由于德国行政法形成的示范效果，行政行为理论在日本等地同样居于重要地位。自中华人民共和国成立以来，我国行政法学袭承以行政行为核心体系的组建路径，并以"法律优先"和"法律保留"原则作为依法行政的首要子原

---

[1]　赵宏：《法律关系取代行政行为的可能与困局》，载《法学家》2015 年第 3 期。

则。在法治政府建设和行政法典编纂背景下，强调行政行为的合法性不仅具有学理意义，同样符合当下推进行政法秩序的稳定性、明确性和可预期性的时代价值。

然而，随着行政任务变迁引发行政机关和相对人角色的双重甚至多重性，行政行为是否合法已经不再是唯一的关注点，"行政效能原则""行政过程论"等理论的提出和兴起，为传统行政法学的革新导入了新的维度和指向，一定程度上冲击了传统的"警察行政法"。奥托·迈耶虽然并不反对行政者享有行政形式的选择自由，但他强调这种可能与人们产生经济乃至其他社会关系的行为如若满足私法构成要件，则要受到私法规制。[1]在德国行政法中，行政行为与行政协议是并列关系，而非上下位逻辑的"包含"与"被包含"的关系。可见，作为德国行政法教义学基础的行政行为，并没有将行政协议行为吸纳在内，而单以行政行为为基础的行政法学整体建构也势必与行政协议有诸多不匹配之处。

同样地，我国行政法学界也整体奉行行政行为论，行政协议是否只得提炼其行政权力运用部分方可"镶嵌"到行政法教义学的大环境中仍旧存疑，以至于有"行政的归行政""民事的归民事"的逆推寻找法律依据的说法，将行政协议中的民事因素排除在公法规制外。有关行政协议的一些仅有法律制度也大多数是以控制和监督行政机关行为为目的建立，如在各地区行政程序条例规定中，虽然都对行政协议的程序进行了特别关照，但也基本局限于行政机关一方的程序，寥寥几条更是难以囊括纷繁复杂的行政协议实际样态。不仅程序法如此，相关实体法规定也同样遵循"行政行为——合法性审查"的基本逻辑，《行政协议司法解释》第11条设定的审理宗旨是对被告"订立、履行、变更、解除行政协议的行为进行合法性审查"，仍主要关注的是协议中行政机关单方行为。[2]可见，毋宁说我国行政法学是围绕行政行为建立，不

---

〔1〕 Vgl. Ulrich Stelkens, Verwaltungsprivatrecht, Berlin 2005, S. 53；Otto Mayer, Deutsches Verwaltungsprivatrecht, I, und, II. Band, unverränderter Nachdruck der 1924 erschienenen 3. Aufl., Berlin 2004, S. 138, 转引自严益州：《德国行政法上的双阶理论》，载《环球法律评论》2015年第1期。

〔2〕 此部分有关行政协议司法审查模式的论述将在本章后文再行展开，为避免重复，此处不加以赘述。

如说是围绕"单方行政行为"展开构建，与之相对应的"双方行政行为"无论在基础理论还是制度建构方面，都难以梳理出一条完整主线。而在这种主要以单方行政行为为核心的行政法体系中，行政协议自身的理论体系难以成型，这也是导致目前行政协议相关法律制度分散、难以形成体系以及内容关照不够全面的根本原因之一。

（二）行政协议法律关系与"行政行为论"的不适配

行政协议作为一种新类型的行政行为，如何嵌入传统行政法教义学，与一般行政行为形成自洽体系是要回答的基本问题之一。与一般行政行为相比，行政协议能够输出什么样的结果并非是核心，对于输出结果的协议过程同样值得关注。不少学者对行政行为论表达了反对意见，反对者主张随着现代行政任务的拓展与更新，传统理论与现实情况间关系格外紧张，[1]主张重新建构符合时代特征的行政法教义学，法律关系论就当属其中之一。行政法律关系的产生、变更和消灭一般通过法定和意定两种方式实现，意定的行政法律关系又包括行政主体单方意思表示和行政法主体与其他主体达成一致而成立两种情况。行政协议属于以第二种方式成立的法律关系。[2]经由对比可见，行政协议生成于当事人的合意，合意的过程则包含了双方行为的往来互动，是一串法律行为汇集组成的法律关系，而主要关注行为结果的单方行政法制度难以与之适配。

宏观来看，单纯由行政行为论来指导和约束行政法律关系存有诸多不足：

第一，难以从功能主义视角关注新型行政行为的独到价值。自服务型政府确立以来，传统以"命令——执行"为基本逻辑的单方行政行为难以完全回应社会中的给付行政、福利行政等多样化的国家任务诉求。即便是干预行政领域，也逐渐创新出"协商——合作"为核心的新型行政管理模式。如在浙江省开展的"重大交通违法集中整治"活动中，运用拍客 APP 等手机软件发动群众对各类交通违法行为进行举报，并以口头契约方式让渡部分对相对

---

〔1〕　Vgl. Wolfgang Hoffmann-Riem, Reform des allegemeinen Verwaltungsrechts als Aufgabe, AoeR115 (1190), S. 400ff, 转引自赵宏：《法律关系取代行政行为的可能与困局》，载《法学家》2015 年第 3 期。

〔2〕　江必新：《中国行政合同法律制度：体系、内容及其构建》，载《中外法学》2012 年第 6 期。

人的处罚权。[1]在干预行政领域尚且如此，授益性的给付行政领域行为方式创新更为常见。行政协议从最早治安行政承诺的"杨叶模式"，发展到今天成为普遍的行政管理方式之一，可以在多个行政领域内觅得其身影。的确，传统行政行为能够通过稳定和明确的型式化路径相对精确地设定行为过程和行为结果，使法律关系中的各方具备行为预期。但行政协议的魅力恰在于将判断决定权交还当事人手中的"不可预知性"。这种不可预知相对于"法无授权不可为"的管制性原则而言，并非完全对签订或执行行政协议不加管制，而是在基本原则和相关程序原则等指引下，适当留存一定的空间，让协议当事人可得充分发挥其主观能动性。

第二，行政行为论缺乏从时间维度对法律关系生成过程进行全面把握。行政协议法律关系并非一蹴而就，细致来看，其呈动态和连续性变化。德国学者奥托·巴霍夫将传统行政行为的观察路径形象地比喻为"瞬间抓拍"[2]，是因为只注重对"行政行为"这一输出结果的关照，而忽略了如何得出行为结果的过程本身。而行政协议则是跟随时间和阶段而不断变化，这种在某一时刻确定具体行政行为的模式难以全面关注到行政协议具体运行过程中的实际问题。

第三，缺乏对多变法律关系的覆盖和把握。与行政协议有关的主体往往不限于行政机关和行政相对人两者，多元互动格局下形成的法律关系则相应呈多边样态，且在不同的协议类型中，其形成的法律关系也不尽相同。例如，在政府和社会资本合作法律关系中，就形成"行政机关——社会资本方——被服务对象"的三方法律联结，相应也可延伸出三条法律关系线。如要实现对行政协议无遗漏式的全过程关注，缔约过程中参与竞标第三方也不可忽视。由此，现代行政过程的复杂性就表现在多主体共同参与形成的多模块、多层级复杂格局。严苛的法律涵摄技术很难在多元利益和诉求分散的个案中获得

---

〔1〕 参见平安浙江网：《浙江史上最严交通整治正式启动》，载 http：//www. chinapeace. gov. cn/chinapeace/c53712/2017－03/02/content_11802224. shtml，最后访问日期：2021 年 11 月 25 日。

〔2〕 Otto Bachof, Die Dogmatic des Verwaltungsrechs vor den Ggegenwartsaufgaben der Verwaltung, VVDStRL 30 （1972）, S. 231. 转引自赵宏：《法律关系取代行政行为的可能与困局》，载《法学家》2015 年第 3 期。

什么是"符合合法性"的唯一答案。行政协议如何在相互冲突的私人利益间进行权衡，以及如何确认法律关系主体地位，难以求解于"行政主体"到"行政相对人"的片面审视。

第四，缺乏对法律关系中协议另一方相对人权利义务的关照。对比行政法学在我国发展伊始，行政相对人的地位从过去备受冷落到逐渐受到重视，已经有了相当程度的推进和变革。而映衬出行政协议领域，行政相对人的实体性和程序性权利义务都面临关照不足的困境。在实体法方面，目前已有的相关实体法中一般只对如何控制行政机关在合法范围内行使职权、履行职责做了规定，而鲜有对于行政相对人从行政协议签订到履行的整个流程中应当享有的权利义务进行明确；在程序法方面，如在《湖南省行政程序规定》第五章设专节规定了行政协议的程序，其第 94～98 条分别规定了行政协议的竞争、公开两项基本原则、签订形式和生效时间等，但这些都只立足于行政协议程序中行政机关要遵循的基本程序义务，而对行政程序的相对人维度关注不够。行政程序并不限于行政主体单方的程序，而是行政主体与行政相对人共同活动组成的一种复合程序。行政相对人"是程序成本的共同负担者，也是程序结果的最终承受人"[1]，在包含相对人对等合意的行政协议中更是如此。

可以说，传统以单方、高权行政行为为基础架构起的行政法体系在某种程度上对行政协议的嵌入和融合形成掣肘。法律制度的一体建构则有赖于基础认知的完善，学理中有关行政协议基础问题的讨论众说纷纭，如何在其中选定最为合适的理论是组建成文法制度的前提。

二、一般合法性审查应用于行政协议的局限性

正因从行政行为到行政法律关系的范式演进，进一步催生了司法审查的革新诉求。经过长期法教义学的发展和锤炼，行政行为与其他学理范畴也建立起了密切联系，如程序要件、救济机制和诉讼类型等，都是与行政行为在同一体系内互相勾连的其他要件。行政行为主要进行合法性审查，这是适用

---

〔1〕　方世荣、谭冰霖：《优化行政程序的相对人维度》，载《江淮论坛》2015 年第 1 期。

于审查所有行政行为的一般标准。一般审查标准具有指导意义并不普适，目前，虽然行政协议争议基本被纳入行政诉讼的审理范围，但并非以行政协议法律关系整体进入，而是以各个被"拆解"的单方行为依次进入。正如有学者指出："这实际上是一个行政协议被逐块拆分、各部分次第进入行政诉讼受案范围的过程。"[1] 复合结构的行政协议是否可被完全分解暂且不论，目前《行政协议司法解释》所明确的审理内容明显无法涵盖行政协议法律关系可能产生的全部争议，其分解的标准也存有疑问。相比于结果导向型的行政行为理论更注重以司法审查来保障"符合法律"的行政行为，过程中的行政协议则呼吁更高级别的"行政正确性"。因为在行政协议模式下，不再是行政机关的单方意思表示，而亦融入了行政相对人的意思表示，随即"管理者与被管理者形成了双向的权利义务关系"。[2] 如果一贯奉行行政行为合法性审查惯有逻辑，则无法基于行政协议法律关系整体对各方权利义务进行恰当地配置。这表明不仅需要实现行政法学理论研究的"轴心转移"，还要相应推进"行为之诉"向"关系之诉"靠拢。

（一）一般诉讼构造不能完全呼应行政协议司法审查

目前，法院主要依据"是否具有法定职权"和"适用法律法规是否正确"等依法行政标准审查行政协议行为。可以看到，这里的合法性审查仍然是针对行政协议中行政机关职权行为，在逻辑结构上以意思表示的主体归属为提炼要素，单独拆解行政协议中经由行政机关一方意思表示而为的行为。可见，《行政协议解释》第11条与《行政诉讼法》第70条中对一般行政行为合法性判断标准基本对标。因行政协议不仅要关注其合法性，也要关注其是否符合合意约定的意定性，本条第2款随即补充规定了合约性审查的内容，即当原告认为被告没有依法或者未按照约定履行协议的，应当针对原告诉讼请求进行审查，这一条也同样越过对相对人行为的合约性确认。如此一来，行政协议案件的审查对象仅局限于行政行为，无法回应解决行政协议法律关系隐含的全部纠纷，尤其当这些纠纷是相对人违法违约行为引起时。并且，

---

〔1〕 刘飞：《行政协议诉讼的制度构建》，载《法学研究》2019 年第 3 期。

〔2〕 牛太升：《行政合同及其诉讼地位探讨》，载《中国法学》1992 年第 3 期。

仅审查行政主体一方的意思表示，难以得出基于双方行为共同结果的行政协议整体问题的具有说服力的判断结论，其旨在解决行政权力行使合法性的单一逻辑也不能回应经由复合逻辑组建的行政协议。进言之，行政协议不宜采一般合法性审查的理由有：

第一，行政协议属于新兴行政管理模式下的裁量型行政行为，我国关于这一行为立法不足，司法审查少有依据可循。通常，人民法院对行政行为的合法性进行审查，主要针对是否符合法定权限、法定内容和法定程序几方面展开。由于缺乏关于行政协议行为的直接制度性规定，协议行为做出的法律规范、法律程序和救济途径都很难在审判中找到直接、准确的依据，因此纯粹以现有的成文法律规范为依托的合法性审查标准难以覆盖对协议法律关系的全面审查，具有局限性。除此之外，合法性审查还包括对行政行为是否符合法律精神、法律原则以及是否违背法律禁止性规定的审查，这些审查标准本身较为抽象，通常情况下只起填补空白或纠正悖谬的作用，难以在具体实践中形成具有系统运用性的审查标准。并且，行政协议中行政机关一方自设义务的授益属性决定了其"与干预行政领域不同，给付行政领域只需要遵循低度的法律保留原则"，[1]因此，行政协议的容许性"不在于必须要有法律根据或明确的法律授权，而在于是否被法律所禁止。"[2]从法律的容许性角度来看，合法性审查标准在行政协议领域的适用余地大大减损。

第二，行政协议属于"要约＋回应"的复合式行为结构，而司法实践中行政协议纠纷的诱因往往是行政主体不兑现协议约定的失信行为，所以行政协议案件往往包含多个审查内容，法院要同时对行政机关协议中约定、特定的事实条件和后续的履行问题进行审查，审查任务较为繁重、细碎。一方面，空泛适用一般标准容易导致对细节问题的忽略；另一方面，缺乏法律依据也意味着立法裁量下沉为广泛的司法裁量，易于引起审判实践的混乱。

综上，一般的行政案件司法审查模式确难以涵盖行政协议案件的复杂审理内容和要求。即便是相对完善的诉讼程序性规则，也未能完成对行政协议

---

〔1〕　陈无风：《司法审查图景中行政协议主体的适格》，载《中国法学》2018 年第 2 期。

〔2〕　杨解君主编：《行政法学》，中国方正出版社 2002 年版，第 360 页。

从"行为审"到"关系审"的根本变革。能否在传统合法性审查的基础上细化设置具体的运用标准，实现审理规则的有序化、科学化与合理化，达到既保障相对人合法权益又促使行政机关依法缔约、诚信践约的治理目标，还需要建构完善以审理法律关系为核心的诉讼制度。

（二）行政协议诉讼构造隐现"关系化"趋势

虽然《行政协议司法解释》第 11 条的宗旨是对行政行为进行合法性审查，但客观来看，该解释仍有推动行政协议司法审查朝向"关系之诉"迈进。该解释第 12 条、第 14 条在判断行政协议效力问题时融入了民事合同的审查标准，如待审协议存在因胁迫、欺诈等情形订立的，可以判决撤销。这表明，审查内容从行政机关单方行为扩容到双方行为的内在意思与外在表示。如原告诉行政协议重大误解，法院就要判断原告是否切实对行为性质、对方当事人、标的物的品种等产生错误认识，错误认知在多大程度上与行为后果具有因果关联以及客观定损，这些都属于必要审查内容。如 2017 年最高人民法院审理的一起案件中，原告当事人与政府签订了产权调换协议书后产生协议效力争议，一审法院在裁判理由中指出，原告对征收公告和补偿安置方案是知情的，因此不存在误解，也不存在是基于欺诈而作出违背真实的意思表示情形，不对协议合法性构成影响。[1]可见，此种审查已然超出了单纯对行政行为的合法性进行确认，行政协议诉讼已显现迈向"关系审"的演进。

当前，这类实践只有个别先行，未能形成完整系统的诉讼制度，整体仍没有摆脱一般合法性审查的路径桎梏。有学者提出，应当以"赋予行政主体原告诉讼资格""规范协议外第三人原告资格""拓展行政诉讼法官权力"和"改革行政诉讼审判体制"等方式完善"关系之诉"的制度变革。[2]一言以蔽，这种思路旨在彻底完成现有诉讼体制的颠覆性变革，建构公权力机关也可得提起行政诉讼的"反向诉讼"结构。但变革诉讼结构并非易事，从我国的诉讼实践来看，目前单向诉讼结构仍然可容纳大部分行政争议的解决，彻

---

〔1〕 最高人民法院（2017）最高法行申 4285 号行政裁定书。
〔2〕 参见陈天昊：《行政协议诉讼制度的构造与完善——从"行为说"和"关系说"的争论切入》，载《行政法学研究》2020 年第 5 期。

底变革诉讼结构的扩容需求并不大，从成本收益分析角度考虑，也并不是一个很好的选择。从功能来看，诉讼制度变革只能实现争讼事项的制度化，设置的是审判规则，不及于审理依据。也就是说，诉讼制度变革无关于行政协议纠纷尚未发生时（签约阶段、履行阶段）的行为规则预设，如果没有相对完善统一的规则制度，行政协议出现问题的几率并不会减少，仅仅诉诸司法审查难以防患未然。笔者以为，不应急于诉讼制度变革，行政协议本身的特殊性决定其司法裁判规则乃至模式都将是特殊的，而且这种特殊化的外在规则呈现无法一蹴而就，有必要按照"渐进式立法策略"审慎推进，从行政协议诉讼隐现"关系审"趋势来看，补充完善相应的实体法依据是当下紧要任务。

第三节 客观因素：体制机制障碍

行政协议制度统一是一个复杂且充满变量的过程，除上述学理误区及认知局限外，还要面临现实中来自各地理区域、各行政层级的体制机制障碍。既往研究中，学界主要从基础理论、运行逻辑和司法救济几个方面讨论行政协议问题，而缺乏研究影响行政协议体制机制的内部要素与外部环境，这是行政协议制度统一的基本前提，也是必由之路。

一、背景：规则主义法治观渐驰与行政协议的功能主义特性

改革开放以来，社会生产要素迭代更新，以市场流通和交互为底色的社会秩序随之加快变革，传统以制定法为依托的法律规则虽步履不停，但总缓于纷繁的社会实践，规则主义法治观由此渐驰，这推动了公民对国家政治力量寄予较高的德性期盼和赋予较多的福祉寄托。[1]我国政府在推动社会治理变革中承担了广泛的积极义务，从宪法文本来看，社会权条款占基本权利条款的一半左右，社会权的实现依赖于国家的积极作为。党的二十大报告指出要"坚持以推动高质量发展为主题，把实施扩大内需战略同深化供给侧结构

---

〔1〕 参见马长山：《公共领域兴起与法治变革》，人民出版社 2016 年版，第 1~3 页。

性改革有机结合"，这充分反映出我国民众对国家实体积极作为的价值需求及国家未来的行政任务目标。行政协议在其中发挥推动公共资源合理配置和促进构建优质高效的服务业新体系的功能主义价值，用于缓解规则有限性与需求扩张之间的紧张关系。就此，部分地方人大及政府积极推动行政协议的地方立法，在高层立法整体缺位的背景下，地方立法则很容易被打上相当的"地方特色"标签。但也正是基于行政协议的功能主义进路，为更具效率地履行公共行政职能，权力要素频繁出场，多数地方都直接明确行政协议中的特殊权力，这也形成了以"公共利益"为目标、以"行政优益权"为手段的权力运作构造。可以说，行政协议的地方化实践同时表现为政策制定与实际执行的双重灵活性。有学者认为，这种功能主义法治观将进一步引发"工具主义法治观"和"机会主义法治观"的弊病，亟待矫正。[1]

二、地方权力机关对行政机关实行单方赋权

只注重单方赋权而不加以设限，是导致制度不统一的表征之一。实践中，地方立法机关往往会赋予行政机关一方以一定特权，这是其与一般民事合同权利义务的差异所在，也是导致行政协议准用民事规定屡遇难题的根本。这种特权的具体表现是什么？单方加诸特权会为相对人带来何种负面影响？总结起来，这些问题的核心在于设置单方特权的正当性及其法治限度。

（一）行政协议"优益权"的法理基础和权能内容

政府基于其公共管理职责和公共服务目标，在行政协议法律关系中既是一方当事人也是监管者，后一种身份则衍生出不同于民事合同的"行政优益权"。

1. 法理基础

从行政协议优益权的现有规定可以推导出该权力的法理基础，也即回答"合理性"之疑问。现代政府任务无论从维护安全与秩序的"守夜国"，还是逐步演变至为社会提供普遍福利和公共服务保障的"福利国"，作为公共管理

---

〔1〕 参见封丽霞：《大国变革时代的法治共识——在规则约束与实用导向之间》，载《环球法律评论》2019 年第 2 期；参见范奇：《行政协议制度创制的路径依赖与矫正》，载《行政法学研究》2021 年第 6 期。

核心的公权力要素都不可丢弃。南博方认为："若契约的延续将严重危害公共利益时，则应给行政主体以单方解约权"。[1]我国《行政协议司法解释》第16 条规定肯认了履行行政协议过程中行政机关出于维护公共利益得享有变更、解除协议的单方权力。根据最高人民法院关于《行政协议司法解释》发布会中起草者的说明，此条款正是以"行政优益权"为学理基础的设置。[2]行政优益权是指当发生危及社会公共利益等情势变更情形时，为确保行政主体有效地行使职权，而赋予行政主体职务上的便利条件或物质上的优先资格。目前无论是学理还是实践中均承认这一高权性权力，在地方政府制定的程序条例中也大部分包含了对于此部分内容的规定，如《西安市行政程序条例》第91 条设置了行政机关对协议的常态监管权，第 92 条又设定了变更、终止的协议效力的单方决定权。行政优益权问题折射到英美法系国家的语境中，主要表现为"便利终止条款（Termination for Convenience Clauses）"，指政府机关可单方终止 PPP 协议，其反映出较为强烈的单方性与高权性。因此在权利属性上，"便利终止条款"应当属于一种典型的行政优益权。部分国家对这一条款作出了明确规定，例如，比利时、巴西、保加利亚、意大利和法国等国家以"公共利益"为标准，规定政府所具有的终止合同职权。在巴西，PPP 项目合同可在以下事由发生时终止：①合同期限届满；②公共利益要求撤回项目；③撤销；④终止或无效；⑤特许权者破产、消灭。其中第二项"公共利益要求撤回项目"即为政府部门自由终止合同条款的规定，其含义是在特许经营权期间，基于维护公共利益的需要，授权部门可以要求特许经营权获得者终止推进项目，收回特许经营权。2012 年，英国财政部发布《PF2 合同标准文本》，其中规定在一些情况下，政府不能继续维持与投资者之间的 PPP 关系（如政策变更），政府可保留自愿终止 PPP 合同的权利（Voluntary Termination by the Authority）。总体上，国外行政协议中优益权的法理基础及其运用与我国大体相当：在协议正常运行情况下，政府的行政优益权无需启动和发挥作用，但当发生情势变更等阻碍协议继续履行的事项时，政府可基于维护公

---

〔1〕　南博方：《日本行政法》，杨建顺、周作彩译，中国人民大学出版社 1988 年版，第 66 页。
〔2〕　《推进诚信政府法治政府建设　最高法发布审理行政协议案件司法解释》，载 http://www. court. gov. cn/zixun-xiangqing-208191. html，最后访问日期：2023 年 12 月 25 日。

共利益行使其优益权。

2. 权能内容

行政协议中优益权可具化为多项权能内容，有的发源于民事合同，但在实际运行、功能塑造和制度完整程度等方面却大相径庭。行政优益权中的变更、解除权是权能具化的两种主要类型，实践中占据了优益权运用的绝大部分情形。协议解除制度在民法中一般分为单方解除与合意解除，合意解除相当于订立一个新的合同代替先前合同，在行使前提与效果上皆与单方解除权差异明显。通常用语中的解除权一般默认为单方解除，《行政协议司法解释》第 16 条也仅限于这种情形。

从单方变更、解除权的行使效果来看，行政协议和民事合同也截然不同。行政机关单方变更和解除行政协议一经作出即生效，相对人不享有对等权利用于抵抗解除效果发生。而民事合同中的单方解除权则并不因主体不同而区别赋予，一般情况下，双方当事人都平等享有解除合同的权利。可以说，民事合同中围绕单方解除权的制度组建相对完整，主要表现为均衡的对抗格局——只要法律规定的特定事由出现，双方当事人均有权单方解除，且在一方行使之后，另一方有诉讼外的即时救济办法（如在异议期间内申请仲裁），权利义务不会明显失衡。

除了老生常谈的单方变更权和解除权外，随着司法实践的不断推进，行政协议中的优益权还发展出对行政协议的单方解释权。最高人民法院第 76 号指导案例"萍乡市亚鹏房地产开发有限公司诉萍乡市国土资源局不履行行政协议案"认可了行政机关的协议解释权，在裁判理由部分指出："萍乡市规划局的解释与挂牌出让公告明确的用地性质一致，且该解释是萍乡市规划局在职权范围内作出的，符合法律规定和实际情况，有助于树立诚信政府形象，并无重大明显的违法情形，具有法律效力"。理据在于可以充分尊重其作为行政程序发起者的"首次判断权"[1]，该指导案例明确了行政机关在职权范围

---

[1] 参见陈锦波：《行政机关对行政协议的单方解释权——最高人民法院第 76 号指导案例评析》，载《求索》2021 年第 1 期；最高人民法院发布第 15 批指导性案例之案例七十六：萍乡市亚鹏房地产开发有限公司诉萍乡市国土资源局不履行行政协议案，江西省萍乡市中级人民法院（2014）萍行终字第 10 号。

内对行政协议约定的条款进行的解释，对协议双方具有法律约束力，可以作为审查行政协议的依据。

（二）行政协议中优益权的法源性困境

《立法法》第91条和第93条规定了对公民权利义务的法律保留。《行政协议司法解释》的制定主体是最高人民法院，其并无为行政机关增设行政权的职能，第16条的规定仅是对行政协议审理对象的进一步明确，并不能由此逆推该解释是行政机关行使优益权的来源。通常，行政权来源于法律规定的直接赋予，在我国"一元多层"的立法体制下，这既可能来自于全国人大制定的法律，又可以来自经由《中华人民共和国地方各级人民代表大会和地方各级人民政府组织法》（以下简称《人大和地方政府组织法》）允许的人大和政府以地方立法形式加以确定。例如，《行政许可法》第8条规定，赋予许可时的法律依据或客观情形变化的"可以依法变更或者撤回"。《行政许可法》中行政机关行使的上述权力也是优益权的一种，其行使前提、行使后果等要素都有最高国家权力机关制定法律加以确认。

从制度现状来看，行政优益权主要表现为地方权力机关对协议行政机关的单方赋权，而其权力赋予又不来源于《宪法》《立法法》和《人大和地方政府组织法》。在缺乏国家层面立法授权的前提下，行政优益权似乎是天然、先验的存在，当下仅有对于如何行使此类权力的讨论，少有对权力本身来源的关注。"法学研究的核心关切是行为背后权力的本质和合法性"，[1]其决定着权力享有者的行为逻辑和边界。若只关注行政行为而罔顾行政权来源的诘问，则有本末倒置之嫌疑。行政协议中优益权来源不仅攸关行政机关的内部权力运作，还会影响相对人的信赖利益。由此，这一限制、减损相对人权利的行为应当在法律、法规中予以明确规定，并且要设置与之制衡的相对人对等权利，方能实现权力之控制。《行政协议司法解释》主要围绕变更和解除两类优益权进行设置，但对于其他类型优益权欠缺考量。并且，由于"公共利益"的内涵及外延缺乏法律意义上的明确判断标准，就可能导致实务中对其解释过宽，甚至被任意解释而沦为不当行使行政优益权的"口袋概念"。

---

〔1〕　胡斌：《论"行政制规权"的概念建构与法理阐释》，载《政治与法律》2019年第1期。

总体来看，行政优益权在我国行政协议的理论和实践中都占有一席之地，是确保公共任务完成的重要权力赋予。但当下立法体制下主要侧重对行政机关的单方赋权，面临一定的法源困境，并且也缺少从相对人层面进行信赖利益的对等衡量赋权，有被滥用之嫌疑。执法统一是法制统一的重要组成部分，过分注重赋权而忽视限权，容易引致因裁量基准过宽带来的执法不统一。

三、政府职能视角下行政协议的制度性阻碍

中国计划经济时代建立的是平均主义、国家总揽的公共服务体系，在资源匮乏情况下实现公共服务普遍化。在 20 世纪 80 年代至 90 年代，中国开始实行以市场化、社会化和地方化为特征的公共服务体系改革，供给主体从"一元"转变到"多元"。行政任务承载的往往是由资源公共品衍生的广大人民群众公共利益，公共服务体系改革映射在行政职能领域就是公共任务不再由政府单方承担——由社会合作方替代提供公共产品和服务的合作行政应运而生。可以说，行政协议行为正是促进改革任务发展和变化的要素之一，将其置于行政任务发展和政府职能变迁的大背景中，可观得超越行政行为话语体系外的更广阔分析视阈。反过来看，如果公共服务或政府任务改革过程中的体制机制出现了问题，自然也会影响到作为其中组件的行政协议行为。虽然，行政协议在我国自出现至今已有二十年的历史，学界也不乏对此种行为的关注，行政协议的种类日益多样、范围不断成熟和拓展，都使得行政协议的普遍化成为一项可及的目标。但是，在协议的发起主体——政府一方，仍存在职能不清、权限事项清单不明晰、常态的过程性监管缺失以及内部结构的功能性缺陷等制度问题。

第一，中国地方政府职能和取向具有特殊性。地方政府的职能定位关系到公共服务的发展，主要塑造于党和国家的发展理念和由其具化的地方政府工作考核评价以及干部评价体制。[1]且我国素有以"集中力量办大事"的举国体制特点，注重公共利益的维护，个体利益则在集体主义的大氛围烘托之下被予以一定程度的边缘化。举国体制是通过集中各种资源，短时间内充分

---

[1] Susan H. Whiting, *Power and Wealth in Rural China: The Political Economy of Institutional Change*, London: Cambridge University Press, 2000, pp. 100~101.

调动各方积极性以推动行政任务发展的一种体制。本质上，举国体制系组织体系的制度安排，属于一种政治体制，并且是社会主义制度的独特优势所在。举国体制下，政府与市场相结合的新型行政行为的顺利开展和推进取决于能否处理好"政府与市场""效率与公平""中央与地方"及"对外开放与自主内生能力建设"等关系。[1]与举国体制相对应的是市场体制，相比于举国体制中惯于周密详实的计划安排，行政协议在某种程度上是由社会需求增长带来的市场化发展的产物，具有个别性、灵活性和机动性等突出优势。如何在举国体制内关注到个别法律关系中的微观利益，以及如何在举国体制下协调公共利益和私人利益的关系，都是将行政协议置于宏观视角考察时不得不考虑的问题，这些阻碍若不解决，将妨碍行政协议的统一化发展进路。

第二，权限事项清单不明。正因行政协议具有灵活性特质，存在一些政府部门不分内容、不分情况便随意加以运用的乱象。目前，行政协议在我国国家立法层面仅有相关诉讼程序规定，而尚未出台系统的专门法。如若缺乏法律明确授权，辅之行政协议在权限上对"法无授权不可为"传统原则的突破，就容易导致一些行政机关超越自身权限滥施允诺。如一些行政机关利用信息资源不对等的优势，为尽快获取社会合作而允诺自己本无权限之事项，在社会资本方投入成本后又违约。再比如，许多法律保留事项专属上级立法机关调整管辖（如税收征管和涉公民人身权事项），没有地方行政的裁量空间，也就不允许再行契约合意加以变通。实践中，曾发生行政机关罔顾税收征管权限与相对人订立协议等严重违法行为，这在根本上可归因于缺乏行政协议公共事务权限和内容"清单"。目前，无论是正向上适宜以协议形式交由社会进行代管的列举式清单，抑或反向上不宜交给社会管辖的负面清单都处空缺，亟待补足。

第三，缺失对政府职能运行的过程性、常态化监管。一般行政行为侧重对行为结果的"输出"，不过多关注行为过程，有学者形象地将其描述为行政

---

〔1〕 参见陈劲、阳镇、朱子钦：《新型举国体制的理论逻辑、落地模式与应用场景》，载《改革》2021 年第 5 期。

活动的"瞬间抓拍"。[1]但若一味对所有行政行为都"只关注过程,不关注结果",则不可避免地导致规制体系的狭隘化、局部化和片面化。并且,此种架构"始终以行政高权为分析中心,这也使得相对人的参与和作用常沦为'艺术上的陪衬品',第三人更是处于边缘地位"[2]。行政协议相较于其他"一次定性"的一般行政行为,具有长期性、连续性和阶段性的特征。且许多以提供公共产品和服务为标的的行政协议具有公共利益的功能属性,为防止私方主体过度追逐私人权益,有必要对其开展常态化的行政监管。行政机关在运行过程中裁量权过大,行政职权的随意、无序运用则将引发大范围的执法不统一。究其根本,行政协议实践中存在严重的信息不对称,单纯依靠行政机关自身力量难以对行政协议活动开展有效监管以应对公共任务的质量和数量需求,而且行政协议活动多具有专业性特征,行政机关则不具备相关的专业知识。就政府购买类协议而言,管理链条始自采购者发出要约邀请,到与中标者订立协议为止,但协议能否发挥其预期效果则有赖于合同签订后的履行和验收环节。这就需要行政机关完成从"行政行为执行者"到"行政任务监督者"的角色转变,从过去单纯只注重缔约过程管理,到分别向前端邀约和后端履约延伸。

第四,专门行政协议管理部门的功能性缺位。行政协议的良好运转有赖于运转有序、协调一致的政府内外部结构,目前,行政协议政府部门之间权责不清,协议要约、签订、监督、验收多项职能分配不均,协调机制不够顺畅。行政协议往往涉及跨行政事项的授权问题,比如基础设施工程建设协议,可能涉及土地开发利用、城市规划、环境保护、消防安全等多项内容,不同政府职能部门在职权范围内均各自为政,附着于一个协议上的行政管理事项远比一般行政行为要多。结合我国近年来行政许可审批改革的先进经验,"数目庞大、多阶段、碎片化"的行政协议前置审批事项也应当实现精简和统一。从域外经验来看,法国设有专门负责主管行政协议的"合同主管人",享有签

---

〔1〕 Vgl. Wolfgang Hoffmann-Riem, *Reform des allegemeinen Verwaltungsrechts als Aufgabe*, AoeR115 (1190), S. 400ff. 转引自赵宏:《法律关系取代行政行为的可能与困局》,载《法学家》2015 年第 3 期。

〔2〕 陈天昊:《行政协议诉讼制度的构造与完善——从"行为说"和"关系说"的争论切入》,载《行政法学研究》2020 年第 5 期。

订、执行和监督的专门权限。我国也可参照法国模式设定协议主管人，专门负责行政协议事务的管辖，并设置在相对人难以完成公共任务时的承接制度等。还可根据协议阶段优化分配不同履职部门的职能重点，比如，可根据协议涉及的标的和重要性程度考虑分层级下放行政协议签订权限，对于涉及重大公共利益的协议事项要进行审批等。

综上，从政府职能视角看，行政协议仍然面临来自组织结构、事项清单、权限配置等各方面的阻碍。不仅是在一些应当发挥协议作用的领域存在"缺位"问题，还在一些本不应由协议发挥作用领域存在"越位"问题。政府对行政协议的管理职能较弱，归根结底在于相关的体制机制存在漏洞。行政协议的法治化道路需要围绕协议特殊性进行适当的体制机制建构，其核心是理顺政府与市场、政府与社会的关系，化解权力集中等行政机关履职问题，形成三者间协调有序和分工明确的新型结构关系。

四、行政协议地方积极性特征凸显

主权与治权相分离是法治国家权力运行的基本特征。[1]主权直接源于人民意志，是产生于政治共同体自身组织结构的政治权力，先于并高于实在法。治权则是在国家机构体系内配置的用于治理国家与社会公共事务的派生性权力。[2]若以主体层面进行划分，法律是最根本的社会治理手段，其他手段如社会规范和道德规范等皆衍生于市民社会，是由国家机构以外的社会组织和普通公民间自发制定的行为准则。在主权和治权分离格局下，各地方结合本地实际情况"因地制宜"构成治理模式的重要组成部分，行政协议就是众多治理手段中的一种。一方面，行政协议法律关系的双方都具有较为灵活的运作空间，行政机关可以辨别行政任务性质选用协议手段达成目的，利用市场模式缓解治理压力；另一方面，行政协议相对人享有政府不具备的广阔社会资源，无论在人力、物力还是财力方面都能为推行政务提供更多的选择，与此同时也并不妨碍私人利益的实现。再加上公共服务转型和"参与式行政"

---

〔1〕　参见周尚君：《中国立法体制的组织生成与制度逻辑》，载《学术月刊》2020 年第 11 期。

〔2〕　参见倪斐：《地方法治概念证成——基于治权自主的法理阐释》，载《法学家》2017 年第 4 期。

兴起，行政协议逐步成为各地推行"政府、市场和社会协同治理机制"瞩目众多的新型治理方式。

行政行为的重要功能就在于向公众宣示"什么是具体的法"，行政协议在其中独具特色，关键特征恰在于其具有地方积极性。行政协议具有地方积极性体现在：其一，根据行政协议不同价值功能，可分为"执行型行政协议"和"合作型行政协议"，前者依附于行政机关单方行政权运行，仅具有协议外观，起到对结果中设定的权利义务加以确认、肯定之功能；后者则自主性更强，主要是为了拉动地方经济、发展地方特色而由政府发出要约邀请，通过社会主体要约，进而达成契约的实质性合作治理手段。可以说，合作型行政协议相比于执行型更能够充分发挥其灵活特质，让行政机关和社会主体的双方优势藉由制定协议的方式得以凸显；其二，从目前已经被承认的各项有名协议来看，行政协议包括特许经营协议、房屋征收补偿协议等五大类。不同协议所涉及领域广泛，几乎覆盖到自然资源、社会保障、政社合作等各方面。行政协议在我国正式起步之前，上述领域更多地依赖传统行政治理手段，行政协议丰富了多元管理模式。除了国家法律规定必须由特定方式进行调整的内容外，给予了行政机关结合本地实际情况予以更多选择的灵活空间。

落实和健全发挥地方积极性的关键是维护国家法制统一、政令统一和市场统一。毛泽东在《论十大关系》中指出要"扩大一点地方的权力，给地方更多的独立性"。行政协议作为一项治理手段无疑可以充分发挥其灵活性、多样式和多领域的特点，但也要注意到，行政协议的灵活特质与法律规范不健全的制度现状间存在张力，换句话说，这种制度上的"留白"会带来一定的由地方和部门保护主义倾向衍生的权力滥用。如果各地皆以发展"积极性"为名，从本部门、本行业和本地区利益出发以获取经济利益最大化而漠视法律原则、法律精神，乃至违背同级立法乃至上级立法的规定签订协议，则构成对法制统一的侵蚀违背。

此外，还要关注围绕行政协议的地方立法情况。我国省一级和社区的市多地都制定有包含行政协议的程序条例，但针对同一内容多有冲突性规定，故而要谨慎提防各地出于本地区利益分散立法导致的规则矛盾。行政协议地方立法权不规范运作的体制机制原因包括：一是中央立法具有滞后性，地方立法跟随政策"因时而变、因势而变"。如在大力开展营商环境建设等中央政策目标的指引下，客观上加速了地方运用协议手段的需要，仅有目标而缺乏规则指引就容易导致各地立法间不一致；二是行政协议所涉领域广泛加大统一制度的建构难度。行政协议涉及自然资源、社会保障、政社合作等多项内容，而不同的政府职能部门在其职权范围内各自为政，最终则形成了体量大、碎片化、多重复和多阶段的行政协议法律规范冗杂构造；三是缺少对行政协议立法的审核把关机制，一些地方在相关法规规章起草、调研和论证过程中，对上位法没有确定的行政协议立法内容，或者其他同级立法已经确定的行政协议内容审核把关不严，立法间的相互冲突多有发生；[1]四是没能充分发挥司法机关对行政协议制度统一的保障作用。尽管当前并未规定司法机关审查行政立法的权力，但根据审理逻辑推断，行政诉讼在审理具体行政行为时不得不审理作为其依据的抽象行政行为，虽然这一过程未被立法所明示，但是若仔细解读司法审查的审理逻辑，实属审理过程中的必经程序，也即"行政诉讼所具有的维护法制统一的功能是其自身的运行规律所决定的。"[2]现实的行政协议实践中，行政协议的审理内容可分为行政机关的前期要约邀请（通常以规范性文件形式作出）、相对人的回应行为和双方实际履行行为等主要内容。对于规范性文件外观的行政协议要约邀请，部分法院以其作为审查内容进行合法性认定，部分法院却采取默认行政允诺行为本身即具有"法源"之地位，而略过此部分的审查直接进入判断相对人行为是否符合协议规定的审查思路。可以见得，在后一种审理实践中，司法审查对于行政协议法制统一的维护功能并未充分发挥。归结其原因，行政协议不同于其他独立于法律依据的行政行为，要约邀请部分兼具"行为依据"和"行为本体"双重身份，部分法院可能直接将其视为审理对象而忽略跳过对抽象行为依据的合法性确认。

---

〔1〕 周静文：《浅析地方立法权规范运作与国家法制统一——从各地人口与计划生育条例修正谈起》，载《人大研究》2020 年第 8 期。

〔2〕 方世荣：《论维护行政法制统一与行政诉讼制度创新》，载《中国法学》2004 年第 1 期。

也即，行政协议正因其凸显相对一般行政行为的优越性而成为地方政府积极选用这一手段的主要动因。但在相关体制机制尚不健全的前提下，无论是行政协议的运行，抑或是围绕行政协议组建的相关立法，都有阻碍制度统一之可能。

第三章 "公私二元调整"理念下的行政协议制度统一

制度统一既包括"从无到有"的建构过程,还包括"从有到精"的整合过程。统合已有法律规范中的行政协议内容,在精准提炼零散协议条款基础上,不仅要发现其中共通之处,还要化解其中相互冲突的部分。要实现行政协议的制度统合,基本立场是突破公法适用的藩篱,遵循"统而分殊"的路径。[1]"统"是要探索突破公法意义上的行政协议研究藩篱,以行政协议的自身特色为切入,发现公私法中共通的原则性规制路径;"殊"则是探讨行政协议在不同类型、不同范围、不同地域中的适用特殊性。讨论规范公私法性质归属,原本是为了更准确理解和适用法律,而"一旦这种区分割裂了法律规范之间的天然联系和功能目标,这样的解释论立场也终将被实践所抛弃"。[2]行政协议的已有规范分布广泛,涉及的行政领域跨度较大,但这些规范都围绕行政协议展开,面对一致的规范对象和基本相同的规制目标,分散化、零散化乃至空白化的分立格局,则不可避免地会割裂行政协议规制的整体主义视角。

如果要实现整体主义视角下规制行政协议的统一目标,则不可不转换传统行政行为论的研究范式。若以动态视角观察行政协议,引入"行政过程论"的行为分析工具,将行政协议按照其运行逻辑分为签订、履行及救济三环节,基于各环节的法律关系特性和保护利益的不同,将民法和行政法的基本原则和法律规范施以不同程度的配比嵌入其中。所谓"公私二元调整"就是既照

---

[1] "统而分殊"的提法参见蒋红珍:《比例原则适用的范式转型》,载《中国社会科学》2021年第4期。

[2] 宋亚辉:《风险立法的公私法融合与体系化构造》,载《法商研究》2021年第3期。

顾行政协议的契约性质，又要照顾行政行为的行政权特性，只不过需要根据具体环节中两种属性的"浓度"对比关系确定法律适用，比如对于协议签订环节，就要注重以民法中的诚实信用、等价有偿等作为基本指导原则；在协议履行环节，行政机关单方行使优益权的行为与普通行政行为无异，所以应偏重适用行政法律规范和原则进行自由裁量权的控制。

第一节　行政过程论视阈下的行政协议

相比于传统行政许可和行政处罚等仅针对公民个别行为进行规制的单方行政行为而言，协议主体的对等性和实施场域的宽广度使得各种利益关系复杂交叠，大大加重了其规制难度。行政协议在某种程度上实现了行政行为理论从"单一行为论"到"多边关系论"理论范式变迁，这具体体现在：在辐射范围上，行政协议的出现使得过去只集中某一领域的单一行政任务发展为多领域、多主体和多层次的复合行政任务；在功能定位上，行政协议实现从依靠公权力的强权管制，转向利用与行政相对人达成合作的行政管理方式；在角色定位上，行政协议推动行政机关由管理者变为合作者和监管者的多重角色，也将行政相对人从过去的被规制者有机会变为行政任务参与人和合作对象。故此，这些范式转型要求重新审视行政协议行为，按照问题与对策相匹配的功能主义逻辑，将现有法律规范以新的思路重新设计并整合，为实现制度层面的统一铺平道路。

一、行政过程论的源起及意义

长期以来，行政法学理论界重行政行为静态研究，轻行政行为的动态分析；重行政行为结果研究，轻行政行为的过程研究；重行政权运作的规范和保障，轻行政行为中引导性规则的预设；重行政争议发生后针对相对人请求的被动保护，轻行政过程中对相对人权益的整体性关照。总体上，行政行为论的研究思路并不适配于行政协议的特性，需寻找新的理论支撑。就此，有学者以传统行政行为概念为参照对象，提出现实行政具有作为过程的整体性和动态性特征，而一般的行政行为理论则具有局部性和静态化的缺陷。由此，现代行政法学可以引进"行政过程"的概念，全面考察"一系列行为"组成的行政过程。[1]以行政过程论为理论框架，一来可以在协议结果输出前充分论证其过程的实践合理性，二来则可以推动并促进行政行为理论从只片面关注行政主体一方的行为，到同时关注行政机关和相对人的双方行为的研究视角延展。

（一）行政过程论的提出

英美国家最早开始对行政程序问题的研究。[2]自20世纪60年代以来，在美国现代公共行政理论[3]以及德国法学理论的相关启发下，日本行政法学者集中提出"行政过程论"。日本学者中，盐野宏和远藤博也教授是行政过程论的代表。[4]经过几十年的发展，这一理论在日本已经形成了相对完整的体系。远藤博也指出，近代行政法的典型是国家独占社会管理的机能，然而现代行政法则将之打破，社会管理机能的限度是依靠相关各社会集团间自律加以调整，并且，行政法并非利害调整本身，而是利害调整的提供者和责任者，因而行政过程具有了独立的意义。[5]盐野宏教授持不同见解，他将行政过程视为行政作用的过程，是行政法解释学方法。远藤博也教授虽然也将其视为解释行政法学的方式，但选择将之放置于行政法全领域的观察范围。盐野宏教授的行政过程论是力图打破行政法学界长期存在的"行政主体论——行政行为论——行政救济论"的固有模式，而以一种新的视角来重构行政法学体系。虽然，试图将行政过程论置于行政法学核心地位的努力值得肯定，但其也终究未能够摆脱传统模式带来的影响，表象之一就是没有注重双方互动，而仅仅是在行政过程论的最后一部分专门讨论了行政相对人的参与等问题，

〔1〕 江利红：《行政过程论在中国行政法学中的导入及其课题》，载《政治与法律》2014年第2期。

〔2〕 J. M. Landis, *The Administrative Process*, Yale University Press, New Haven, 1938, pp. 160.

〔3〕 Richard B. Stewart, *The Reformation Of American Administrative Law*, Harvard Law Review, 1975, 88（08），p. 1756.

〔4〕 ［日］远藤博也：《复数当事人的行政行为——试析行政过程论》，载《北大法学论集》；［日］盐野宏：《行政作用法论》，载《公法研究》1972年第1期。

〔5〕 参见［日］远藤博也：《行政过程的意义》，载《北大法学论集》1977年第3期。

与行政主体的关系略显稀薄。[1]相比之下，英美法学者则多将笔墨用于对行政程序的研究中，在 20 世纪 90 年代，美国行政学家詹姆斯·费斯勒撰写《行政过程的政治》一书，其中对政府的角色和相关公共行政的组织和控制等问题做了详尽的讨论，最终组建了一个全新的公共行政学理论体系。

我国最早提出行政程序论的学者为朱维究教授，其在《程序行政行为初论》[2]一文中首次指出应对行政活动过程进行动态考察，进而在《行政行为过程性论纲》[3]一文中系统对行政过程论进行了阐述。而后，我国行政法学者对此研究逐渐增多，如江利红教授发表的《行政过程论在中国行政法学中的导入及其课题》[4]，湛中乐教授出版的著作《现代行政过程论——法治理念、原则与制度》[5]等，都将行政过程论视为行政法学原有"阿基米德支点"——行政行为论的替代理论，从宏观层面进行理念、制度和原则等问题研究。除此之外，也有一些学者将行政过程论作为分析、解释乃至革新行政管理手段的方法，属于针对具体问题的微观研究，如以行政过程论为视角分析行政特许产生的要素、分析容积率奖励制度的法律属性及其规制等都属此类。[6]

（二）行政过程论的意义

无论是只强调行政协议与民事合同的差异而忽略其共性的理论研究误区，抑或是立法者和执行者一贯奉行"行政行为——合法性审查"单一逻辑链条的认知局限，归其根本在于没能充分从理论与实践互动层面形成对行政协议的合理认知，以至于常顾此而失彼。强调理论与实践互动，一因行为实践建诸理论之上，欠缺对行政协议行为理论认知，空谈其如何适用法律等实践问题则难免有"空中楼阁"的基础不牢之嫌；二因行为理论依靠实践的试错和

〔1〕　参见［日］盐野宏：《行政法》，杨建顺译，法律出版社 1999 年版，第 63 页。

〔2〕　参见朱维究、阎尔宝：《程序行政行为初论》，载《政法论坛》1997 年第 3 期。

〔3〕　参见朱维究、胡卫列：《行政行为过程性论纲》，载《中国法学》1998 年第 4 期。

〔4〕　参见江利红：《行政过程论在中国行政法学中的导入及其课题》，载《政治与法律》2014 年第 2 期。

〔5〕　参见湛中乐：《现代行政过程论——法治理念、原则与制度》，北京大学出版社 2005 年版。

〔6〕　参见翟翌：《论行政特许产生的要素及过程 以行政过程论为视角》，载《中外法学》2019 年第 2 期；聂帅钧：《容积率奖励制度的法律属性及其规制——以行政过程论为视角》，载《中国土地科学》2019 年第 5 期；范伟：《行政黑名单制度的法律属性及其控制——基于行政过程论视角的分析》，载《政治与法律》2018 年第 9 期。

佐证，若缺乏行政协议实践案例提供的样本资源而空谈其理论，则始终缺乏落脚点。探索行政协议法律制度的统一就是要同时关注行政协议理论和行政协议立法、执法、司法实践的互动面向。

前述行政协议从"行政行为"到"行政法律关系"的认知转变，是运用行政协议过程论前提。如以行政行为论理解行政协议，意味着可将传统行政行为规制模式套用至行政协议，提炼行政协议中的公权力要素并将之从完整的行政协议法律关系中剥离。以此为基础建构起的规制路径忽视了行政协议中的相对人一方的作用，无异于为纳入以单方行政行为为基点建立起的行政法律体系进行"削足适履"。行政法律关系下的行政协议提倡以动态视角进行观察，行政协议是由行政机关和相对人双方经由主观合意和客观行为共同形成的法关系，而非单个行为。这种观点较前者而言有了较大的发展，认识到了相对人在行政协议中所起的作用，但这仍是一种将目光着落于实际结果的"结果导向型"视角，其劣势在于：即使观察到行政协议乃是双方行为的输出，但仍没能为生成结果前的行政协议运作过程提供分析框架。因此，相比行政行为论，要承认目前部分学者提出以行政法律关系论重新识别和分析行政协议确有进益，但这些助益主要体现于司法审查方面从"行为审"到"关系审"的模式转变，仍未能在诉讼争议发生前行政协议的缔结和运行阶段提供完善的理论框架。

二、不同行政管理模式下的行政过程特点

按照对行政法本质和功能的不同认识，行政管理模式在理论上可分为"管理论""控权论"和"平衡论"三种。通过对行政管理模式流变中解读其内置行政过程变化，有助于发掘"行政过程论"的生成背景。

（一）"管理论"模式下行政过程的特点

苏联学者马诺辛对"管理论"曾作出过最直接和最集中的表达："行政法作为一种概念范畴就是管理法，更确切地说，是国家管理法。"[1]这种论调实际上将行政法视为统治者进行国家管理的工具，而相对人只是被动接受国家

---

[1] [苏] B. M. 马诺辛等：《苏维埃行政法》，黄道秀译，群众出版社 1983 年版，第 24 页。

管理活动的客体。其行政过程具有如下特点：其一，行政机关与相对人之间形成"管制性"或"命令性"行政法关系，相对人在行政过程中仅可被动地接受指令；其二，行政过程中的双方地位严重不平等，相对人仅仅是行政机关设定义务的领受者，并不享有独立的人格主体地位；其三，行政过程中手段和目的都较为单一，权力运行也基本遵循着"上传下达"的单向度逻辑，普通社会公众难以有机会进入到行政决策或行为过程中反映、表达自己的意见；其四，在法律规范结构方面，着重针对相对人设定行为模式和法律后果，而缺乏对行政主体一方行为和责任的对等标注，同时也对相对人对抗行政权的权能阐释和后果所及关注不够。应当说，管理论下的行政模式并不重视行政过程对行政权力运行的监督，也未提及起对相对人权益的维护。

（二）"控权论"模式下行政过程的特点

在西方传统的控权论中，多认为行政法的功能在于限制行政权力，以立法和司法加强对行政权行使范围和幅度的监控是其常用的控权手段。相比于"管理论"，传统"控权论"提出"自然公正""正当法律程序"等原则，侧面反映出对行政过程的关注已经初露锋芒。"控权论"下的行政过程特点包括：其一，注重行政权的监控。以羁束行政行为为主，裁量权通常被控制在极小的范围内；其二，行政过程中的手段相对具有复合性，虽然行政命令和行政处罚等强制手段仍然是行政机关管理行政事务的主要方式，但契约等柔性手段开始进入行政管理领域；其三，从程序正义的要求来看，强调行政行为必须遵循正当程序。总体来看，相比于"管理论"将行政相对人视为纯粹被管制的客体身份置于极端消极的不平等地位，"控权论"则以约束行政权为核心强调保护行政相对人合法权益。虽然，强调以有效程序来规范、控制行政权力的行使，可以充分填补管理论之疏漏，但至于如何调动社会主体参与行政事务合作的积极性，仍显有力不逮。

（三）"平衡论"模式下行政过程的特点

"平衡论"结合政府权力与公民权利间关系这一焦点问题，重新阐释行政权和公民权、公共利益与个体利益间的对立统一关系。罗豪才教授作为我国"平衡论"的集大成者，在文章和著作中都有对"平衡论"视角下行政法目的、基本原则和内容等主张的集中解读。[1]比如，在行政法目的上，行政法既需要保障行政管理活动的秩序性和有效性，同时也要防止公民权利因行政权的违法或不正当运行而遭受侵害。"平衡论"模式下的行政过程特点有：其一，行政过程中多嵌入"沟通——协作"方式，特别注重以此提供公共服务，着力发挥服务行政和福利行政在社会调控中的作用；其二，行政过程中，法律关系的双方主体地位愈加趋于平等，行政主体和行政相对人在法律保障下兼具"服务——被服务""管理——被管理"的双重关系。"平衡论"视阈下，随着行政管理方式的多样化，单向度的强制性指令减少，以行政主体和相对人间的双方协商、沟通与合作为基本前提的行政协议、行政指导等方式都开始逐步推行。

可以看到，不同行政管理模式对行政过程的关注程度不同，行政过程的重要性与相对人在行政管理中的角色地位呈正相关关系：当相对人在行政法律关系中所享受的权利义务与行政机关越趋平衡时，就越需要我们对行政过程倾注更多的目光。

总体上，行政过程论的特点包括：其一，关注多方关系和行为。传统行政行为法学主要考察作为行政机关一方的行为，而行政过程论则将目光置于更广阔视阈，同时关注行政相对人、相关利害关系人的行为和利益得失；其二，多采纵向、动态分析框架。传统行政法学注重以行政机关事权范围为标准划分行为类型，而行政过程论则偏重在纵向时间维度考察某一具体行政行为作为"复数行为的结合或连锁"[2]的整体运行；其三，着眼点扩大，过去传统行政法学主要关注行政机关行使行政权力和履行行政任务的权力性行为，而行政过程论则将行政过程内所有的行政行为都纳入考察范围，这其中就必然包括不含有权力运用要素的相对人以及利害关系人行为。

现代行政法学愈加注重行政过程，这为确立行为结构中多方主体关系和

---

〔1〕 参见罗豪才、袁曙宏、李文栋：《现代行政法的理论基础——论行政机关与相对一方的权利义务平衡》，载《中国法学》1993 年第 1 期；罗豪才、沈岿：《平衡论：对现代行政法的一种本质思考——再谈现代行政法的理论基础》，载《中外法学》1996 年第 4 期。

〔2〕 参见江利红：《论宏观行政程序法与我国行政程序立法模式的选择——从行政过程论的视角出发》，载《浙江学刊》2009 年第 5 期。

建立相关有效运作机制奠定了良好的基础。由此，行政过程论不仅具有理论价值，也具有实践意义。进行行政过程的研究，可以帮助了解行政主体和相对人之间法律关系的形成、变化及特点，有助于细化探索不同运作阶段下各主体的行为规范。具体到行政协议命题的研究中，以行政过程论作为理论框架，可以特别彰显其区别于单方行政行为的特殊性，来试图寻求一种突破——从过去只关注权力运行结果，转向对整个行为过程的连续性关注，并深度研究不同主体在推动形成最终结果时的各自作用。以期通过对动态形式的细节观察，充分掌握行政协议法律关系主体间的互动关系，得以铺垫其立法、执法乃至司法制度统一的基础理论。

三、过程论视角下行政协议的动态行为阶段

行政过程区别于行政行为程序，二者是包含与被包含的关系。行政过程是一系列关联活动，行政程序是指某一特定行政意思决定的中间程序，在此种意义上，行政程序可以理解为是单一时节点被静止化的行政次序、脉络和方式方法。有学者将其总结为，行政过程是包含了"复数连续意思表示"[1]的行为合集的动态考察。因此，要探究行政协议的过程，就绝非简单剖析行政协议程序（如招投标程序、缔约程序和履约程序等）的个别研究。通常的行政行为形式理论研究范式下，都更注重对末端环节的协议结果之检视，无法完整揭示行政协议各阶段、全过程的构造全貌。行政过程论视野下的行政协议则至少包含以下行为阶段：作为协议前端的缔约前行为、作为中端的双方协议履行行为和作为末端的协议纠纷处置行为。但不能以此简单将行政协议划为"上游—中游—下游"，行政协议语义下类型繁多，需要关注到不同协议类型的特性，是否能够用一套范式去囊括其理论乃至现实中的所有协议样态还必须经过周密的论证。故此，结合前述行政协议的类型划分，本文拟以嵌套方法观察行政协议的运作，分为宏观、中观和微观三层面的递进关系。

以复数行为过程视为宏观行政过程，那么不同步骤或阶段内的单一行为的所构成的过程即设定为"微观行政协议过程"。如上图所示，"行政协议过

---

〔1〕 江利红：《论宏观行政程序法与我国行政程序立法模式的选择——从行政过程论的视角出发》，载《浙江学刊》2009 年第 5 期。

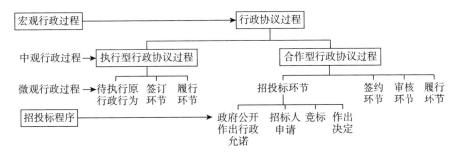

图 3 - 1 行政协议过程图

程"是囊括了所有行政协议在内的最上位概念,指行政协议活动作为整体的全部运行过程。在这基础上,继续按照类型划分,则可以"执行型行政协议"与"合作型行政协议"分别进行考察。进而,可更精细地区分活动流程为招投标、签约、审核等微观环节。然而,这种"宏观""中观"和"微观"的划分方式是相对的,比如,一般行政行为的宏观行政过程可划分为:标准制定、行为作出、行为执行以及行为救济四个阶段。那么行政协议的宏观行政过程就应该是"签订阶段→履行阶段→救济阶段"。在全部行政行为的微观行政过程方面,有学者将其分为事实、规范、决定和送达四阶段。行政协议则可以进一步将"签订阶段"细分为"要约邀请(允诺)阶段→招投标竞争阶段→商议阶段→协议审核阶段→合意阶段";将"履行阶段"细分为"相对人履行阶段→行政机关履行阶段→验收阶段→变更、解除和解释阶段"。其中如招投标如何作出等,在《中华人民共和国政府采购法》(以下简称《政府采购法》)和《中华人民共和国招标投标法》(以下简称《招标投标法》)中都有较为细致的规定。而签约、审核和履行等虽然在个别的行政协议类型所涉及的部门法律规范中有所体现,但立法对于行政协议签订后的执行监管的规定仍整体缺失,对于这一问题,可以考虑参照目前已经存在的规范性文件的备案审查机制,在协议签订后统一增加审查环节和备案批准环节等。

在重点关注行政权运行的传统行政法学中,其制度体系主要围绕行使权力的主体、实际权力行为及其救济三部分展开。在行政组织法方面,有各级人大和政府组织法和行政机构设置、编制的管理规范;在行政行为法方面,有以行为类别为划分标准分别设立的《行政许可法》《行政处罚法》等部门行为法；对于行政活动的救济，则相应建构有诉讼和复议法律规范等。以这种方式划分的行政法学视角偏重行政权力运用的某一片刻，一般不注重作为系统的动态行政过程。而上述通过分别考察宏观与微观行政过程中各阶段行政协议的法律性质及关联，探讨时间维度下因应行政过程进行法律规制的原则与方式，进而构建起行政协议过程规制法律体系。[1] 在这种观察路径下，我国行政协议的立法就应当以行政协议程序及其关联为立法模式，在过程系统中穿插实体法规范。

第二节　行政协议的"去中心化"——公私法协同规制

所谓"价值"一般指称客体对主体需求的可满足性。如果将行政协议视作手段，那么其价值就表达为对于利用这一手段主体需求的满足。按照通常意义理解，行政手段是服务于公共行政任务的方法之一，在价值需求上受制于公共利益。行政协议因兼具行政和契约两种属性，按照法国行政法，行政性要为公共利益的最大化服务，其价值取向辐射出的相应法规范性格就是注重行政权能的赋予和监管，形成"行政性——公共利益"的价值链条，也就不言自明地以绝对压倒性的优势冲击合意性，成为"根本价值"。法国学者 Gaston Jèze 对此总结道，行政协议"根本上是以两造缔约人互承位处不平等地位为前提"[2]。而引入行政过程论分析框架则意味着对这一理论的挑战或制衡。遵循时间维度对行政协议的运作过程进行拆解，根本目的是避免传统行政行为研究框架下对行政机关单方行为的片面关注，体现一定的规范主义要素。也即，公共利益虽为行政协议之重要价值却不唯一，秉持"明确性、客观性和可预见性"[3] 也是行政协议制度建构的关键。

---

〔1〕 参见江利红：《行政过程的阶段性法律构造分析——从行政过程论的视角出发》，载《政治与法律》2013 年第 1 期。

〔2〕 王必芳：《论法国行政契约的特点》，载《台北大学法学论丛》2017 年第 2 期。

〔3〕 赵宏：《法治国下的目的性创设——德国行政行为理论与制度实践研究》，法律出版社 2012 年版，第 54 页。

"合同"之概念在行政法领域的产生，意味着一贯的行政行为中开始出现新生与剥离，也意味着行政协议中显现的"契约"特质增强了其与民事行为间的共性。行政协议中的契约属性决定了其生成和发展的权利基础与运作逻辑与私法协议存有诸多相似。行政协议的公私二元属性已经是较为熟知的基础概念，对于哪种属性应当占据主导的争论是整合或建立法律制度的前提。承前文所述，承认行政协议属于内含民事要素的行政协议，并不代表在制度建构和规范选用方面也直接承认"以行政法律规范为主，补充适用民事法律规范"就是最佳的配套方案。"民事因素"在行政协议中的占比的简单量化是否具有合理性？行政性和合意性的两重属性是否必须进行主导和辅助的地位设定？能否基于行政过程论基础，通过对行政协议进行环节划分，倡导一种行政协议内部以时间维度为基础的权利配置"协同论"？本书第二章对行政协议理论误区的阐释意图表明，行政法学界试图将民事合同与行政协议行为区分开来，这种做法实际上也带来两种制度间难以统合的负面效应。如果将行政协议的两种属性割裂并主要置于行政法框架内研究，那么其契约性的特点就被压缩到极小的范围内。本书以为，在行政过程论的分析框架下，以环节划分的方式将行政协议的时间轴拉长有助于放大观察协议各环节的特性。行政协议性质风波背后隐含着"行政行为中心理论"的一贯立场，偏重"公益至上"的功能主义定位将使得行政协议中的契约要素被习惯性忽略，民事规范内含的契约自由与尊重交易秩序等价值也相应被边缘化。能否突破"行政行为中心化"理论，采取一种"去中心化"的协同视角，同等重视行政协议的公私二元属性，值得探讨。

一、传统公私法二元区分理论的缺陷

传统公私法二元区分理论较为绝对，偏重从行政行为的公共性角度强调行政法之独立于民事法律关系的特殊性。基于这种强调公共利益与个人利益、行政主体与相对人的"二元对立"逻辑，组建起以行政行为为中心的行政法学体系，相对人的行为则"被包摄于行政行为之中"[1]，其相对独立的法律

---

[1] 江利红：《现代公共行政发展背景下公私法区分的相对化——以日本为例》，载《贵州民族大学学报（哲学社会科学版）》2019 年第 4 期。

地位和能动作用则不被重视。

公私法二元区分理论是指承认公权力的特殊性即行政的意思具有单方的优越性以及对行政权法律规制的特殊性，并在承认这种具有特殊性的领域不得适用私法规定的理论。该理论源起于古罗马法，法国、德国等大陆法系国家继承发展了该理论，并将其运用于法律实践之中。公私法严格两分则相当于在法律技术上仅仅以权力手段执行公共意志的可以受到公法调整，非权力性活动则排除在外，反过来也是如此，只有平等主体间的私人民事活动可受到民法调整，行政任务则不在调整范围。但现代行政不再仅是单纯的权力性质活动，行政协议、行政允诺、行政指导等非权力性活动的增多，混合性质的行政行为导致公私法二分赖以维持的制度构造已经丧失。新兴行政行为以公私合作乃至民事合同完成行政任务都愈加频繁。正如有学者所言："秉持公私法二元论展开的法释义学特别注重对相关行为所具备的公私法要素的提取，并以此确定行为的性质，使法的适用及行为的调整在各自的法秩序中得到考量。"[1]

就此，如若延续传统公私法二元区分理论，其缺陷将十分明显：其一，易于忽视行政协议相对人一端的主体身份以及在此上附着的各类法益，行政协议法律关系全貌难以被在行政过程和司法过程中予以客观揭示；其二，相关的制度组建势必是区隔和片面的，公私法两分的理念强加于混合属性行政，在行政协议被纳入基础行政行为范畴的前提下，立法者在作为公法的行政协议制度建构过程中更容易关注公共利益的导向性价值和行政协议中权力行为的控制问题，而忽视同样重要的行政协议签订、履约环节的契约制度，在现有地方性规定中即可析出这一弊病。因此，现代行政法学在面对行政行为这类特殊的行为时，应首先摒除公私法二分的先验理论，恰当定位民事法律规范的功能定位，给予全面的调整空间，而绝不仅仅是"参照适用"的填补性角色。

二、行政协议与民事合同"请求权"的共有逻辑

（一）公法请求权的基本逻辑

由于传统行政法学对"行为结果合法性"的片面关注，过程论视角下的

---

〔1〕　徐键：《功能主义视域下的行政协议》，载《法学研究》2020 年第 6 期。

行政法律关系被长期忽视。随着多元化行政行为的展开，行政法学应当逐步塑造一种更为开放的认知。温德沙伊德创立的"谁得向谁，依据何种法律规范，有所主张"，[1]是请求权基础的经典逻辑。请求权是可得要求他人为或不为一定行为的权利，民法学其他基础权利如支配权、抗辩权和形成权，要发挥权利功能或者回复至未遭侵害的先前状态，需借助请求权行使。[2]

传统行政行为中公民可得行使的公法给付请求权并不十分明显，耶利内克归因于公民在一国法律地位不同引起的权利分化：在传统的"命令—管理"行政模式中，公民处于个体单方面服从于国家的被动地位；在给付行政背景下，行政协议、行政允诺、行政指导新兴行政行为兴起，行政机关要承担起积极作为的义务，相对应地，公民也有要求其为或不为一定行为的积极权利。因此，法律地位形态实质反映的是不同的权利义务内容，被动地位指向个体对国家的单方服从，不足以支撑其公法权利，但积极和参与地位都可以指向对国家的义务要求，内含着公民可得享有的公法请求权。公法请求权不仅要阐释行政机关的行为，还要从公民角度阐释其公法权利，即公民可向公权力主体提出为（不为）一定行为的请求。近年来，我国行政法制正在经历着结构性的重大变革，如社会财富分配不均匀、环境污染和对弱势群体的生存照顾等生存权、发展权的实现，都对政府职能提出了更高的要求。政府的积极给付行为，不仅仅是促成服务行政政府下的"生存照顾"任务，还要为公民自由发展创造相应的必要条件。[3]受益权是公民从政府处获得特定利益的权利，是公法请求权的基本类型。以耶利内克"公民—国家"关系理论分析，受益权集中表达了国家对公民的积极义务，芦部信喜则以社会权命名取代受益权。[4]受益权的内容包括领受权、选择权、排除侵害等具体权能，其中让公权力机关履行给付内容是核心，也可以简称为"给付请求权"。公民给付请

---

〔1〕 王泽鉴：《法律思维与民法实例：请求权基础理论体系》，中国政法大学出版社2001年版，第68页。

〔2〕 参见王泽鉴：《民法总则》，中国政法大学出版社2001年版，第92页。

〔3〕 参见罗文燕：《服务型政府与行政法转型——基于"善治"理念的行政法》，载《法商研究》2009年第2期。

〔4〕 参见〔日〕芦部信喜：《宪法》，林来梵、凌维慈、龙绚丽译，北京大学出版社2006年版，第73页。

求权成立的基本前提是权利主体、义务主体和给付内容都已经确定。

（二）行政协议中的公法请求权

正如民法中使用物权的概念来指代物权法律关系和个体地位，使用债权概念来代表债权法律关系和个体地位，公法请求权也同样可以指称公法请求权法律关系和个体地位。[1]公法请求权的来源包括宪法、法律法规直接赋予、义务职责条款间接赋予以及从行政机关先行行为（如行政允诺、行政协议等）可推导出的请求权。如果用上述请求权分析行政协议，要先明晰行政协议是否具有支持公法请求权的法律地位，以及公民是否具有要求行政机关作为或不作为的实质性权利。行政协议是公权力机关与公民签订的权利义务互负的契约，行政机关往往是行政协议的发起者，属于行政机关自设义务的先行行为，在协议中一般承担一定的履约义务。即使是在互动性没有那么强烈的"执行型行政协议"中，公民没有负担特定的义务或在协议签订前已经履行完毕，行政机关也有义务完整履行其作出向公民的单方许诺，对应地，公民有要求政府一方履约的请求权利。也就是说，如果存在一个有效的协议中规定了行政机关对公民作出特定行为的义务，根据信赖利益保护和诚实信用原则，当事人基于此公法上的协议向行政机关行使相应的请求权。只要此类协议没有出现自始无效的情形，行政机关就应当履行。

按照请求权的分析逻辑，可以说行政协议和民事合同在权利本质上是相通的，其联通的节点便是请求权基础。行政协议中公民一方享有向作为义务主体的行政机关要求为或不为一定行为的权利，这与民事合同法律关系中一方公民可以向另一方公民提出的权利请求在本质上适用同一套逻辑。并且，二者的共性还体现在市场交易背景下，行政协议是行政主体主动进入市场，寻求与市场主体展开合作的一种尝试。与民法合同一样，二者都具有平等协商的"交互式行为外观"。

（三）行政协议请求权体系及其相应制度并不完整

民事法律关系中的公民请求权已有相对完整的法律制度给予保障，民事

---

〔1〕　参见徐以祥：《行政法上请求权的理论构造》，载《法学研究》2010年第6期。

请求权的主体、行使方式以及救济途径都较为明确，可在现有法律制度中直接找到可适用依据。在公法上，因我国整体有关社会给付的立法都尚待完善，公民的公法请求权制度缺位现象十分严重。理论上，行政协议相对人一方当然享有行政机关不履行协议时的请求权，但行政协议是服务政府和给付行政模式发展出的"契约式"行政行为，在立法缺失的情况下，协议相对人可获得何种请求权以及如何行使的规定尚付之阙如。我国以司法解释的形式确立了对公民请求权的诉讼救济模式，但仍然显现出"立法不足，司法先行"的不平衡状况，并且，这种请求权救济体系与其他国家相比也并不十分完善。在德国，公法请求权体系较为完善，除了排除妨碍等一般请求权外，还发展出"公法上不当得利请求权""预防不作为请求权"以及"颁布行政规范请求权"等，这些均可以诉诸一般的给付诉讼加以救济。[1] 目前公法请求权的适用局限还体现在其主体的固定性上，不同于民事法律关系之间两方当事人得以互相行使请求权的完全对等权利关系，公法请求权的权利主体和义务主体的地位是不变的。如果将目前对于公法请求权的看法直接用于分析行政协议，就容易忽略法律关系中存在的相对人违约问题，对于此类问题发生应当采取何种救济途径还存有争论。按照德国模式，行政主体与相对人间订立行政协议就代表接受并认可二者具有平等地位，在协议请求权方面也不例外，因此当相对人不履行行政协议时，行政机关不可直接采用强制等管理方式直接执行。我国则有多采"特权模式"的趋势，比如在土地使用权出让协议中，法律规定了行政机关对土地使用的监督权，以及可因公共利益需要可提前回收土地。请求权的行使必须依托于相对完善的法律制度，当相对人不履行行政协议时，应当走以"行政强制＋非诉执行"的行政优益权优先模式，还是选择允许行政机关以对等请求权进行反诉的德国模式，都需要立法对请求权及其行使方式加以确认。

三、现有行政协议法律适用模式及其不足

无论是强调行政性还是合意性，最终都要回归到法律规范的选用问题。

---

[1] 参见徐以祥：《行政法上请求权的理论构造》，载《法学研究》2010 年第 6 期。

解决行政协议法律适用问题共出现过"民法模式""双阶模式""准用模式"和"统一法模式"四种进路。

（一）单一民法模式的不足

《民法典》不仅只在民商领域处于基本法地位，在涉及全部民事活动的相关立法中，它都是基本法律。有学者指出《民法典》作为基本法，其效力不限于调整普通民事主体间的民事活动，还要对相关行政管理行为发挥制约、引导作用。[1]承认上述民事法律规范对行政行为的作用是必要的，如某些行政服务的提供对象为特定弱势群体，民法要对这些人群的人身权益和财产权益进行保障就必须对此类行政服务施以一定规范。但仍要看到，民法上规定的行为规范，全程围绕保护并指引主体行使民事权利所展开，规范行政行为则主要是为更好维护民事主体权益的目标而适当设定行政权边界，其作用限于部分指引和间接指引，极少存在专门针对行政权运用的全部指引和直接指引。民法模式的基本观点是承认行政协议作为独立的行为类型，但在法律适用问题上坚持民法的主要规范地位，将行政法列为辅助规范。有学者主张采取"近因理论"，即选择与协议最接近的因果关系确定其性质归属，同时以有关主次矛盾的哲学思想对协议本质加以判断，并根据已经确定的属性来判断应当适用何种法律规范。[2]崔建远教授在其文《行政合同族的边界及其确定根据》对为何反对行政法模式的几点理由进行了阐述：首先，从缔约权的角度，因行政权的权能内涵中不包括占有、使用和收益等物权权能，因此行政协议缔约权并不是行政权，而是国家所有权；其次，行政法尚未形成规制行政协议的制度规范，实践中滥用优益权现象的频出，说明行政法模式难以实现对行政协议全面的监督和救济；再次，行政法中并无关于行政协议的制度性规定，将其纳入行政法中则可能与"法无授权不可为"原则相抵触，简单借用个别民法条款的做法则有逻辑不自洽的可能；最后，民事审判庭法官对协议及其相关法律问题较行政庭法官而言更加熟悉。

---

〔1〕　孙宪忠：《民法典为何如此重要？》，载 http://baijiahao. baidu. com/s？ id =1667351197443305372&wfr=spider&for = pc，最后访问日期：2023 年 12 月 25 日。

〔2〕　参见崔建远：《行政合同族的边界及其确定根据》，载《环球法律评论》2017 年第 4 期。

民法模式试图将行政协议完全置于民法规制范围内并不可取，驳斥这些观点需回应三个问题：其一，行政机关协议缔约权与民法"物权"概念的关系；其二，行政协议与法律授权的关系；其三，行政优益权如何控制。

关于行政机关协议缔约权与民法"物权"概念的关系。行政协议通常以国家税收或自然形成的社会公共资源为交易标的，所有权属于国家。日本学者美浓部达吉曾指出，物权并非私法的独享概念，公法上的物权同样有所有权、使用权、限制和担保物权等丰富权能内容。[1]但公法上的物权并不能与缔约权混为一谈，行政机关享有缔结协议的权力并不代表其天然地拥有对公共资源的支配权。行政缔约权的行使结果指向协议的签订落成，其本身并不包括"物权"的内容，其权能内容仅仅是发出要约（或要约邀请）的准许进入缔约过程的"通行权"和支配缔约进程的主导权，相当于国家意志的"代理人"。缺少对标的物支配权的缔约权独立存在毫无意义，缔约程序之后，必须借由"缔约权＋支配权"模式方能形成完整的权力配置，否则有协议虽表面成立但内里效力不足之嫌。国家所有权是抽象的控制权，我国对国家财产实行国务院统一领导下的各级人民政府分级管理的行政体制，行政部门具有对已授权的公共资源进行具体分配的职能。也就是说，行政机关使用协议缔结权签订行政协议，本身并非是行使物权权能，只是当实际使用公共资源缔结权时，发生了从国家所有权到具体行政机关支配权的转换而已。

关于行政协议与法律授权的关系，这一问题回应的是制度缺位前提下行为的正当性问题。"法无授权不可为"是依法行政的核心原理，要义是行政机关不得没有法律依据任意做出行政行为。现代公共行政管理范式急剧变革，公共行政领域扩大衍生了对多元化行政方式的新需求，政府要积极地从事管理活动来加以应对，从这个意义上讲，立法难以全面地预先授权。早在2000年就有法院在实务判决中对基于此前提下行为效力"一概否定"做法不予认可，"对没有行为法依据但有组织法依据的行为，不能一概而论地以缺少行为法上的明确授权否定其法律效力"。[2]循此逻辑，对于类行政协议的给付型的

---

[1] 参见［日］美浓部达吉：《公法与私法》，黄冯明译，中国政法大学出版社2003年版，第75~86页。

[2] 山东省高级人民法院（2000）鲁行终字第1号裁判文书。

行政行为，不能机械适用明确行为法授权的标准。行政机关做出行政协议只要不侵入只能由法律设定的事项范围，都不构成权限上的违法性。因而，行为法上的明确授权并不是行政协议权限合法的唯一标准，也不能因此彻底拒斥行政法的调整。

如何控制行政优益权？行政优益权的问题在行政协议领域已是老生常谈，理论层面可以论证行政机关支配国家所有权的正当性，但实践中也仍然存在行政机关缺乏上级立法授权前提下进行滥用权力的情形。对于此类问题的规制，有学者主张放弃行政优益权理论，[1]但其合理性存疑：一来，按照行政效能原则，我国行政实务和法官都惯以"公益至上"思路角度认知行政协议，该行为在我国语境下是被加诸公共利益的具体承载，当公益的价值实现与私权发生抵牾时，适当限制后者也通常被认为是必要且正当的，优益权作为限制之手段也相应具有正当性；二来，既然舍弃优益权的理论不可取，那么调整平等民事主体间法律关系的民法模式对于行政控权就更加无计可施，仍然需要交由专业的行政法律规范来调整。

（二）行政协议法律适用的"双阶模式"及其不足

1. "双阶理论"的理论模型及基本内容

"双阶理论"主张"公法的归公法、私法的归私法"，根据切割后行为的不同性质分别选用规范。[2]也就是说，适用该理论方案的前提是拆解行政协议法律关系为两个阶段，并组合为"行政处分＋民事协议"和"行政处分＋行政协议"两套模式，根据内容不同分别选用不同属性的法律规范。[3]德国理论与实务界对始自伊普森教授提出的"双阶理论"颇为重视，并在政府采购等多领域进行推广。"双阶理论"将行政协议拆解为前端的"行政决定"和后端的"合作协议"两种行为。对于后端协议的性质，倾向于定性为私法合同。德国《联邦行政程序法》仅规定了具有典型隶属关系特征的行政协议，而未对其他对等关系的行政协议予以规范。德国理论界对"双阶理论"的认

---

〔1〕　严益州：《论行政合同上的情势变更 基于控权论立场》，载《中外法学》2019 年第 6 期。

〔2〕　参见程碧华、汪霄：《基于合同性质的 PPP 项目中社会资本的救济途径》，载《工程管理学报》2016 年第 4 期。

〔3〕　严益州：《德国行政法上的双阶理论》，载《环球法律评论》2015 年第 1 期。

知随行政法学的发展也产生变化：当传统行政逐步导向给付行政之时，"双阶理论"有效回应了私法外观的公权力行为在公法层面的规制难题而获支持；随"行政私法理论"提出，"双阶理论"被认为可能造成法规范逻辑混乱而遭受冷落。[1]

2. "双阶理论"的不足

① "双阶理论"看似十分合理地解决了行政协议中双重属性的个中张力，但反观现实中的协议纠纷样态，拆分实质法律关系并没有理论预设的简单易行。或者说，即使是组建行政协议的"最小行为单元"，也可能仍然兼具公私双重要素。另一方面，对私法和公法的选用实际上仍然回归到对具体协议属性的判断上来。因此，此种方案仅是一个相对合理的理论模型，但究竟如何适用法律的问题无法在根本上获解，尤其是在我国民事与行政诉讼严格两分的背景之下，将同一行为强行分割以求得法律适用上的便利，反而会导致司法审查中更大的难题。② "双阶理论"的针对性有限，"双阶理论"的价值主要面向外观完整、阶段清晰的行政协议，但现实中的行政协议种类繁多，契约在许多行政协议中不过是一种外观上的表达，本质仍以行政权力占绝对主导，因此面对这类行为再行双阶划分似乎并无意义。总体上看，"双阶理论"尽管看似无遗漏式地回应了行政协议的属性之争，但究其根本，这种对行政协议的阶段划分只是一种理论上的法律拟制，不仅容易影响法律关系的同一性，也远离了行政协议的真正实践样貌，容易引发诉讼途径选用的更大分歧。

（三）行政协议"准用"民法模式及其不足

与德国"行政程序法准用民法"的思路类似，《行政协议司法解释》第27条的准用民法规定是现阶段调和行政协议实践增多与规范不足间张力的一种妥协策略。司法解释虽然肯定了准用民法的法律适用方法，但其背后隐含的必要性和正当性的法理逻辑还需释明。行政协议专门性立法缺失，单行法律法规又面临分散性、层级低、针对性不足的尴尬境地，在这种前提下，实践催促必须尽快寻求借助其他"类行政协议"的已有法律来填补规范真空。

---

〔1〕 参见严益州：《德国行政法上的双阶理论》，载《环球法律评论》2015年第1期。

行政协议准用民法的基本逻辑大体遵循"行政法漏洞确认→查找可参照适用的民法规范→比照适用"三个基本步骤。从正当性和容许性角度看，行政协议和民事合同间可提取合意要素的"最大公因式"，并且二者请求权基础以及交互式外观都十分类似，故而准用部分民法规则不仅正当，也被民事法律规范所容许。

但妥协策略未必是最优策略。一方面，《行政协议司法解释》是最高人民法院发布的司法解释，目的在于解决行政协议在司法审判中的法律应用问题，明确"哪些条款在何种程度上可以适用"的维度及密度基本问题是前提，显然目前这一问题并未获解。另一方面，对于民事法律规范是否兼容于行政协议的问题，两套系统间的"排异反应"或难以避免。在一些具体问题上，如民事合同与行政协议生效、失效的条件有何异同，违法行政协议撤销是采民事合同的双方撤销还是行政行为单方撤销，关于这些张力的纾解应予提前设定，否则会基础不牢。有学者提出民法中有关合同的一些具体制度，如主体制度、权利制度和责任制度等都可以准用于行政协议的调整中，[1]这一制度统合当然理想，但落实之前仍不可回避一些问题：其一，民法行为制度建基于双方自然人民事权利一致的基础上，而行政协议双方主体权利义务高度不对等，当民事合同制度的调整对象急转为行政协议时，其包容度是不确定的；其二，按照法学方法论和法哲学的基本观点，类推属于司法过程中的核心解释方法之一，经过确立比较对象、设证、演绎归纳等过程将既判案件中的规则或原则应用于类似案件中。类推属于法官的职责，而类推过程中的价值因素则因类推者的不同而处于不确定状态，难以把控裁量基准的一致性。

（四）统一的行政协议法模式难以实现

部分西方国家专门针对行政协议制定高位阶的统一法，如法国出台的《行政协议判例法》以及西班牙出台的《统一行政协议法》。能够专门针对行政协议建立系统完备的法律规范制度固然是最完美的解决方案，但我国并不具备相关的立法资源，也不符合全面立法的时机。2014 年行政协议第一次正式进入《行政诉讼法》中，但与之相关的共识并未因此凝聚，分歧也并未消

---

〔1〕 参见王春蕾：《行政协议准用民法的逻辑证成》，载《行政法学研究》2021 年第 4 期。

解。时至今日，有关这一行为的性质等理论基础问题仍然饱受争议。立法需要建立在充沛的理论给养基础上，短时间内难以凝聚有关行政协议的理论共识。但行政协议的规则缺位并没有影响行政协议实践的快速展开，理论、规则与实践三者之间各自存在着难以跨越的沟壑。也就是说，行政协议的经验与智识都需要一个长期的积累过程，这是立法不可跨越的前期基础。即便是实现了制度统一的法国，也经历了一段相当漫长的变迁史，至今仍不断在公共服务与市场服务理念中寻求新的平衡点。[1]并且，基于立法成本的考量，动辄立法并非最便宜方式，可先尝试整合可得适用的民事和行政法律规范，以法律解释的方法凝练共识、化解冲突，形成一套公私法融贯的行政协议法律制度。

四、由公法本位向公私法并重的转型

上文阐发了行政协议与民事合同具有的相似的权利基础，也呈现出一致的市场交易外观，由此可推断作为其规制手段的两套法律制度间也有一定的互通空间，应避免对二者做非此即彼的区分。其实无论是行政协议的"私法化"，抑或是民事合同的"公法化"，不仅意味着两种具体行为间转化和融通的可能，还代表着各自法律体系间的融合趋势。笔者认为，民法运用于行政协议既非漏洞填补式的"准用"，也非不加区分的"擅用"，需要在充分认识契约属性又尊重行政特殊规律的基础上把握一种动态的结构均衡。

（一）民法调整行政协议的容许性

"事实—规范—后果"的请求权方法论构成发展行政协议法律制度的基石，无论是在宏观的行为比较中，还是在微观的个案审判中，都可以借助请求权基础将行政法与民法进行联结。

在行政案件审理中适用相关的民事法律规范在我国经历了40多年的变迁历程：①1982年《中华人民共和国民事诉讼法（试行）》第3条规定该法适用于审理行政案件；②1991年《最高人民法院关于贯彻执行〈中华人民共和国行政诉讼法〉若干问题的解释》第114条规定对于《行政诉讼法》和该解

---

〔1〕 王利明：《论行政协议的范围——兼评〈关于审理行政协议案件若干问题的规定〉第1条、第2条》，载《环球法律评论》2020年第1期。

释未予规制的内容可参照相关民事诉讼有关规定；③2000 年《最高人民法院关于执行〈中华人民共和国行政诉讼法〉若干问题的解释》第 97 条规定对行政诉讼法规范和该解释外的内容可参照民事诉讼规定处理；④2014 年《行政诉讼法》第 101 条以正向列举和概括说明的方法，确定了一些特殊审理规则和内容，规定可适用民事诉讼相关规定加以补充。有学者从立法经济的角度提出可以将行政诉讼法视为民事诉讼规范的"特别法"，一般情况下优先适用，但凡遇到行政诉讼法缺乏规定的，则应准用民事诉讼法规定。[1]⑤2020 年《行政协议司法解释》第 27 条同样确立了民事诉讼法规则和私法合同规则的参照适用地位。

1. 民事合同法律规范调整行政协议符合基本的法治逻辑

我国多地实践已经表露了这样一种趋势：民事法律规范在行政协议法适用的出场，核心是遵循围绕"规制内容"来选用更完善、更适宜法律规范的法适用逻辑，这隐含着将民事法与行政法置于同等地位的先在肯定，并平等地适用于对行政协议的调整上来。这种法律适用方法能够容许于法治逻辑中：其一，是功能主义立场下规范行政协议的最优策略。现有专门针对行政协议问题的系统规定仅有《行政协议司法解释》，但该解释仅填补了部分行政协议司法法律适用问题的空白，缺乏对行政协议核心权利义务确立根本性和系统性的价值关怀。在功能主义立场统摄下，民事法律规范能够基于行政协议之契约性的提炼，在其与私法合同共通行为领域共享民事法律条款的规范效应；其二，不违反法律保留原则。原则上，给付行政领域的保留条款应予放宽，因此并没有排除行政行为对民法的类推适用。[2]并且，除了《立法法》第 11、12 条明文规定的领域（税收、征收、海关等）外，都属于相对的法律保留范畴；第三，符合法的安定性要求。《民法典》作为更高位阶的法律规范，应用于目前无法可依、变动不居的行政协议实践有助于维护整体的法安定性。"准用民法是基于宪法平等原则的一种法定义务"，[3]这不仅仅是对于立法者

---

〔1〕参见章剑生：《现代行政法总论》，法律出版社 2014 年版，第 339 页。

〔2〕参见刘志刚：《论法律保留原则在给付行政中的适用》，载《国家检察官学院学报》2005 年第 6 期。

〔3〕王春蕾：《行政协议准用民法的逻辑证成》，载《行政法学研究》2021 年第 4 期。

的要求，也是对于法律适用者的要求。[1]

2. 《民法典》要求行政行为符合民法设置的法治限度

民法典的实施效果和水平是评价行政机关及其工作人员的关键指标。习近平总书记指出，各级政府应以《民法典》推进法治政府建设，作为行政决策、管理和监督的重要标尺。由此可见，《民法典》中对行政机关职责要求可以转化为考核法治政府的依据。[2]

有关民事权益的保护性规定构成行政行为合法性依据的重要补充。虽然通常情况下，民事法律规范不具有直接约束行政行为的效力。但如若行政法律法规对某一行政行为的作出依据、实施程序和具体措施等规定不详，受此影响的民事权益保护性规定应作为补充，帮助厘清行政行为的法治限度。可总结为，在通常的行政管理活动中，某一行政行为在行政法律规范中难以找到直接依据，为了保护当事人的民事权益，得向民事法律规范寻求依据以补足行政行为的合法性和正当性。可以发现，作为行政行为合法性依据的补充与《行政协议司法解释》中所允许民法准用的意义是截然不同的：前者指发挥民事法律法规的规范价值于行政行为领域，补强"已成立但效力不足"之行政行为的合法性；后者则是当因行政行为发生争议进入司法程序之后，可以类推适用相关民事法律规范判断待审行为的合法性。从保护法益的角度，《民法典》通过设置对民事主体合法的保护性规范，将民事规范补足漏洞功能的"借用"和"准用"，转变为"直接适用"，也完成了从单一的"民事行为依据"到二元的"行政行为标尺"身份转换。又因为，行政协议在行为性质上虽然属于法律认可的行为方式，但基于行政协议与民事合同在契约属性上的同源性，协议相对人权利也应受民事法律规范调整。为防止行政机关在协议的签订、履行过程中订立不公平协议、设置极度不对等条款等对相对人构成侵害，一致的法益保护对象决定了必须诉诸民事法律规范求解，《民法典》所凸显的时代意义也因此更为多元和具化。

行政协议与民事合同具有高度相容性，二者间类似的实体权利义务和法

---

〔1〕 参见李元起主编：《中国宪法学专题研究》，中国人民大学出版社 2009 年版，第 327～328 页。

〔2〕 参见张力：《民法典是规范行政行为的重要标尺》，载《光明日报》2020 年 9 月 5 日，第 7 版。

律关系结构成为拓宽民事法律规范应用空间的重要切入点。为此，为了不导致法律规范适用上的困惑，应开展行政法律法规相容于《民法典》的清理和重组工作：及时发现、调整现有行政法律法规中与《民法典》间的冲突或欠缺之处，保障整体法律规范体系的内部和谐。

(二) 行政协议的特殊规律

假如行政协议完全适用私法规则，具有自利倾向的"经济人"可能会被鼓励追逐个体利益，而缺乏维护社会整体利益的公益导向。[1]普遍的学术结论认为，行政协议中的行政机关一方，在协议缔结、履行和解除过程中享有指挥权、管理权等优位于普通公民的行政权力，有学者对此两种不同（甚至对立）权力出现在同一个法律关系中的现象总结为外部管理权带入协议履行的结果。[2]相对于平等主体间的私法合同而言，承认行政协议与私法合同的同构性，进而认为民事法律规范可以直接调整行政协议是合理的，并不代表单凭民事规范便可以应对行政协议中的所有问题。行政协议特殊规律是以"行政高权不脱离契约"为内部构成，以行政主体享有优益权为外在表现。质疑优益权该不该存在的论调有许多，核心观点认为，如果动辄使用特权对协议相对人施以强制，那么协议本身也便是一个虚妄的存在。正如有学者指出行政协议"不是为了创造特权，而是为了实现控权"。[3]但本书以为，我国语境下行政协议初创发展至今的重要功能集中凸显为其作为公共任务之具体承载，内核的公共利益旨向便不可偏废，否则将丧失这一行为的生存根基，至于权力如何控制则是另外一回事。

优益权存在的合理原因之一在于：有效率地解决相对人违约问题。合法有效的行政协议对双方都具有拘束力，当协议相对人不按约履行协议时，行政机关作为国家利益的执行者如何寻求救济？有学者将行政机关的救济路径进行一一分析：一是因协议的高权属性以及行政诉讼中"行政相对人诉行政机关"的单向性，其难以寻求诉讼路径解决；二是因行政协议的合意属性，

---

〔1〕 参见孙笑侠：《契约下的行政——从行政合同本质到现代行政法功能的再解释》，载《比较法研究》1997 年第 3 期。

〔2〕 于立深：《通过实务发现和发展行政合同制度》，载《当代法学》2008 年第 6 期。

〔3〕 严益州：《论行政合同上的情势变更 基于控权论立场》，载《中外法学》2019 年第 6 期。

行政机关也无法动辄使用行政权力申请强制执行；三是向法院申请执行"转介"路径，因协议关系的对等性，也显得理由不够充分。[1] 行政协议的相对人违约问题并不是一个理论上设想的假命题，而是在实践中切实存在的实在课题。

面对相对人违约，行政优益权在不同类型的行政协议中正当性逻辑不尽相同，需要结合具体行政协议的行为逻辑和目的指向综合分析。若是在依附于权力性具体行政行为的"执行型行政协议"中，行政机关与相对人之间原有的等级关系并没有因行政协议这一替代方式的出现而消逝。如若相对人不同意订立行政协议，或对协议中的共同意志内容表达反悔意向并消极不协作时，这仅仅意味双方当事人尝试以协议代替强制的便宜方式落空。此时，应当允许其回归最本源的等级性法律关系中，这种"回归权"本质上也是一种优益权，不需要获致相对人的同意即可自行实施，但这仅适用于此类行政协议中。在"合作型"行政协议中，行政机关与相对人之间地位更趋于平等，二者建立起一种相对持久的合作关系，由私人以协助者或参与者的身份帮助行政机关完成任务，行政意志的表达就明显呈现出对等性特质。在这种类型的协议中，合作本身既是方法也是目的。对等协议中通常会承载公共行政任务，由此，协议关系有必要服从于公共服务的持续性、不可转让的专属组织权和供需相适应原则。[2] 如果说，建立在等级关系基础上的执行型行政协议中的优益权是其原本"隐形"单方法律关系的再次显现，那么合作型对等协议中的行政优益权则并不存在可"退回"之原初法律关系，高权权力法律关系与常态化的行政协议法律关系两条主线并行不悖，在出现维护公共利益之必要情形时前者将压制后者。

行政优益权存在的合理原因之二：情势变更情形下的公共利益维护。以PPP协议为例，PPP协议通常以某一公共基础设施建设为标的，协议中一般应对该项基础设施的设计方案、施工建设以及日常维护等一系列具体事项做出规定。合同的实践年限较长，十年以上的PPP协议也较为普遍。一般来说，

---

[1] 参见徐键：《相对人不履行行政协议的解决路径》，载《政治与法律》2020 年第 11 期。

[2] 参见陈淳文：《论行政契约的单方变更权——以德、法法制之比较为中心》，载《台大法学论丛》2005 年第 2 期。

长期限协议面临因法律政策、社会环境和客观条件变化带来的履约风险更大。例如，在社会生活不断变迁的过程中，当初签订协议的内容很可能随着时间推移面临合法性与合政策性的质疑，即协议订立时依照的法律条款、政策指令的内容和效力发生了改变，与当下的实际情形不相吻合，如若仍然按照协议制定之初的标准严格执行，则有可能适得其反，不利于达成协议的履行目的，也不能获得相应的社会效果。正因为制定协议时无法准确预测未来可能发生的变化，赋予行政机关基于社会政策和公共利益考量单方变更、解除协议的"机动"权力——行政优益权，既为必要也属正当。

综上，作为约束平等主体间权利义务的民事法律规范仅能对双方间平等合意行为进行规范指引。但不论是贯穿于协议从签订到履行全过程的显性行政权，抑或是包裹于协议外壳内的隐形行政权，只要涉及冲击合意性的行政权存在，民事法律规范便无法提供全方位的规制策略。

（三）行政协议法律规制中的宏观平衡与微观平衡

协同即两个以上的个体或资源共同一致地完成某一目标，从方法论角度讲，其本质仍要诉诸"平衡论"。平衡论是中和了传统管理论和控权论后形成的行政法学基础命题。行政法主要调整的是行政机关与相对人间形成的法律关系，行政法上权利义务总体平衡的核心是"行政主体与相对人之间关系的平衡，公共利益与个体利益之间的平衡以及效率与公正的平衡等"。[1]目前以行政法律规范为主，待规范不足时方引用民法的做法有两点"不平衡"：一是阶段的不平衡，这种法律适用方法主要是在行政协议争议发生后的救济阶段，无法在协议制定之初回答"什么是合法的行政协议"，规则预设的立法仍旧缺位；二是现有行政法律规范对协议法律关系关注点的不平衡，行政法律规范是监督行政权力运行的法，也是维护公民合法权益的法，但行政法律规范的现状表明，其无法为行政协议预设行为框架。现有的一些法律规范中有的虽然提及如何签订和履行行政协议，但一般都是对行政相对人进行的义务设定，相比于其他法律规范较为完善的行政行为（如行政处罚、行政强制等），明显

---

〔1〕 王锡锌：《再论现代行政法的平衡精神》，载《法商研究（中南政法学院学报）》1995 年第2 期。

暴露出对行政协议中行政权运行的控制约束不够、对协议相对人权益的保护机制不充分的失衡困境。因此，行政法目前尚无法提供有效的规范方案，需要向民法"借力"，以实现规范层面的行政法与民法协调均衡。

1. 宏观平衡：内嵌行政协议中的平等要素与权力要素并重

从宏观角度看，行政协议是公共行政的方式之一，按照解释行政权正当性的"传送带"理论，行政机关就是负责传达权力机关意志的传送带，先反溯立法旨意再反馈到人民，行政权力因此获得正当性。[1]维护公共利益是协议中权力要素的重要功能。这里就形成一个悖论：一方面，贯穿在行政协议中的平等合作要素旨在重新配置权力与权利的关系，行政市场化等同承认私人可在行政活动中正当逐利，这与公共任务的公益性存在天然的冲突，如果过于注重平等要素，就可能牺牲行政目的代表的公共利益。另一方面，由于权力本性中的侵略与扩张属性，如果试图以行使权力矫正市场逐利行为，就容易走向问题的反面——行政协议异化为行政命令或行政强制。[2]可以说，行政协议的双重要素间的对立关系，决定了其规制方法必须是均衡的，既要考虑到平等要素中协议本身的权利义务的订立和履行问题，也要顾及权力要素下社会公共利益的维护。

民事法律规范主张权利和义务对等前提下双方当事人的利益满足情况，行政法律规范的重点则在于监督行政权力合法运行同时兼顾公共利益。从行政机关的双重身份性来看，民事法律规范调整的行政协议立足于行政机关的交易主体身份，着重从私人交往的平等互利范式维护双方权利义务的均衡；后者是从国家权力践行者的公权力身份角度，关注的则是权力行使保障与控制之间的均衡。显然，两种平衡论的基本立场是不同的，尤其是当仅适用其中一种法律框架去规范带有双重性质的行政协议时，无疑会使得内部的均衡转化为"平等"与"高权"的博弈，反而失衡。

---

〔1〕 [美] 理查德·B. 斯图尔特：《美国行政法的重构》，沈岿译，商务印书馆 2002 年版，第 189~200 页。

〔2〕 戚建刚、李学尧：《行政合同的特权与法律控制》，载《法商研究（中南政法学院学报）》1998 年第 2 期。

2. 微观平衡：行政协议法律关系内部权利与义务的平衡

构建统一的行政协议法律制度，就必须化解原有的零散法律制度中行政协议双向度乃至多向度法律关系中各主体间的权利义务不均衡困境。最基础的行政协议法关系是行政主体与行政相对人间的双向关系，以行使优益权为例，有行政优益权，就要有与之相匹配的义务规范；相应地，公民有为维护公共利益而接受优益权带来的"不利益"义务，同时也有要求行政机关对其受损权益予以补足的权利。行政协议法律关系的外延还可以拓展成三方关系乃至多方关系，如在合作型的行政协议招投标阶段，往往有多个社会资本方参与其中，其与中标的协议相对人间是竞争关系，第三方就享有公平竞争请求权，行政机关就相应具有保证"公平竞争，公平择优"的义务。

有学者指出，同时作为中心等同于没有中心，这种理论也失之片面。[1]这种反对整体平衡论的论调或许可以驳斥行政法学整体理论基础建构。但从微观来看，行政法学内部各行为的法律关系又是不尽相同的，行政协议就是对一般传统行政行为的突破概念，只有采用去中心化的平衡论作为理论基础，方能够回应其特殊构造。

（四）重构行政协议请求权体系

立法背后的核心权力关切决定着行为的逻辑和边界。[2]研究行政协议的制度统一，建构协议法律关系中的请求权体系是基础。请求权体系之所以是民法的基石，是因为借由其可以整理出民法全部的基础、辅助和对立规范，[3]包括履行、返还给付、违约损害赔偿和减少价金几种请求权。[4]可见，请求权在制度规范建设中发挥着重要的根基作用，民法中相对完善的请求权体系为研究行政协议法律制度的统一建构问题提供了知识增量。另一方面，研究行政法上的请求权问题还可在司法审判中原告的诉讼资格的判断以及诉讼判决类

---

〔1〕 刘连泰：《斜坡上的跷跷板游戏：平衡论述评》，载《清华法学》2015 年第 1 期。

〔2〕 胡斌：《论"行政制规权"的概念建构与法理阐释》，载《政治与法律》2019 年第 1 期。

〔3〕 王锴：《行政法上请求权的体系及功能研究》，载《现代法学》2012 年第 5 期。

〔4〕 请求权基础规范对主张请求的前提进行了设定，即只有在主体满足规范的前提条件下，请求权人才能够令义务人履行；辅助规范则围绕基础规范衍生出的事实构成和法律后果，进行了相关内容的细化；对立规范则对"阻止、消灭或阻却"请求权的抗辩权利和事由进行了规定。参见朱岩：《论请求权》，载王利明主编《判解研究》（2003 年第 4 辑），人民法院出版社 2004 年版。

型的选择上发挥重要作用。

行政法学也有类似民法请求权体系的"原初"和"次级"分类。两种划分方式都以请求权的实际请求内容为标准，在法律关系已经建立，尚未履行完毕的前阶段属于原始性的请求权利，而在请求权行使未获回应或发生了侵权等损害行为时，就派生出了与之相对应的救济性权利。同样的，行政协议请求权也可以参照此种方式建构。有学者尝试以"基础型请求权"和"救济型请求权"建构行政协议请求权的体系，并厘清其间的逻辑关联。[1]基础型请求权包括实体性和程序性两种具体请求权，前者如契约请求权、履行请求权以及不当得利和无因管理请求权，后者如行政参与请求权；救济型请求权则包括较为常规的几种救济请求，如确认、恢复原状、损害赔偿和补偿请求权。一方面，这种划分方式为行政协议请求权建立起了基本的逻辑，也符合行政协议产生、履行到救济的发展过程。但是，该分类方式又没有照顾到行政协议不同于民法合同的一些特殊规律，比如：行政机关面向相对人的反向请求权、情势变更下的优益权行使及其与公民请求权间的关系、两种不同类型行政协议的请求权以及协议第三人在竞争阶段的请求权等。

行政协议的特殊规律正体现在，当协议中的请求权行使不能时，行政机关可以行使高权权力变更原本的效力状态。优益权本身虽是高于对等协议关系的管理权，行政机关可以对权力标的进行直接支配，无需请求对方配合，但行使优益权所产生的法律效果直接作用于行政协议，行政相对人的合法权益仍会不可避免地受到影响。那么在其优益权行使前和行使完毕的两个阶段，就可以衍生出相对人公法上的请求权——比如变更、解除协议决定作出前的协商参与请求权和作出后的损害赔偿请求权等。行政协议中的请求权不仅针对协议的直接相对人，如果行政机关作出的对第三人不利，同样需赋予其对应请求权，否则有违正义。[2]

因此，重构行政协议请求权体系要做到既符合行政协议的契约本质，又尊重行政权力和目的的特殊规律，应然状态下当是一组双向度的权利体系构

---

〔1〕 参见王春蕾：《行政协议准用民法的逻辑证成》，载《行政法学研究》2021年第4期。

〔2〕 参见王锴：《行政法上请求权的体系及功能研究》，载《现代法学》2012年第5期。

造。同时，应根据"执行型行政协议"与"合作型行政协议"不同类型划分：

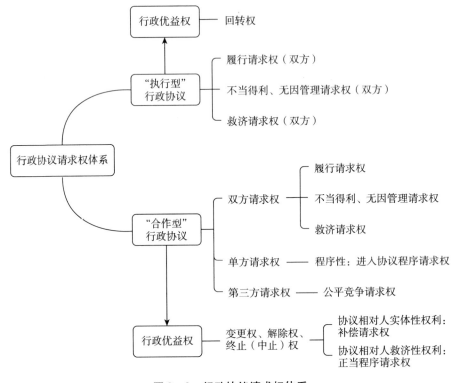

图 3 - 2   行政协议请求权体系

第三节   统一行政协议制度的基本指导原则

不论是行政过程论还是去中心化协同理论，它们在本质上都是帮助理解行政协议并组建统一制度的理论方法：前者将行政协议置于横向的时间轴，以放大观察行为要素及其变化的方法将其细化分解为几个清晰的步骤；后者则基于无论公法或私法都难以单独负担调控行政协议任务的困境，提出应均衡兼具，根据行政协议的过程变化而进行法律规范适用的动态"配比"，即没有哪一种法律占主要地位而另一种必须居于其次。此外，行政协议制度的协同论既是倡导方法的平衡，也讲求内容的平衡。如果说行政程序论为统一的行政协议法律制度建构搭建起了基本的"骨骼"，那么还需要有具体的"血肉"填充其中。虽主张协同理论视角下主张民法和行政法的一并调整，但无论是民事合同还是行政协议都仅仅是两个部门法中的一种法律行为，不可能也无需适用全部的法律规范加以调整。所以接下来还需要明确协同的内容究竟是什么——探索民法和行政法中可应用于指导行政协议的具体内容。

需要说明的是，民事法律规范和行政法律规范中关于协议的规定内容十分庞杂，因此本书无意于对所有已有法律规则进行细致列举，或对未尽内容一一补充，跳过法律规则直接寻找其上游的法律原则或许是一种更为有效和便宜的法律秩序搭建方法。按照法学理论的基本观点，法律原则是从社会生活或关系中凝练出的宏观指引型价值准则，相较于法律规则其适用范围更加宽广。故此，本书尝试对诚实信用原则、契约自由原则、控权原则等传统民法和行政法原则进行特殊的加工——结合行政协议行为将之具体化，以对应行政协议的特殊属性，扫除行政协议法律规范中的现存障碍并为建构统一法律制度提供内容上的支撑。

一、诚实信用原则

无论是民法规制契约交易行为，还是行政法中规范行政权力运行行为，诚实信用原则都是"王牌"原则，如果对有关协议的具体法律规范进行溯源，那么其中大部分都要回归到诚实信用原则上来。在行政过程论视角下，行政协议可大体分为缔约及履行两环节，基于各环节的法律关系特性和亟待保护利益的不同，诚实信用原则也将具有不同的体现。去中心化的"公私二元法规制"就是要既照顾行政协议的契约性质，又要照顾行政行为的行政权特性。在行政协议缔约前阶段，应主要关注行政机关所应承担的"先合同义务"，其义务对象范围包括协议正式缔约前的所有潜在合作方，对生成合法有效的行政协议过程进行严格把关，并及时消解履行过程中可能出现的风险；在协议履行环节，行政机关应当积极按照协议约定履行义务，不可任意变更或反悔。

（一）缔约环节：行政协议双方应遵守先合同义务

民法上，先合同义务是指契约生效前双方当事人应承担的附随义务。[1]该义务的基础来源于协议主体间的信用关系，若违背则必须承担相应的缔约过失责任。需注意的是，所谓"先合同"义务，有别于正式的协议法律关系中的义务内容，是协议确立前一阶段的相关保密义务和真诚义务等。

1. 私法合同中的先合同义务

民法以维护民事主体的意思表示为核心理念，其评价指标体系中最重要的两项内容分别是：对违法或侵权性法律行为的评价、对意思表示是否真实且自由的评价。前者是对合法与否的评价，后者则是对诚信与否的判断。《民法典》第 500 条规定了双方当事人在订立合同过程中应当承担缔约过失责任的三种情形，第 501 条还特别规定了关于协议订立过程中的保密义务，也属于先合同义务的范畴。在缔约阶段其义务内容往往不是某种具体的物，而是一种信息、服务或程序行为。其法理在于，缔约过程既然按照诚实信用原则与对方缔结协议，那么双方当事人基于对对方行为的预判可获得基本预期。如果对方在协议缔结前就因提供虚假情况等不诚信行为，改变了缔约的应有状态，那么就属于违反了先合同义务，要对造成的损害后果承担责任。

2. 行政协议中先合同义务的内容

行政协议法律法规注重围绕行政权力加以配置组合，而鲜有关于其契约性义务的设定。先合同义务作为合同理论的重要组成部分，其基本要素和目标功能应符合所有合同的应用需求，而并非专属于私法领域。然而，碍于民事协议法律关系的效力通常不及于第三人的相对性特点，无法直接适用于行政协议。行政协议正式缔结前需要和不同的社会主体发生法律上的利益关联，因此其先合同义务的适用对象是"多边"而非"双边"。考虑到这些不同的法律关系以及行政协议自身的行政属性，行政机关的特殊地位决定了其应承担更多的先合同义务。行政协议中的先合同义务既具备维护公利之目的导向，又要为其他协议相关主体提供充沛的权益保障，是公私两类义务的互通融合。

---

[1]　参见李国光主编：《合同法解释与适用》，新华出版社 1999 年版，第 181 页。

（1）先合同义务是客观义务，也是主观义务。合法性是行政协议缔结的首要前提。例如，德国《联邦行政程序法》在其第 54 条规定了具体化的合法原则，包含了合同签订方式的禁止性规定。这表明，行政合法性是法律衡平行政主体优益权的首要义务。[1]我国目前部分行政协议（如 PPP 项目合同）的先合同义务已经有了一定法律规范依据，但整体仍然不够充分。先合同义务既包括实体内容也包括程序内容，如在确定社会合作方的招投标环节，《招标投标法》对招标文件应有内容的规定就属于实体性义务，而告知、说明理由和组织公众参与等都属于典型的程序性义务。再比如，《中华人民共和国政府采购法实施条例》仅规定政府应当将采购文件以及中标结果等信息予以公开（包括缔约前的准备性信息、缔约成功后的结果信息等），未规定政府应该公开缔约过程中的信息。对于中标结果的公布，也仅要求简要列举中标企业的名称，而各竞标企业的具体得分情况、评分依据也不要求必须公布。项目牵涉到的一些重要信息，如竞选企业的货源情况、客户信息等，立法对于此类信息是否应公开也未予以明确规定。同时，先合同义务也是为协议利害关系人提供保障的主观义务，可追溯至对诚实信用原则的具体应用，这在本质上也是一种追求善良、诚信和正义等正向价值并矫正衰败道德的指引，是个体良知的行政呈现。

（2）先合同义务是对缔约相对人的特定义务，也是对利害关系人的关联义务。在合作型行政协议缔约过程中，经常出现评分标准不科学和未经充分磋商谈判等不公平现象：招标方不按法律规定和竞争性缔约文件规定的程序，抑或中途改变缔约方式等情形亦数见不鲜。当因行政机关一方的缔约过失责任导致相对方受到不公平待遇，就属于违反先合同义务的表现。除了对缔约方的相关特定义务外，行政机关还有义务保障利益第三方的公平竞争权。公平竞争权人和不特定的社会公众虽非协议当事人，碍于协议相对性的限制也没有机会参与协议的订立和履行，但他们的合法权益却因为与协议有利害关系而受到影响。比如，在合作类型的行政协议中，政府需要择优选择社会上

---

[1] 参见［英］L. 赖维·布朗、［英］约翰·S. 贝尔：《法国行政法（第五版）》，高秦伟、王锴译，中国人民大学出版社 2006 年版，第 173 页。

潜在的合作对象，这就不排除发生政府利用己方的支配主导地位滥用招投标权限、限制公平竞争、区别对待合作对象的情形，都对第三方的缔约机会和公平竞争资格造成损害。"缔约机会损失"在经济学上也被称为"机会成本"，指为订立本协议而放弃其他机会。

先合同义务强调对全体利益相关人的权益保护，要求考虑行政过程中所涉所有主体的利害关系，突破了囿于双方关系内仅关注协议相对方之视角局限。行政协议缔约前的先合同义务对于整个行政协议的后续履行也具有重要价值，有助于风险的提前预防和化解，最大限度消除履行过程中可能遭遇的阻碍。

（二）协议履行环节：按照约定进行完整交付

行政机关无论作为实际运用行政权的主体，还是作为协议一方主体，都必须遵守诚信，不能朝令夕改，也不可有诺不践。诚信原则在民法中的确立反映出法律对道德的吸收，这种吸收最早即出现在协议履行领域。《法国民法典》第 1134 条规定了"契约应当以善意履行"，1863 年《撒克逊民法典》第 858 条规定："契约之履行，除依特约、法规外，应遵守诚实信用，依诚实人之所应为者为之。"此外，《德国民法典》第 242 条和《瑞士民法典》第 2 条也有类似的规定。同样地，我国《民法典》第 509 条规定，当事人应遵循诚实信用原则按约定全面履行自己的义务。行政法理论上，诚实信用作为一项基本原则主要用于规范行政权行使，与依法行政原则、比例原则等相平行。政府在做出行政行为时应当以诚信为本，防止滥用行政权力和随意变更、撤销已经做出的行政行为，以保护相对人的合法权益和预期利益。具体到行政协议的履行中，行政机关应当按照约定履行行政协议中的约定义务，不得任意反悔或行使高权权力进行变更、撤销等。在协议履行过程中，不仅要承担协议中明确约定的给付义务，还要承担基于诚实信用原则的相应附随义务，以便使得协议能圆满妥当地进行。附随义务的作用在于辅助协议中给付义务的政策履行，使得"只注重给付义务的合同履行由粗糙变得精细"。[1]包括履

---

〔1〕 江平、程合红、申卫星：《论新合同法中的合同自由原则与诚实信用原则》，载《政法论坛》1999 年第 1 期。

行过程中的协助、保密和提供必要条件等。

此外，还要考虑行政协议中的诚实信用原则在实际适用时与行政法上其他原则的冲突问题。民法中的诚实信用原则植根于双方"意思自治"，行政行为则要考虑行为相对人之外的利害关系人以及广泛的公共价值，公益优先、依法行政原则等都可能对其造成适用上的限制。

二、契约自由与平等原则

（一）民法中契约自由与平等原则的基本意涵

民法语境下，契约自由原则是协议成立的根基所在。其内容是当事人有权自由订立协议并确定其内容。契约自由包含订立自由、选择合作伙伴自由、确定协议内容自由、变更协议的效力状态自由以及协议订立方式自由五个方面。契约自由原则是保证市场经济运行的最基本原则。民事合同法律规范中的"要约与承诺""成立与效力"等基本规范都围绕这一原则确立。比如《民法典》第470条规定了"合同的内容由当事人约定"，以及第562条规定"当事人协商一致，可以解除合同。"这表明，民法合同中的契约自由含义容许性广泛，不仅及于合同订立阶段的意志自由，还一直延伸到合同存续期间内的所有时段，可以说，只要不违反法律规定，有关合同的任意变动都允许当事人自由调整。

民法平等原则来源于市场的内生规律，我国学者在论及民法上的平等原则时指出价值规律的客观要求是必须承认主体间互不依附的平等地位。[1]进而，这一规律在民法秩序中被上升为法律原则，要求双方当事人交换关系必须平等。平等原则既要求缔约阶段的法律地位平等，也要求符合等价交换价值规律的内容平等。

（二）行政协议中的契约自由与平等原则

1. 行政协议中的契约自由原则

行政协议中的契约自由明显区别于民事合同"履行注重意志自由"和"维护交易秩序稳定"的价值理念。一方面，行政主体享有基于维护公共利益

---

〔1〕 参见金平等：《论我国民法的调整对象》，载《法学研究》1985年第1期。

变更协议履行状态的单方权力；另一方面，民事合同尊重意思自治，而在行政协议中行政主体负有公共职能目标。经由对比，契约自由原则在民事合同和行政协议中适用背景差别较大，行政协议中的契约自由因行政价值目标的存在而受到大幅压缩。

但契约自由在特定情形下让位于公共利益并不意味着其完全不允许行政机关和相对人之间自由订立协议。相反地，行政协议之所以存在恰恰是因为传统行政管理模式提供公共产品和服务的方法和品种单一、质量不高，远不能满足日益增长的社会需求，而转向以契约自由为核心的市场化模式。因此，行政协议中的双方主体也仍要遵循契约自由原则，这是常规的、显性的原则，而在必要时让位于公共利益需要就属于附属的、隐性的原则，只有在特定的情况出现时才会被触发。适用契约自由原则根据协议类型的不同也有所区别：

（1）在执行型行政协议中，契约自由原则可能要受制于法律规定，行政相对人的自由意志在特定语境下要让位于公共利益。比如在征收征用补偿协议中，根据城市整体建设规划和其他公共需要，被征收征用的地块和物资由行政机关单方确定，对被征收者的补偿标准也一般由法律规范预先设定。根据现代行政理念，为使得传统支配型的行政行为获得相对人的快速认可，引入契约合意让双方建立互信成为高权手段的替代方案，将相对人从行政法律关系的次级地位提升为表面上与其对等的主体。是以，补偿协议并非完全的契约自由产物，实为前行政行为的"确认书"，为传统行政行为置换了一种更为便宜，可接受度更高的"契约外衣"。在执行型行政协议中，当事人可以进行讨价的协商空间取决于行政机关在法律范围内裁量权的幅度。并且，此类协议的缔约过程缺少相对人参与，而作为协议主要内容的标的等也是由行政机关的单方行为加以确定，契约自由在这种协议类型中被大幅度压缩。相对人仅有可选择订立与否的自由，以及在行政机关裁量权和法律范围内适当讨价还价的自由，在总体上仍可被评价为是一种"弱化交流意愿"的权力运行结果，行政相对人仍然被嵌入等级化的行政管理关系之中。[1]当然，如果相

---

〔1〕 参见徐键：《相对人不履行行政协议的解决路径》，载《政治与法律》2020年第11期。

对人选择不订立行政协议，在特殊情况下，享有执行权的行政机关也可以回转至原有的"命令—管理"的行政管理逻辑中继续推进。

（2）在合作型行政协议中，政府以委托、外包和特许等方式移转行政任务至私人承担，汲取社会资源合作完成行政任务的现实需要催生了对此类协议的需求。因为行政机关与相对人间并不存在已作为基础的公法关系，相比于执行型行政协议，合作型行政协议更具有实质上的对等性。行政任务需要转移到具备专业能力的社会资本方完成，双方之间建立的合作联系则具有极强的属人性，社会上的私人主体不能只是行政任务的被动接受方，因为仅凭机械传递行政机关的单方意志也无法完成筛选、协商、资源供给等需相对方参与的协议过程和专属功能。通常，合作型行政协议的整个流程也具备较为全面、畅通的系统，包含"要约邀请"、"同意要约"等与民事合同成立相类似的一般步骤，因此协议双方都不仅享有订立或不订立合同的自由意志，还享有约定协议中价款、地点、质量、期限等具体细节问题的自由。协议的内容在法律限制内可以自由订立，甚至可以约定优益权的内容和方式，以对行政主体特权进行适当限制。合作型行政协议中真正实现了对契约自由原则的广泛适用，虽然仍免不了行政优益权作为隐性因子的不特定出场，但其在整体构造上形成了行政意志表达与相对人拘束的对等状态。

2. 行政协议中的平等原则

民事合同与行政协议的相似之处在于其都包含双方主体合意形成的共同意志表达，但不同之处在于行政协议中仍有超越双方约定外的"行政法上的权利义务"。无论是需要依托于前置单方行政行为的执行型行政协议，还是格外注重社会主体合作意愿与合作能力的合作型行政协议，公权力都在行政协议的不同阶段以不同介入程度"潜伏"。在公权力不可剔除的前提下，行政协议是否适用平等原则？当行政协议双方当事人以缔结协议方式进入交易环境，则代表其自愿接受"等价有偿"的基本价值规律约束。比如在"招商引资协议"中，政府为获取社会资本须作出一定的政策优惠或物质许诺作为交换，社会主体会自觉评定协议中约定的交换价值是否可获得预期利益，进而选择签约或拒绝。这表明，行政协议使身处市场交易关系中的双方已不自觉地接受平等原则调整。民法上的平等原则不限于权利义务的对等交换，还在于

"任何一方不得将自己的意志强加给对方"[1]的身份平等。传统行政法理论一贯认为，行政法律关系中行政主体享有高于相对人的法律地位。但随着行政协议等新型"软治理"工具的出现，双方主体的关系逐步趋于平等。不可否认，为保护行政协议中的公共利益，行政机关拥有必要的单方特权也被肯认，这似乎打破了平等原则的根本价值。事实上，这种不对等仅是特殊情况下的"阶段性不对等"，只有在发生危及公共利益的特定情况下才会发生，并非一种常态。就此，行政协议中的平等原则在公益与私益的纠葛中发展出两个面向：一方面提倡在缔约阶段时双方权利义务的对等主观约定，另一方面根据客观法秩序和公共管理需求，允许其有一定"平等的例外"。

三、有限优益权原则

行政协议与民事合同的区别在于特权，那么相对应地，行政法和民法的主要区别就在于控权。影响协议的变动因子有许多，其中最常见的就是行政机关以行政优益权为名进行的单方解释、变更和撤销行为，不合理的单方行为将严重侵害行政相对人预期可得利益。

（一）行政协议优益权的存在合理性

支持行政优益权论者奉行"行政协议区别于民事合同→行政行为为维护公共利益→行政机关享有优益权正当"的逻辑链。其理由在于：因行政协议有较长的实践期限，难以在起初作出足够精准、细密的规定，因情势变更等客观要素危及公共利益的需要来维护公共利益的情形也在所难免。因而，适度承认在情势变更情形下选择牺牲私人利益的单方变更、解除的优益权也属正当。而也有行政优益权的反对论者，其理由有：其一，以协议方式承接行政任务的私人主体是公共服务的实际提供者，其践行的自然是公共利益；[2]其二，从契约与权力的天然对抗关系来看，不能一方面承认意思自治，另一方面又认为公权力先天优越于契约，[3]这将导致行政协议与传统行政行为之间的区别仍旧混沌不清。

---

〔1〕 梁慧星：《民法总论（第5版）》，法律出版社2017年版，第222页。
〔2〕 参见严益州：《论行政合同上的情势变更 基于控权论立场》，载《中外法学》2019年第6期。
〔3〕 参见吴庚：《行政法之理论与实用》，中国人民大学出版社2005年版，第278页。

理论上，公共利益不应成为行政机关逃避约定义务和破坏交易安全的理由，[1]但拒绝以公共利益为理由滥用优益权，并不代表行政协议需要彻底清除以维护公共利益为目标的行政任务指向，也不代表行政协议因其契约属性存在就应当彻底放弃优益权制度。本文以为，行政优益权的存在是正当的，原因在于：其一，私人主体从行政机关处承接的公共任务并不意味着行政机关彻底"离场"，行政机关仅是将其难以荷载或欠专业性的任务"分包"出去，行政任务履行状况的结果好坏最终都是要回归到对行政机关任务完成情况的评价中来；其二，承认行政机关在必要时享有特权并不代表行政协议就仅是披着协议外衣的行政命令。如果将行政协议中的优益权比做"隐性分子"，当行政协议正常运行时，这种隐性分子并不会发生作用，当且仅当特定条件出现时，"隐性分子"才会转化为影响协议状态的"显性分子"。因此，要控制行政优益权，需要控制特定条件的发生情形、等级，而非全盘否认其存在合理性。换言之，承认行政优益权的存在合理性，不代表行政机关可以利用这一权力对带有模糊性的协议内容进行任意解释，也不代表可以任意对进行阶段的行政协议单方变更或撤销，仍需要进行必要的权力控制，以防止裁量权过度自由带来的"主观恣意"。

（二）控制行政优益权的控权论

行政优益权的权力控制可以有两种方式：一是直接以法律规范设定权力运行的条件以控制其行使的"纵向"权力控制思路；二是设置行政优益权的对等义务以及由抵抗权理论衍生的相对人对抗权能，与行政机关的优益权形成互相抗衡的力量，属于"横向"的权力控制思路。前者属于依法行政原则的涵摄范围，后文将加以详述，此处仅论及横向的制衡思路。

法国行政协议履行需恪守源自私法契约中"合同均衡制度"（l'équilibre contractue）的"财务平衡原则"（l'équilibre financier）[2]：由于在合同履行过程中经常发生单凭先前契约而难以实现合同意志的意外情形，需要在意思自

---

〔1〕 参见严益州：《论行政合同上的情势变更 基于控权论立场》，载《中外法学》2019 年第 6 期。

〔2〕 A. Fouillée, *La Science sociale contemporaine.* 1er éd., Paris：Hachette, 1880, p. 410.

治外赋予法官和立法者一定权限，以调控合同内容悬殊带来的失衡。[1]行政协议中的财务平衡则指的是当双方行为都不具有"可苛责性"的错误时，行政主体必须注意维系相对人"未来收益"与"现实损害"间的均衡，也就是"要在'承诺给相对人的利益'与'强加给相对人的损失'之间找到一个均衡点。"[2]在合同履行过程中，为了适应公共利益的需求，行政机关经常在必要时监督和调整协议履行状态和内容，而为了配合公共服务的持续性要求，相对人只能继续履行，而不可中断合作，随之带来的是相对人履行负担的加重，甚至蒙受意外损失。财务平衡原则的首要价值就是在特殊情况下，当相对人利益必须让位于公共利益和公共服务目标时，平衡行政协议框架下行政优益权为相对人带来的损失，是维护相对人利益的有力武器。也即，法国行政优益权和财务平衡制度指向了政府"权力—责任"的两面：行使行政优益权变更协议状态，则必然要担负衡平相对人"收益—亏损"的义务。从相对人角度则意味着，服从行政优益权，也必然享有要求财务平衡的权利。我国行政协议的现有制度中，多有笼统概括式设置行政机关出于公共利益和公共服务目标实现的行政优益权，但却鲜有设置行使此类权力行使的对等义务，有违权力义务相均衡原则。另一方面，行政机关对优益权行使的裁量性过宽，但与之抗衡的相对人权利却始终缺位，导致实践中经常性地出现假借公共利益之名变更、解除协议，而相对人在优益权产生效力的同一时刻，因居于协议法律关系的被动地位，只能诉诸事后救济的司法路径解决。允许行政优益权这种不依赖于协议约定而产生的法定权力存在，就应当相应允准相对人同样拥有实质性的法定的对抗权利，防止行政协议落入"契约精神形同虚设"的价值虚无。

四、依法行政原则

依法行政原则是指一项行政行为作出必须具有法律上的依据，项下包括法律优先和法律保留两项子原则，是评价行政行为的核心。行政协议在公共行政

---

〔1〕　M. Lombard, G. Dumont et J. Sirinelli, *Droit administratif*, Dalloz, 10ᵉ éd, 2013, pp. 143～172.

〔2〕　李颖轶:《优益权的另一面：论法国行政合同相对人保护制度》，载《苏州大学学报（哲学社会科学版）》2020年第2期。

范式转换情景下具有广阔的应用空间，是个人和国家之间的新型合作关系，其自主性和市场化特质要求适度变革传统单方管理型行政行为的依法行政模式。

第一，相比于传统行政行为，行政协议双方主体享有契约意志自由，法律容许其以约定方式确定权利义务。为契合于行政协议的特殊功能，"法无规定不可为"的严格依法行政原则应当适度放宽，否则可能会致使大量行政协议陷入合法性危机，违背了行政协议原本的目的。

第二，承认协议自主并不代表完全放开对行政协议的合法性控制，行政协议制度中应清晰设定行政协议的权力来源、行为规范、正当程序和公平补偿等内容。依法行政要求公权力主体以合法方式行使职权和履行职责，相比于普通社会主体，行政机关对于协议合法性应具有更高的审慎义务，在协议签订阶段应对自己行为是否有违法风险形成基本预判。通过统一的行政协议法律规范，将行政协议的基本原则和基础规范加以集中规定，有助于彰显行政协议法治的基本价值，引导行政协议在实践中合法、正确运行。例如，在政府和社会资本合作协议中，政府机关出于维护公共利益对行政协议进行单方变更、解除的，应当给予相对人以合理补偿，但从目前制度规定来看，这一内容还存在普遍的缺失。建构统一的行政协议制度，应规定行政机关单方行使优益权的补偿标准，根据协议类型划定补偿方案，如对于标的额大于1000万的行政协议，可归为"重大行政协议"，对此类协议单方变更解除的，应设置行政协议相对人预期可获得利益的补偿比例。经提炼，上述内容可具化为几项子原则：①法律优先原则。如前文所述，行政协议中享有的契约自由是有限的，缔结行政协议需要以依法行政为前提，内容不能违反法律法规和政策规定：在缔约过程中，要首先保证合同所订立事项、范围和内容符合法律授权，符合行政机关的职权范围，行政机关对其合同订立的事项内容有基本的支配权（公共资源处分权），不可缔结没有原则、没有界限甚至损害他人利益或公共利益的协议。②法律保留原则。传统依法行政原理的核心便是"法无授权不可为"，要义是行政机关必须在有法律规范依据的前提下方可做出行政行为。但是，若以此标准不加区分地适用于所有的行政行为，那一些开放式的、以自由裁量为核心的行政行为势必会陷入合法性危机。鉴于行政协议弹性行政与给付行政的品性，"与干预行政领域不同，给付行政领域只需要遵循低度的法律保留原则",[1]对缔结协议是否构成裁量权逾越的标准应放宽。③比例原则。根据行政法中比例原则的要求，在利益衡量上，优益权行使所挽回的社会利益理论上应大于为此付出的个人利益，这要求行政优益权的裁量基准和行使前提必须明确。同时，还应采用对私人资本方最小损害的手段以尽量减少损害程度，并对私人资本造成的损失予以必要的补偿。

总体上，上述几项基本原则统摄了行政协议所应规范的法律关系以及行政协议法律建构的未来路径，既有从行政法维护公共利益的宏观角度出发，强调对行政协议中的行政权进行保护和控制的原则；也有从维护交易秩序自由稳定的角度，隐含对行政协议契约自由等交互性问题关注的原则。通过分析这些具体化于行政协议中的普遍原则，探索行政协议法律制度的根基所在 ——即应然的行政协议制度应当维系或反对哪些价值？原则无法为实践提供确定性的指引，但原则必须要作为规则设立的前提而存在。只有明确了这个问题，方可进一步围绕这些原则回归到对协议的成立、生效、无效等具体问题的讨论上来。如果要将法律制度建设落到实处，需要将民法和行政法律规范结合起来，"本土化"于行政协议的规制当中：行政法以权力控制为手段，矫正行政机关和相对人事实上的不平等，而民法则关注契约精神如何得以实现的整个过程，二者在协调共用时，需要不断协调避免"过"与"不足"的双重危险，这也是未来法律建构中将要面临的主要课题。

---

〔1〕 陈无风：《司法审查图景中行政协议主体的适格》，载《中国法学》2018 年第 2 期。

第四章　行政协议制度的统一立法

一直以来，公法与私法相区分的法文化背景都主导着我国法制建构。承认法律制度属性的公法和私法两划分并不意味着对同一规制内容也必须要"公法的归公法、私法的归私法"。尤其是在行政法领域中，传统"命令——管理"式的行政模式变迁背景下涌现了一批新兴行政法律行为，它们以更为柔和的管理手段、更为对等的主体地位和更加市场化的多元方式而受到青睐，行政协议就是其中的代表。行政协议脱胎于传统行政模式，也在相当程度上令其脱离于固化的公法领域，而走向了看似对立的另一端——私法领域。这就产生了行政协议的制度分歧——以"公私法两分"知识为背景的法律共同体，何以安置兼具"公私二元属性"的行政协议行为？这种认知分歧不仅影响了行政协议在实践中的规范化发展，传递至行政协议的法律救济中，也为司法审查技术和诉讼管辖权问题带来相当程度的混乱。为此，为了避免"一开始，就被'卡住'在公、私法契约的区别问题上"，[1]必须破除私法对合同的独占性和行政法中以行政协议特权作为定性根据的设想。

行政协议领域究竟如何"选用"公法或私法的议题经久不衰，遗憾的是，将行政协议中的两种属性生硬地划归到同一领域，出发点本身就是错误的。无论是单一地选用私法还是公法规范，都只能调控行政协议的一个侧面。于是，"以行政法为主，准用民法"的思路被提出，这一观点看似无遗漏地照顾到了行政协议的契约与行政双重属性，但实际上仍暴露出两重显著弊端：其一，行政协议作为行政行为，以行政法为主固然没错，但目前有关行政协议

---

〔1〕　林明昕：《行政契约法上实务问题之回顾——兼论公、私法契约之区别》，载台湾行政法学会主编：《损失补偿、行政程序法》，元照出版有限公司2005年版。

的法律规范尚处于缺位状态，无法为行政协议提供可供适用的依据；其二，民法合同制度虽然完善，但民法契约在价值理念、实践方式和行为目标方面都与行政协议存有较大的差异，如不能在"发现差异、提取共性"的基础上结合行政协议的特性进行事先糅合，则很难将之直接适用于此类行为的规范中。

总结本书前半部分所述，已有的行政协议规范存在很多现实问题：其一，立法分散，可适用的法源普遍位阶较低；其二，地方立法抵触上级立法，以及地方同级立法间的不一致现象突出等。越来越多的德国行政法学者认为，行政法应从一个"法律适用的解释科学"走向"法律实施导向的行为和决定科学"，作为一个调控科学而存在。[1]这回归到究竟应当怎样对行政协议进行统一立法的问题，因为立法的缺失，必须要在宏观上进行立法搭建的立法论，也因为已有规范的零散分布，也要从解释论立场上事先进行整合和梳理。如要实现对行政协议的预先法律调控，有必要廓清迷雾，以新的理论搭建行政协议法律规制的整体方案：一要破除以"行政行为"为中心的基础框架，以行政协议过程论作为基本的分析框架；二要平衡行政协议中的民事因素和行政因素，分别结合行政法和民事法嵌入其中加以协调相融。基于此，需要在熟悉国外先进行政协议制度状况的前提下，对行政协议法律制度建构的可能方案进行利弊分析，最终尝试提出"行政协议立法解释"的方案，完成行政协议法律制度的统一架构。

第一节　行政协议立法例之比较法考察

在给付行政方面，域外一些国家如德国、法国拥有较为完善的法律制度。大陆法系国家多采成文法模式的立法体例，行政协议属于公法的调整对象之一。一直以来，我国行政法传统多沿袭德国、法国等大陆法系国家立法传统，

---

〔1〕 Vgl. Schmidt-Aβmann, Verwaltungsrechtliche Dogmatik. eine Zwischenbilanz zu Entwicklung, Reform und künftigen Aufgaben. 1. Aufl. 2013, S. 18. 转引自刘绍宇：《论行政法法典化的路径选择——德国经验与我国探索》，载《行政法学研究》2021 年第 1 期。

无论在宏观的模式选择还是微观的行为规则上，都离不开引入这些国家的先进经验。因此，如欲研究我国行政协议法律制度的建构和整合，有必要对其立法体例、生成背景和基本理念进行梳理。行政协议的特殊性恰在于其处于公私混合的交界地带，对于立法过程中之公私法的调和与兼容，是立法者要回应的主要议题。

一、德国"统一模式"立法例

（一）德国《联邦行政程序法》对行政合同[1]的法典化

德国以《联邦行政程序法》完成了行政程序法典化，从内容上看，《联邦行政程序法》不仅仅是程序法，在德国语境下，其包含了大量的实体法规则，也被视为行政法总则的法典化。[2]

《联邦行政程序法》以第四章整章（第 54～62 条）对行政合同的程序规范与实体规范做了集中规定，包括"公法合同的合法性"（Zulässigkeit des öffentlich-rechtlichen Vertrags）、"和解合同"（Vergleichsvertrag）、"交换合同"（Austauschvertrag）、"书面方式"（Schriftform）、"第三人与行政机关之同意"（Zustimmung von Dritten und Behörden）、"公法合同的无效"（Nichtigkeit des öffentlich-rechtlichen Vertrags）、"特殊情况下合同的调整及解除"（Anpassung und Kündigung in besonderen Fällen）、"即时强制执行的接受"（Unterwerfung unter die sofortige Vollstreckung）、"补充适用的规定"（Ergänzende Anwendung von Vorschriften）。《联邦行政程序法》为数不多的几项规定中亮点却十分密集，比如，第 54 条确立在不违反法律禁止性规定的前提下，允许以私法形式调整公法领域内的法律关系，这意味着行政机关可通过与相对人签订公法合同的形式用以替代具体行政行为。从这一条款中可以解读出几个概念：其一，德国法将公法合同与具体行政行为概念做了分离，公法合同不属于具体行政

---

　　[1]　翻译域外国家的法律规范和学术著作等，习惯使用"行政合同""公法契约"等概念，上述概念本质上与我国法律规范中的"行政协议"指代同一内容。出于参考文献概念同源性的考虑，涉及域外法的研究部分则使用惯用的"行政合同"概念，特说明。

　　[2]　在德国之所以选择行政程序法典化的模式，并不是因为制定行政法总则存在难以克服的技术障碍，而是因各州担心行政法总则法典化将侵犯其在联邦制下所拥有的立法权限，因而极力反对。参见严益州：《德国〈联邦行政程序法〉的源起、论争与形成》，载《环球法律评论》2018 年第 6 期。

行为；其二，当事人之间可以自由订立公法协议，仅不得违反法律条文中的"相反规定"即可，而非必须要求法律的明确授权；其三，公法合同可产生替代具体行政行为的法效力。该法第56条第1款则规定了如果合同约定是出于有利于行政机关有效履行公共任务的目的，那么也同样对相对人负有"对待给付"的义务。对待给付应合适于整体情势，并且与行政机关的合同给付具有实质的关联。该条款说明，公法合同的特殊性对行政法关注范围的要求已经溢出单方处分行为，还涉及行政相对人在其中的义务规范。第59条规定了公法合同无效的几种情形，[1]第一点是"准用民法典条文而发生无效后果的"，[2]这表明，德国确定行政合同的无效事由包括公法规范和私法规范两种，二者属于并列关系。除了德国《联邦行政程序法》对行政合同以总则性的规定外，在各部门法中，也对涉及该领域的行政合同内容做了单独规定，如《建设法典》（BauGB）中也有对"城市建设合同"（第11条）和"根据被拒绝的合同要约产生的开发义务"（第124条）[3]等相对具体的合同内容做出规定。根据《联邦德国行政法院法》第40条第2款第1项，"合同的履行或者遵守请求权应当通过行政法院保护"。除合同的履行与遵守外，因"合同签订过错"而产生的请求权也应当通过行政法院主张。[4]德国行政法院对行政合同有完全的管辖权。

据此可以看出，德国使用《联邦行政程序法》和各部门法相结合的方式，将行政合同严格限定在公法领域。德国行政合同在法律适用上严格按照这一

---

〔1〕 符合以下条件的公法合同也归于无效：一是具有相应内容的具体行政行为应当为无效，二是具有相应内容的具体行政行为不只是因为第46条意义上的程序或形式瑕疵而违法，三是不存在订立和解合同的条件，四是行政机关承诺了第56条不允许的对待给付。参见〔德〕弗朗茨－约瑟夫·派纳：《德国行政合同鉴定式案例分析：儿童游戏场案》，黄卉译，载《法律适用》2020年第10期。

〔2〕 被准用的民法规范中合同无效的几种事由分别是：行为人无能力（第104/105条）、内心保留（第116条）、通谋虚伪表示（第117条）、错误、欺诈、胁迫（第119/120/123条）、要式行为（第125条）、客观性原始不能（第306条）、违反善良风俗（第138条）等。参见德国《民法典》（Bürgerliches Gesetzbuch，BGB）。

〔3〕 德国《建设法典》第124条规定："如果市镇当局发布了第30条第1款意义上的建造规划，而拒绝了可期待的关于城市开发的城市建设合同的要约，则市镇当局负有自行实施城市开发的义务。"参见《建设法典》（BauGB）。

〔4〕 参见〔德〕汉斯·J.沃尔夫、奥托·巴霍夫、罗尔夫·施托贝尔：《行政法（第一卷）》，高家伟译，商务印书馆2002年版，第162页。

顺序：行政程序法直接规定（第 54~62 条）→行政程序法其他规定→民法典。在同样采用大陆法系法规架构的我国台湾地区，在应对行政合同法律适用问题时也采取了这种民法"准用"策略。

（二）一种创新的混合模式：双阶理论在德国的提出与发展

奥托·迈耶（Otto Mayer）认为，国家与社会是两分的，因而公私法必须严格划分。双阶理论意图纵向分解法律关系并分别适用法律规范，在某种程度上打破了公私法严格两分的德国传统。伊普森在 1956 年以国家对私人的公共补贴为例，对双阶理论做了系统阐述，判断是否提供补贴阶段适用公法，后续的履行阶段则适用私法。[1]但双阶理论不是机械拼接形成的"前阶公法＋后阶私法"固定公式，阶段中的复数行为性质只能根据该行为的本质来决定。[2]

德国学术界对双阶理论的认知经过了一定变化，在给付行政与福利行政全面兴起时，双阶理论解决了私法模式的公行政的法律适用问题，受到普遍支持。但行政私法理论的出现令双阶理论备受冷落，有学者指出它将引起法律规范逻辑的混乱。不过，随着新行政法学的兴起，公法与私法的关系日趋融合，教义学上行政法分析方法逐步演变成对法律最终效果的判断，结果导向主义的"行政正确"逐渐成为德国行政法的首要原则，灵活的双阶理论又重新收获了大批拥趸者。[3]

二、法国"双轨模式"立法例

法国有着较为全面的行政合同法律体系，有论断称"行政合同是法国行政法最富特色的制度"。[4]可以说，其经典的行政合同制度哺育了我国行政法学界对行政协议研究的"最初想象"，[5]为我国行政协议法制统一提供了丰富

---

〔1〕　参见程碧华、汪霄：《基于合同性质的 PPP 项目中社会资本的救济途径》，载《工程管理学报》2016 年第 4 期。

〔2〕　参见程明修：《双阶理论之虚拟与实际》，载《东吴法律学报》2004 年第 1 期。

〔3〕　参见严益州：《德国行政法上的双阶理论》，载《环球法律评论》，2015 年第 1 期。

〔4〕　P. Weil, *Le renouveau de la Théorie du contrat administratif et ses difficultés*, Mélanges Stassinopoulos, LGDG, 1975, p. 217.

〔5〕　参见陈天昊：《在公共服务与市场竞争之间 法国行政合同制度的起源与流变》，载《中外法学》2015 年第 6 期。

的素材给养。法国行政法领域中导入了一般契约原理塑造公法合同，其识别标准也严格从公法合同与私法合同两分角度进行确立，将行政协议定义为"超越私法规则"的合同，并围绕该定义建构法律制度。法国行政合同法律制度之所以被命名为"双轨模式"，在于法国采取成文法和判例法并行的制度建构方式，法国许多创新性的行政合同制度都最初源起于行政法院的裁断，并随着案例的增多而不断修补更新。

（一）法国行政合同的立法现状

法国虽然是成文法国家，但判例在行政法中起到了主要作用。这是因为：其一，因公私法的严格两分，行政法院在判案过程中不可直接适用民法等规定；其二，行政事项的繁杂让法官经常遭遇无法可依的窘境，故而其法规则多生成于判决过程中的累积经验。这些原则大多由法学实务者经由具体案件提炼创造，或作为成文法上具有普遍适用价值的原则，或被确证为判例。[1]因此，法国行政合同法律制度的渊源表现为成文法和判例法两种。起初，根据司法判例形成有关行政合同的法律规则制度是主要模式，但随着行政合同的发展，判例形式已经日渐式微，成文法则成为主流趋势。但不同于德国以"高度集中容许个别分散"的立法模式，法国的行政合同法律规定较为分散，散见于《行政司法法典》《政府采购法典》《公法与私法人合作合同的法》《关于公共服务委托合同的法令》等法律中。在《刑事法典》和《欧盟法》当中，也发展了许多适用于行政合同的规则，特别是适用于政府采购的合同规则。此外，民法规则也可适用于规制行政合同。对于 PPP 合同，法律明确其应当根据不同情况适用《政府采购法典》中规定的招投标和竞争性谈判程序确定合同相对人。在行政合同的执行过程中，行政部门享有各种特权，这些特权有时是明文规定的，但有时也具有普通法性质，即没有任何成文规定而存在。

（二）法国围绕行政合同建立的有益制度

法国建立了一系列旨在覆盖行政合同从订立到落实的全过程制度，可大体将其分为缔约制度、履行制度和救济制度。这些制度大多来源于法国行政

---

[1] 参见王桂源：《论法国行政法中的均衡原则》，载《法学研究》1994 年第 3 期。

法院的判例中，并且随着法国将目光从纯粹的公共服务提供转向对市场良性竞争秩序的关注，这些制度也相应发生了一系列流变。

1. 在缔约制度中，强调合同缔约的透明性与竞争性

早在 1836 年，法国政府采购制度就作出要求，"所有国家签订的采购合同都应该以公开且竞争的方式签订"，[1]直至今天，"公开竞争"依然是法国行政合同重要的制度外观，但其内生的目的要素却经历了从"旨在实现公共服务资金的最佳利用"[2]到"维护市场良性秩序的变革"。按照公开、透明和竞争的原则来选择相对人，是为了避免不当的采购行为造成市场资源分配不当，从而影响市场交易环境。从这个意义上来说，法国受欧盟法影响较大。欧盟法院依据《罗马条约》第 12 条作出程序中立、公开透明和成员平等等原则，以约束各成员国在公共合同缔约阶段平等对待各国籍供应商。法国仿照此修改了政府采购法，汲取了欧盟法上述要求，将"程序透明""平等对待""自由进入"作为采购制度的根本原则。[3]法国宪法委员会在 2003 年 6 月第 2003－437 号决定中将这几项原本只规定于《政府采购法典》的原则拓展适用到所有公共采购合同当中，并肯认其根源于《人权宣言》第 6 条和第 14 条，为其附着了更加有力的宪法性效力。

2. 合同履行过程中，主要包括"调适机制"和"再平衡机制"[4]

调适机制的存在本身为行政合同中行政机关一方拥有特权确立了正当性。最高行政法院在 20 世纪初期在其判例中承认，行政机关当事人拥有代位执行权（强制手段[5]）和金钱处罚权。当相对人出现延迟、不当履行，行政机关可通过施加处罚加以督促，当这种情况更为严重时，则可以直接代位（或要求第三人替代）履行或直接行使合同解除权。法国将行政机关在行政合同中的解除权分为"合同解除权"和"单方解除权"两种，前者是当金钱处罚、

---

〔1〕　Christophe Lajoye, Droit des marchés public 4^{éme} édition, Lextenso Gualino, 2009, p.14.

〔2〕　王名扬对行政合同中招投标方式也有类似评价，认为招标方式扩大了竞争范围，从财政角度出发，是比较划算的方式。参见王名扬：《法国行政法》，中国政法大学出版社 1988 年版，第 193 页。

〔3〕　可见《政府采购法典》第 1 条。

〔4〕　参见陈天昊：《在公共服务与市场竞争之间　法国行政合同制度的起源与流变》，载《中外法学》2015 年第 6 期。

〔5〕　参见王名扬：《法国行政法》，中国政法大学出版社 1988 年版，第 198～199 页。

代位执行不足以震慑相对人认真履行合同义务时的"高阶"处罚手段，后者则是不以相对人存在过错为前提要件的"公共利益情势变更"。此外，行政机关还享有单方变更合同的调适权力，最高行政法院在 1910 年的"法国电车总公司（Compagnie générale françaises des tramways）案"中对变更权的权力逻辑解释为：公共服务的需求并非一成不变，公共服务委托他人经营仅代表变更了一种管理方式，而非行政机关直接放弃了公共服务的义务，因此在必要时国家有权力以公法人身份强制合同相对人进行给付。[1]

合同当事人签约时双方预计的成本与收益间是平衡的，单方调适机制打破了这种合理平衡，重建新平衡的需求也因此产生。显然，仅仅允许行政机关对行政合同进行单方调适是不公的，容易引起合作者的不满，长此以往容易导致行政合同关系失衡。对此，最高行政法院在判例中指出，对于行政机关因单方变更、解除协议造成的损失，应给予全额赔偿，赔偿范围包括相对人的直接损失和可预期的间接损失。[2]并且，欧盟法院和法国行政法院依据判例对行政机关变更修改合同内容进行了一定限制，以防止行政机关以修改之名签订新合同，避免让先前缔约阶段的公平竞争等原则形同虚设。变更限制包括：一是新约定不能变更原合同标的；二是修改程度必须是"合理而有限"的。

此外，除因调适行为导致的失衡外，还存在因"不可预知的技术或经济原因"导致的失衡，对此，相关制度中同样设置了再平衡机制。在 1916 年最高行政法院的"波尔多照明公司（Campagnie générale d'éclairage de bordeaux）案"中确认了合同失衡的"不可预见理论（Theorize de l'imprécision）"（也称"不可预见情况的补偿权"[3]）。其内在逻辑在于：为保障合同的存续性，公共服务不可因不可预见事由而暂停，公权力机关有责任承担相对人面临的不可预见的负担。总体上，对于行政合同的履行问题，法国最高行政法院以判

---

〔1〕 M. Long, P. Weil, G. Braibant. P. Delvolvé. B. Genevois, *Les grands arrêts la jurisprudence administrative*, 19e édition, Dalloz, 2013, p. 126.

〔2〕 F. Llorens, *Les pouvoirs de modification unilatérale et le principe de l'équilibre financier dans les contrats administratifs*, RFDA, 1984, p. 45.

〔3〕 参见王名扬：《法国行政法》，中国政法大学出版社 1988 年版，第 201～203 页。

例行使逐步建构起一套"调适—平衡"的机制。

可以看到，法国经典的行政合同制度始终围绕"如何确保公共服务的良好运转"展开，这是公法与私法相区分的实质目的标准。应当说，无论是曾经大量繁衍行政合同原则和制度的判例法渊源，抑或是如今越来越多地规定于成文法当中的细致行政合同制度，都没有溢出于公法调整的范围。

三、英美等普通法系国家"一元模式"立法例

英美等普通法系国家素来有不区分公私法的传统。在普通法系国家看来："在所有的合同中，都不过是由双方意思表示碰撞产生出法律的效力而已"，[1]循此逻辑，行政合同和私人合同理应遵循同一套法律制度。然而，随着行政合同的日益推进，单纯使用私法合同规则已经难以回应现实需要。特别是当附着明显公法属性的行政特权在合同中显现，若直接将私法合同规则简单予以套用，则可能会因调整对象的不适配引发更大的问题。

（一）英国行政合同的立法方法

英国法学界意识到了仅仅适用私法规则会出现问题，有学者批评指出英国司法审查对行政合同方面十分欠发达，"这些问题的出现与普通法对政府合同的缄默和迟疑有关。法院的立场和态度令人迷惑，一方面正在迈向公法的模式，另一方面却在脱离传统的例外和行政特权而支持执行普通法的私人责任。"[2]在普通法之外，英美国家的立法和判例中也出现了针对行政合同中特权要素的特别规则。如英国1947年《王权诉讼法》（The Crow Proceeding Act）中第2~4条规定当政府违反义务时应承担侵权责任的规定、地方政府法规、公共部门颁布的规章和个别规定，这些共同组成行政机关订立合同时须予以遵守的准则。[3]

英国的越权无效原则适用于政府缔结合同的权限控制。该原则的含义是：普通法上除英王享有不受限制的契约的缔结权外，其他任何法定机构仅能在

---

〔1〕　René Dussault, Louis Borgrat. *Administrative law: a treatise*, *translated by Murray Rankin*, Toronto: Carswell Legal Publications (2nd ed), 1985 (vol. 1), pp. 261~262.

〔2〕　Carol Harlow & Richard Rawlings, *Law and Administration*, Butter Worths, 1997, p. 240.

〔3〕　参见王名扬：《英国行政法》，中国政法大学出版社1987年版，第224~227、233~240页。

法律赋予的权限内签订。越权的理由包括程序和实质上越权和违反自然公正原则，实质越权又可细分为"超越管辖权范围"（Breach of Jurisdictional Conditions）、"不履行法定义务"、"权力滥用"和"记录中所表现的法律错误"（Error on the face of the Record）几项。[1]其中"不履行法定义务"作为实质越权的表现形式之一是否包括行政机关经由合同产生的契约义务？根据英国法律规定，所谓的法定义务虽不以法律明确规定为限，但行政机关"不得利用契约束缚自由裁量权的行使"。[2]英国法上还有一项重要的行政权控制原则——禁止翻供原则，其在行政合同语境中就意指行政机关应当遵循自己订立的先前契约。但存在一个例外是，当这种契约阻碍行政机关根据公共利益需要的变更裁量权时，行政合同中涉及此问题的条款应当归于无效。[3]反过来推，英国行政法中行政机关维护公共利益等法定义务的效力位阶优于契约合意形成的约定义务，在发生冲突时后者必须予以让步。

此外，"程序公正原则"也同样是英国行政法中的王牌原则。当制定法欠缺程序规定或不完整时，程序公正作为法律默示条款起到补正作用。在行政权力不断扩大的背景下，成文法无法穷尽所有的控制规则，因此需要以程序公正原则实现强自由裁量权属性行政权运行的合理控制。以约定合意为核心的行政合同同时放大了行政机关的自由裁量，因此程序公正原则嵌入行政合同中用以约束行政权也是十分必要的。

（二）美国行政合同的"普通法＋行政特别法"立法方法

英美国家没有划分公私法的历史传统。行政协议中的行政机关和相对人地位平等，自然适用相同法律规定。若行政机关出于维护公共利益需要在协议中享有特别权力的，则必须首先在协议条款中予以明确约定。但纯粹私法规则难以满足以行政协议手段实施管理的现实需要，采取该种模式的国家在规制行政协议时必须采取一些特别规则。

美国法院通常会认为，行政合同与其他任何私法合同毫无分别，其权利

---

〔1〕　参见王名扬：《英国行政法》，中国政法大学出版社1987年版，第14页。

〔2〕　周佑勇：《论英国行政法的基本原则》，载《法学评论》2003年第6期。

〔3〕　参见朱新力：《行政违法研究》，载《杭州大学出版社》1999年版，第41页。

与义务同样受用于私人之间的合同法调整。[1]但随着现实的需要,有人发现私法合同规则在应对行政合同上显得有力不逮。法兰克福特大法官在一起涉及将立法上关于普通劳工标准应用于涉行政合同雇佣案件时,暗指普通法上的合同规则已经在行政合同上"丧失了大量的相关意义"。[2]因此,为了满足行政合同特殊性衍生出的法律需求,美国对于行政合同的规定将普通合同法与联邦政府的特别规定相组合,可以归结为:其一,美国宪法中第1条第10款中规定,任何州不得行使行政权力制定削弱、剥夺公权力或损害契约义务的法律,为公共契约的订立铺设了基本前提;其二,以判例和成文法共同组合成的普通合同法体系;其三,以《联邦采购规则》为代表的有关政府采购合同的专门立法。根据《联邦采购规则》规定,仅契约官有权代表政府签订契约,权限限于授权范围内。美国行政合同还引用发展了私法"缔约道德"理论,禁止在缔结政府合同过程中进行政府(或公务员)伙同相对人进行不当利益交换、有碍公正的"不当商业惯例"以及采取限制公平竞争行为。[3]

英美国家通过国会立法和法院判例,产生了适用于政府合同的专门规范。例如,契约不能束缚自由裁量权行使原则以及公共部门和地方政府发布的关于合同的格式标准等,但政府合同主要适用的仍是普通合同法规范,地方制定的专门性规则仅作为填补。总体上,英美等普通法系国家的行政合同制度以普通法为本,同时兼以判例法和专门法创设特殊规则。在这种立法前提下,合同双方当事人平等,针对行政主体采取严苛的程序限制,经过特别权力授予后方能获得部分特权。

四、评析:国外立法模式的反思和借鉴

虽然域外立法模式的区别取决于各个国家多样的法秩序和法文化背景,但相对于起步较晚的我国行政法学而言,比较法学研究总能带来有益的启发,为我国行政法学的学术研究提供了相当程度的知识增量。并且,对域外行政

---

[1] Lynch v. United States, 292 U. S. 571, 579 (1934).

[2] Powell v. United States Cartridge Co., 339 U. S. 497, 531 (1950).

[3] 参见王名扬:《美国行政法》,中国法制出版社1995年版,第1102页。

协议立法模式的研究并非只简单对照参考，其更具有许多深度的、可供挖掘的体制机制给养。

（一）域外法对行政协议过程的关照

大陆法系国家中的行政合同制度法定化进程较为清晰。法国通过组合法院判例和成文立法，建构起较为完整的、平行于普通合同规则的专门行政合同制式体系。整体上，法国行政合同法内容覆盖到从合同订立、履行的整个过程，牵涉行政主体单方特权、法容许性和效力状态等多个具体问题。并且，法国模式中对行政协议的运转过程和机制设置都较为细密，比如，法国对待行政机关特权就分为"当事人过错"和"非当事人过错"的解除权等，并设置了优益权的对等权能，呈现出较为全面的体系化特征。法国行政协议法律制度关注到了行政协议动态运行中的许多容易被忽视的细节问题，比如双方当事人的主观意图是否基于善意，这些细节问题往往隐含于对运作过程精准、细密、全面的把握上。我国行政法学界对行政协议问题的研究多偏于从某一个具体问题（如行政协议效力）去分析，或谈行政协议的基础理论问题（如协议属性与协议的识别），很少有从更加宏观视阈的研究将行政协议视为一个正在不断变化着的整体，以动态、流变的视角锁定其每一次法律关系的内部变化并分析外部原因。

而在德国，制定全联邦统一的《联邦行政程序法》是立法者出于法制统一的考虑。在他们看来，"统一"的法秩序具有以下优点：其一，每一位公务人员适用同一部程序法，可减少因地区带来的差异和谬误，增加正确适用法律的概率；其二，对于公民来说，统一的一部法律降低了其对法律的了解成本，更易于对行政机关是否依法开展工作进行判断；其三，降低法律规范分化的可能。[1]德国以《联邦行政程序法》为法典化形式完成对行政协议的体系化塑造，可以将散存于单行立法、私法判例和理论学说中的规则整合，体系性地将之规定在一部法典之中，弥合冲突并填补漏洞，达到统一效果。[2]

---

〔1〕　参见［德］弗朗茨－约瑟夫·派纳：《德国行政程序法之形成、现状与展望》，刘飞译，载《环球法律评论》2014 年第 5 期。

〔2〕　参见刘绍宇：《论行政法法典化的路径选择——德国经验与我国探索》，载《行政法学研究》2021 年第 1 期。

目前，我国行政协议法律制度已经呈现出较大程度的散乱、缺漏和冲突状况，亟需全面整合与梳理。但我国行政法起步较晚，针对许多重要的行政法问题尚未达成共识，当下并不具备制定统一"行政程序法"或"行政法典"的条件。行政法法典化也存在负面效应，德国《联邦行政程序法》的负面效应就已经凸显。在许多人看来，法典由于立法层次较高，容易固化和僵硬，难以满足现代社会中行政行为的动态、多元的变动需求，单行法或为更好的解决路径。[1]至于我国行政协议的立法方向是否优先考虑法典化路径，还需要结合德国经验进行预见性衡量。

（二）域外行政协议注重与民法的交流融合

在我国的行政协议法律建构中，如何处理行政协议与民事合同的关系，是一个必须面对的课题。无论从契约关系的常态性、行政权运行的特殊性还是权利救济的便宜性角度考虑，在公私法二元划分的背景下，都有将行政协议留存于公法领域的必要。但不可否认，行政协议中的契约性等超越传统公法范畴的内容，都大量地关怀、辐射到私法领域。也就是说，民法中包含的基本原理和规范，也可以适用于公域范畴。法国的行政协议制度采"交替式二元"模式，其内含主客观两种类型，两者间相互协调和并存。如果尊重意思自治便可以实现公共利益和私人利益的双赢，则行政协议可以都适用以"意思主义"为核心的主观法律制度；当出现主观法律制度不足以协调甚至有悖于公共利益时，就要适用包含行政机关单方优益权的客观法律制度。我国并非判例法国家，无法采用法国"成文法＋案例法"模式中以累积实践案例经验的方式形成行政协议法律适用的体系和标准。因此，加强与民法的沟通在我国的语境下应当不止于在事后的司法裁判中体现，更重要的是将目光流转到行政协议作出之前，预先设置包括行政协议法律关系的形成、变更和解除等合法性要件。这就具体到如何处理行政法与民法共同交集于行政协议的兼容技艺问题，比如行政行为效力规范与民事合同效力规范的冲

---

[1] Vgl. Kahl/Hilbert, *Die Bedeutung der Kodifikation im Verwaltungsrecht*, RW, Jahrgang 3, Heft 4, 2012, S. 455. 转引自刘绍宇：《论行政法法典化的路径选择——德国经验与我国探索》，载《行政法学研究》2021 年第 1 期。

突与融合问题、不同类型行政协议的对民法的汲取程度问题等。

（三）域外行政协议立法经验难以直接搬用

若以法律阐释流派中"立法论"和"解释论"进行解读，大陆法系国家中以"公私法二元划分"为背景形成的立法体例中，将行政合同完全视为公法的产物，并以公法规则加以调整的观察路径类似"立法论"。其基本逻辑在于将行政协议完全划归公法产物，建立统一立法规则并加以适用。而英美普通法系国家在判例中发展规则并跟随时间流变不断修改增补的方式更类似于灵活度更高的"解释论"。但正如法国模式离不开行政法院判例多年经验的累积和补正一样，英美普通法系中"法官造法"的常规路径恐对中国立法模式形成较大压力。我国是成文法国家，没有判例法传统，因此法国模式中的"成文＋判例"的调整模式并不符合我国政权组织形式对立法、执法和司法机关事权分配的功能定位。行政协议发展实践已经对规范立法提出了迫切的需求，目前直接且便宜的方法只能是先行整合分布于各个单行法中的独立规范，提炼共通部分，并对不足部分加以补足。当然，从行政协议作为传统行政行为替代解决方式的侧面考量，其可能分布于多个行政法领域，使得将所有涉及这一方式的立法统一规定于一部法律规范中并不现实，但至少应提炼其共通逻辑和特殊规律，实现概览式的基本指导原则和重要规定的统一。

第二节　"行政协议立法解释"的路径选择

从实体法上为行政协议建立系统的法律规范才是最终的方向。[1]对于我国行政协议立法模式，因行政协议客观上的二元属性，拟提出制定"行政协议立法解释"的方法。在立法解释内容上，以行政协议事项和法律规定的完备程度为标准，而不对公法或私法作严格区分。也就是：承认公法与私法分属不同调整领域，在宏观层面可以进行两分并加以独立定义。但在针对行政协议的法制统一问题的回应上，目前最便宜且错误率低的方式便是以二者作

---

〔1〕　参见王敬波：《司法认定无效行政协议的标准》，载《中国法学》2019 年第 3 期。

为共同的立法解释对象。

一、有关行政协议制度统一方式的现有观点分析

目前，若按照公私法模式为两种主要类型，行政协议法制统一可适用的思路大概有三种：其一，私法模式，即以私法规则调整行政协议法律关系；其二，公法模式，即以公法规则调整行政协议法律关系；其三，拆分模式，以协议中的具体事项为标准，拆分其为行政性要素和合意性要素两种，各自分别适用公私法调整规则。纵观大陆法系和英美法系的行政协议法律体系的三种模式，基于法背景和法传统的多元区隔，并不存在可以直接适用的法制统一路径。为防止混淆，需要说明的是，虽然前文已对行政协议法律适用中存在"准用"民法模式、双阶模式进行了分析，但这些都只是回答"如何适用法律"解决行政协议纠纷的法律适用技术，而并非是规范层面的法律制度统一问题。反思我国行政协议的法律制度建构，行政协议属于内含民事要素的行政行为，如何嵌入以公私法二分为背景的法秩序，是必须要先行回应的理论问题。行政协议属于公法范畴，完全适用私法模式有悖于我国公私法二分的法秩序背景。而拆分模式看似完美地化解了公私法交融的困境，但忽略了行政协议中的行政要素与契约要素的融合是一种状态上的杂糅，而非简单的拼接，因此试图将二者完全剥离开的努力并不可取。故此，我国学者对于行政协议的建制问题多在公法框架下展开，并提供了几种可能的进路，以下主要就这几种进路做分析。

（一）行政协议制度统一的公法进路

我国学者对行政协议法制统一问题进行了一定探讨，在采取公法模式的基本共识下，具体的建制进路选择尚有争议。确定法制统一采用公法立法模式的核心是回答协议主体和客体的范围以及行政协议缘何应当纳入公法调整的正当性问题。公法模式相比于私法和拆分模式而言的比较优势在于公法模式更能胜任行政权力监督功能。行政协议中先天带有权力配置的不平衡，以保障权利、平衡公私利益为己任的传统公法对权力规制更可胜任。换言之，只有公法可以兼顾关照行政协议特殊规律的"短板"，民法模式则不具备这一功能。

目前，公法模式下行政协议的法制统一方案共有：①制定统一的"行政程序法"，在该法典中就行政协议的有关规则与其他行政行为一并规定，[1]还有学者提出应当参考西班牙的立法经验，在行政程序法中增加专门规定行政协议的章节；[2]②制定专门的"行政协议法"或"行政合同条例"；[3]③同时以"行政程序法"和"行政协议法"作为制度平台，可先制定"行政协议条例"，而后上升为法律。在内容的分布上应遵循实体和程序二分路径，实体内容规定于"行政协议法"中，程序内容则由行政程序法典进行专门设置。[4]

再来反观实践中制定统一行政协议法律制度的进度和流程，以公法模式调整行政协议关系确是我国部分地区已有实践采取的一般做法。如《湖南省行政程序规定》等都设专章对行政协议问题予以系统化。行政程序规定并不只字面含义的程序规定，还有许多实体性规定，因此抛去其程序法外观，在本质上也与实体法差别不大。但碍于单设专章于各地行政程序规定的做法并未普及，行政协议也具有一定程度的地域性特点，地方性规定间难免存在不统一。且若要实现行政协议法制统一的目标，待规制内容将远超过已有实践中的规范内容和格局，需要予以重构。

（二）上述进路的各自局限性

公法模式以公私法两分为前提，因此学者们提出的方案都严格限定在公法框架下。无论是制定"行政协议法""行政程序法"还是"行政协议条例"，都是对行政协议的法律规范进行立法层面上的统一，本质上是相同的，只不过在立法主体上有所区别。上述方案具有较大的局限性，体现在：

第一，立法难度大，不切实际。与民法和刑法不同，行政法的法律渊源具有多层级化的特征，涉及中央与地方立法权限配置的结构化和自主化问题。

---

[1] 参见江必新：《中国行政合同法律制度：体系、内容及其构建》，载《中外法学》2012年第6期。

[2] 参见何渊：《论行政协议》，载《行政法学研究》2006年第3期。

[3] 参见江必新：《中国行政合同法律制度：体系、内容及其构建》，载《中外法学》2012年第6期。

[4] 何渊：《行政协议：行政程序法的新疆域》，载《华东政法大学学报》2008年第1期。

我国行政协议的规范密度弱，程序性规定欠缺，制定法律体例对我国而言难度较大。我国行政法学起步较晚，短时间内难以形成统一的法典。无论是制定统一的"行政程序法"抑或是"行政协议法"，都是对立法者对于权限分配问题的重要考验，目前行政协议理论给养并不充分，立法技艺也尚待成熟，在此基础上整体立法的可行性大打折扣。

第二，有可能侵害地方自主和行政自主。中央层面的统一立法可能难以照顾到行政协议的特殊性，在实施过程中，"即使在一个省市内，由于存在着地区之间的差异，统一性的立法规定在实施中有时也会遇到障碍"。[1]专门就行政协议制定单行法律予以规范的个别性立法形式，有可能导致限制对方对行政协议手段的自如运用，进而产生对单行法律亦步亦趋的僵硬态度，丧失原有的机动性。由此，以制定专门单行法的方式统一立法将面临如何兼顾地方特殊性的挑战。即使是在对行政权具有最强法律拘束的德国，对于行政内部规则，行政权仍然有自主空间。将行政协议各项零散规则进行统合并重新"拔地而起"建立起一套新的规则，行政协议事项规定的详细程度就需要在"宽松"与"灵活"间进行精准控制，否则可能侵犯行政权的自主性。尤其是行政协议作为以灵活性为主要特质的行政行为，过于侵蚀其自主性将导致适用上的难题。此外，还要考虑法典化导致的过时风险，行政协议是一个变动不居的法律关系有机体，形式化的法典很容易因其僵化而与其产生冲突。

第三，不便于与民事合同法律规范结合形成规制行政协议的共同方案。制定"行政协议法"等统一立法，将行政协议牢牢固定于公法范围内，这种固化做法彻底在民事合同法律规范之间树立了难以逾越的壁垒。行政协议单独立法只能解决行政协议对行政法律的规范需求，而无法解决行政协议本质上的私法属性。行政协议的契约属性内外兼具，公法模式下的单独立法仅保留合意行为外观而剔除契约精神，无法提供围绕当事人意思自治形成的利益保护全覆盖。行政协议立法化的诸多努力仍然还是没有逃离开公私法严格两

---

〔1〕　章剑生：《从地方到中央：我国行政程序立法的现实与未来》，载《行政法学研究》2017 年第 2 期。

分的窠臼。

当然，立法进路都有优劣之分，尚无法达成理论共识，如公法模式如何兼容私法规范，公权力和私权利主体间的权利义务关系如何在立法中摆布等。立法虽需要理论做充分准备，但理论与法制间的关系是空间上的互相促进，而非恪守时间上的先后次序。当行政协议法制统一问题理论争议较大时，恰恰需要立法建制减少或者结束这种争议。是否可以在上述几种进路之外，开拓新的建制模式？

（三）立法论和解释论的制度统一思路比较

在法律思维上向来有"立法论"和"解释论"的差别，前者偏重立法者视角下的规则设置，后者则关注已有规则的适用问题。在行政协议法制统一的议题中讨论两种法律思维差异的意义在于，它们或从不同角度构成法制统一的底层逻辑。前文述及，我国学者对行政协议法制统一的几种方案中，基本都在倡导以整体立法的形式聚合零散的行政协议规范，并设立新的规范，属于典型的立法论思路。而解释论则是在已经有规范的前提下，利用法律解释的方法对已有的规则进行阐释。但经由论证发现，这几种思路在当下都不可称之为最优的法制统一进路。面对行政协议实务中权力滥用、不诚信履约等乱象，在立法论上探索法治化的道路实属必要。也要注意到，行政协议并非一个需要重新全盘立法的新概念，它拥有民法合同和行政法上的双重规范基础，是以，在行政协议法制统一的道路上，既需要立法论，也不可缺少解释论。解释论下的行政协议制度统一，不仅仅是在规则制定后的适用阶段以解释方法回应疑惑或纾解困难，还要在规则制定时就在宏观立法论的整体结构中嵌入解释论的思维方法，探索公私法规则之间的冲突与融合。

1. 从立法论考量行政协议的制度统一内容。目前，行政协议法律制度的整套流程架构尚未体系化，条文并不完备，是以此，立法意义上的行政协议制度统一应当尽可能地将法律体系中主体内容予以明确，如定义、原则、主体、法律关系（产生、变更和消灭）、权能内容、形式、规制方案和期限等。当然，碍于行政协议的复杂性特征，无法寄希望于尽善尽美的立法作出详尽无遗漏的规定，藉于此，立法应为顺应行政协议的变迁而保持一定的开放性。对于行政协议法定化情形下如何保持开放，不外乎依赖于行政协议运行的框架性和内容的抽象性，留足充分的涵射空间。也即，倡导行政协议在立法意义上实现实定化，也要审慎地进行内容克制，防止"事无巨细"带来解释空间不足的危险。

2. 解释论对于规则冲突困惑与适用难题的消解。行政协议并不是在单一法律关系中形成运行的，其主体多元性和法律关系多重性决定了统合已有规则和树立新规则间的真空地带需要大量的解释工作予以"黏合"。对于行政协议的法律适用问题的争议由来已久，普遍的观点认为，行政协议是公要素和私要素的融合，如何嵌入公私法二分的现有框架并选用法律，成为研究行政协议者必须要面对的问题。行政协议是已经被纳入《行政诉讼法》的行政行为，理应适用行政法加以调整，这在相关法律制度出台后已不存疑问。支持以公法调整的观点普遍认为公法模式相对于其他模式而言更具有优势。[1] 持"公私混合论"者则认为行政协议法律制度应当将行政法律与民法规范混合适用，这既是基于现实选择，也是源于法律需要。[2] "行政合同虽然在行政法上有其自身发展的需要，但行政合同具有契约性，因此不应以公益上的必要等为理由得出排除民商法适用的结论。"[3] 上述争议都没能给出适用于行政协议法律制度的最好方案，原因在于其陷入了"着眼点偏离"的理论误区，将行政协议法律制度的订立问题等同于法律制度的适用问题，关注从行政协议末端解决争议，而非从订立前预防争议；过于强调论证民法适用的正当性问题，或者说格外关注与已有公法相融合的"配搭"问题，而忽略了行政协议本身特性对民法规则的"欠容许性"及其相应的调适问题。解释论恰好可以为公私法间的规范冲突进行弥合和融贯，若坚持"唯立法论"将丧失这种可能的出路。同时，法制统一不仅是立法层面规则预设的统一，还包括执法和司法等法律实施层面的统一。推进行政协议法制统一的法制进程，同样取决于对规则的完善和适用，这关乎行政协议法制统一立法层面向下辐射的实施效果。

---

〔1〕 参见江必新：《中国行政合同法律制度：体系、内容及其构建》，载《中外法学》2012 年第6 期。

〔2〕 包哲钰：《略论行政合同的混合性》，载《兰州商学院学报》2004 年第4 期。

〔3〕 刘旺洪主编：《行政法学》，南京师范大学出版社 2005 年版，第 220 页。

二、立法解释与法典化的优劣比较

根据我国立法权体系的制度安排，各层级的立法外观分属不同功能，如选择立法解释作为行政协议法制统一的方式，需在法规范体系内部回应：选择立法解释而放弃单行立法的理由何在？

立法解释确有区别于立法的独到功能，这是立法解释单列于立法外并同时作为法律渊源存在的正当性前提。《立法法》第 53 条规定，人大常委会作出的立法解释与法律具有同等效力。传统概念上，现代汉语词典将"解释"一词限定于"分析阐明"与"讲解说明"范围内，顾名思义，立法解释的性质应当建立在不改变原有条文基础上对已有法律规范文本对内容的内涵和外延进行阐明。立法活动则是制定、修改和废止法律、行政法规、地方性法规的活动，尽管立法解释与法律的制定主体都是全国人大常委会，一般的观点认为，单从外观考量，两者针对对象和权能范围完全不同。但随着立法负荷增重以及对法律实施的一致性考虑，立法活动被党中央扩展为包括"解释"在内的"立改废释并举"新概念。[1]立法机关制定规范性解释的目的在于充实法律的客观语句表意，以明确其法律效果。拉伦茨看来，用解释性方法处理法律问题会有"字面解释""法律内法续造"以及"超越法律的法续造"三种结果。[2]目前，法解释不囿于法律文本拘束发展和续造新的法条内容已然形成普遍现象。这种立法解释行为也具备和立法行为一样的法效力。

易言之，虽然立法解释的概念经过扩容，在实质效力上已与一般立法活动区别不大，但提升其等效性也只意味着立法解释出台后对其实施能力的重视和加强，并不意味立法解释的内容也要与立法保持一致，否则将丧失独立存在的功能意义。首先，立法作为严肃的规范创设活动，合理的立法需要以充沛的法理依据和周延的论证过程做为基本支撑。且不论对于理论基础尚不完善的给付行政、福利行政等新类型行政行为，进行粗略的整体立法尚难以完成，较为细致的单行立法更是需要花费大量的时间成本。并且，整体立法的时滞性将难以及时产出应对行政协议实践问题的应对策略；其次，立法要

---

[1] 参见习近平：《加快建设社会主义法治国家》，载《求是》2015 年第 1 期。

[2] 参见［德］卡尔·拉伦茨：《法学方法论》，陈爱娥译，商务印书馆 2003 年版，第 246 页。

求具备一定的稳定性和持续性，一经制定便相对固化难以更改，而行政协议具有双方交互特性，比上传下达式的传统行政行为更加灵活易变。这意味着，为保持立法制定后的可用性，必须伴随社会发展和行政协议在实践中的新情况随时变迁或进行新的解释。比照其他"一次性"行政行为，长周期的行政协议立法变动的频率可能会更高，到时再不断单独为行政协议立法或出具立法解释便显得多此一举；最为重要的一点是，就行政协议这一特定内容来说，法制统一的路径在于通过打破公私法二元壁垒而创造"混合"的法律体系，而非在公法或私法内部重新设立专属于行政协议的一套全新法律。因此，立法解释实际上承担了沟通公私法的"桥梁"功能，将已有的、可供适用于行政协议的条款直接进行提炼，梳理矛盾并化解差异，最终形成公私二元交融的行政协议预先规则。这种做法兼具了立法论中的创设思路和解释论中的整合思路，在节省立法时间、回应实践问题的同时，令"混合行政"可以正当地嵌入公私法的交融领域。

此外，可能还会有观点指出：最高人民法院已于2019年制定了《行政协议司法解释》，立法解释和司法解释相比的优势体现在何处？单论行政协议问题来说，立法解释与司法解释相比更能有针对性地解决规范层面的制度统一问题。《关于加强法律解释工作的决议》规定最高人民检察院和最高人民法院享有检察或审判工作中具体法律适用问题发布司法解释的权力。立法解释和两高解释同时存在表明，我国已经形成极富特色的围绕不同法律解释主体展开的多元解释格局，其中，全国人大常委会发布的立法解释不仅意味着对被解释对象的主动权，同时意味着其享有高于两高解释分歧的最终裁断权和控制权。极富有鲜明中国特色的司法解释肇始于司法裁判中诸多问题尚待解决但"无法可循"的情形，具有操作性强、规定细致和灵活时效的特点。从内容上看，《行政协议司法解释》确已溢出仅针对原有法律条文进行司法适用上的解释。从依据来看，该司法解释并没有可依据的解释对象——有关行政协议的立法，在立法供给不足的影响下，最高人民法院通过司法解释制度创制了大量新的规则。从功能意义上讲，规则创制式的司法解释发挥着等同立法的作用。这种自行创设大量规则的解释做法不禁令人存疑——是否已然逾越了立法界限？有学者对此主张，司法解释在本质上就应当为一种"授权性质的立法",[1]是具有中国特色立法性质的"司法立法"。[2]如果按照司法解释的功能与立法无异的思路,那么《行政协议司法解释》便是行政协议的统一立法,则重新再制定一份立法解释显得无实际意义。当然,也有学者对司法解释的"创设性"提出质疑,认为这种集"创设规范与适用规范权力于一身"行为已然逾越了司法权与立法权之间的界限。[3]退一步讲,即便立法概念扩容至司法解释,但在严格的主体意义上,司法机关并不具有专业的立法技艺和立法经验,其专业性仅应局限于对与司法审判有关的事项进行一定程度的解释和创设。也即,无论是意图进行创设还是单纯释明的司法解释,都应当紧紧围绕法律适用问题这一不可变更的事项因子展开,而不可脱溢出与解决司法审判问题无关的规则订立领域。

也即,解释性文件在立法概念扩充至"立改废释"并举的今天,应当承认立法解释和司法解释对法律规范的续造功能。但从内容来看,司法解释应当始终严格围绕形塑裁判理念和统一裁判标准等司法功能进行规定,这种功能局限导致其与行政协议制度统一的目标相去甚远。

三、作出统一性"行政协议立法解释"的合理性

英国学者卡罗尔·哈罗(Carol Harlow)与里查德·罗林斯(Richard Rawlings)在《法与行政》中评析行政协议的法律制度改革方向,认为应当"以公法与私法规则的结合体"为目标,而非独立设立行政协议制度。这是因为,就控制"混合行政"来说,"一个单独法律体系的作用将低于'混合'法律体系。"[4]随着公共服务理念的不断渗透,国家不再是承担行政任务的唯一主体,实践中的行政方式的快速变革考验着上层建筑的应变能力。已知的是,目前提出对行政协议进行直接立法,或建立统一"行政程序法",这两种

---

[1] 聂友伦:《论司法解释的立法性质》,载《华东政法大学学报》2020年第3期。

[2] 米健:《一个西方学者眼中的中国法律文化——读何意志近著〈中国法律文化概要〉》,载《法学家》2001年第5期。

[3] 参见李翔:《论创设性刑法规范解释的不正当性》,载《法学》2012年第12期。

[4] Carol Harlow, Richard Rawlings. *Law and Administration*, London:Butter worths, 1997, pp. 250~251. 转引自于安:《政府活动的合同革命——读卡罗尔·哈洛和理查德·罗林斯:〈法与行政〉一书"酝酿中的革命"部分》,载《比较法研究》2003年第1期。

建构模式都不符合我国当下的时机。并且，公法模式下的几种法制统一路径无例外地都将行政协议的法规范紧紧包裹于公法框架内，能否从规范层面跳出单一的公法或私法框架，采取一种以公私法共同作为解释对象的"立法解释"对行政协议进行制度统一？

（一）作为公私法区分背景下"混合法"进路的必要载体

卡多佐看来，立法是法律实用主义的反射，这是因为社会需求而非法律理论决定了如何选择立法。[1]立法不再是从理性推演出的文本体系，耶林曾指出：立法对逻辑的渴求令法学变为了法律数学，这源于对法律的误解。[2]当代社会更加注重对现实问题的解决，实用性的立法体例备受青睐，而不应过度追求理论上的公私法的圆满划分。"排除分歧"是立法解释的重要功能。目前，虽然《行政诉讼法》和《行政协议司法解释》都承认可以在一定情形下准用民事法律规范，肯认了民事合同规范进入行政协议领域的正当性。但民事合同与行政协议相互之间异质性明显，生成民事法律规范的制度环境和功能旨向很难直接适用于原本规制范围外的行政协议，存在冲突将在所难免。这需要"行政协议立法解释"在公私合同的交融地带发挥应有的解释功能，提炼共性并消解分歧。卡罗尔·哈罗（Carol Harlow）与里查德·罗林斯（Richard Rawlings）认为，解决混合行政的规制方案应是在私法技术和框架内，导入如公开（openness）、公平（fairness）和责任（accountability）等公法原则，用于补足私法规范难以兼顾的公共利益。[3]可见，英国学者率先认识到，若公私法全然不分地一概适用私法规则，将会引起许多涉公益问题脱溢出规制范围，因此应当在法律制度订立过程中融入公法价值考量。无论是以公法嵌入私法或者反过来以私法嵌入公法，都提示着一种可能的公私混合

---

〔1〕　参见［美］本杰明·卡多佐：《司法过程的性质》，苏力译，商务印书馆1998年版，第72～73页。

〔2〕　Rudolf Von Jhering, *Law as a Means to an End*, The Boston Book Company, 1913, p. 330. 转引自郑智航：《比较法中功能主义进路的历史演进———一种学术史的考察》，载《比较法研究》2016年第3期。

〔3〕　Carol Harlow, Richard Rawlings. Law and Administration, London：Butter worths, 1997, pp. 250～251. 转引自于安：《政府活动的合同革命———读卡罗尔·哈洛和理查德·罗林斯〈法与行政〉一书"酝酿中的革命"部分》，载《比较法研究》2003年第1期。

规则创制方式，这种混合法律体系的新思路也可以恰当地解释"行政协议立法解释"的创设缘起。

在德国，沃尔夫创立的"修正主体说"确立了公私法划分的标准应以公权力机关在法律行为中的具体权利义务为依据，若为公权力身份则应当应用专属国家的职务性规范。[1]移植这一标准，行政协议中行政机关具有双重身份，既承担公法上的权利义务关系，也是协议法律关系中的一方私法主体，是以，双重身份的认知势必建立在公私法两分基础上。由此，我们并不意图以质疑公私法二元划分正确性的方式发展混合法律体系，而试图在承认公私法二分作为法背景的前提下，提倡在行政协议领域进行特殊的混合，反对公私两分背景下的绝对背离倾向。是以此，提出以行政协议立法解释作为混合行政协议的载体，并不只是在立法与司法解释有力不逮情境下的一种"妥协技艺"，更是在无可变更的"公私二元"法背景下进行"混合"的必由之路。

（二）行政协议立法解释的预期功能

根据法与社会的关系，素有"压制型法""自治型法"和"回应型法"的立法功能分划。"压制性法"的立法定位主要在于事后干预和惩治，难以根据社会发展进行回应式调整，如果不考虑从预防角度订立行政协议事前立法，那么形成以《行政协议司法解释》为中心的事后压制型法则成为必然。"回应型法"则主张法律应当更多地回应社会需要，强调以预防法为中心，建构引领行政协议合法、正确运行的立法体系，属于以"前端控制"而非"末端关照"的方式更好发挥预防效果。[2]"解释"被扩充后将创制性立法囊括在其语义内，赋予了规范意义的解释活动以法的续造力。行政协议立法解释可预期的功能和作用一方面体现为其对法规范地梳理、整合以及再造，使之呈体系化；另一方面体现在实践意义上，行为规则清晰则可以间接地成为司法裁判所依据的行为规范，纾解行政和司法中的法律适用难题。

第一，行政协议立法解释具有联结和整合功能。行政协议在某种程度上

---

〔1〕　参见严益州：《德国行政法上的双阶理论》，载《环球法律评论》2015 年第 1 期。

〔2〕　参见［美］P. 诺内特、P. 塞尔兹尼克：《转变中的法律与社会：迈向回应型法》，张志铭译，中国政法大学出版社 2004 年版，第 89 页。

发挥了传统行政行为的替代作用，其强大的接纳度决定了行政协议并不需要以行政行为的调整事项为转移，而可灵活地被应用于各类其他行政行为之中，作为便宜的替代方式。要看到，随着公共行政范式面向格局更为开放的态势，这种包容性还将持续扩充。具体来说，目前各层级有涉行政协议法律规范可分为实体和程序两种分布格局：实体法一般以具体的行政行为领域为划分标准，分布于《土地管理法》《招标投标法》《中华人民共和国外商投资法》（以下简称《外商投资法》）等；程序法中则因内容上大概等同，以物理上的行政区划为标准更为合理，如《西安市行政程序管理办法》和《山东省行政程序规定》等。需要注意，行政协议的实体法规范中也包含了程序内容，如行政协议签订阶段的招投标程序，规定在《招标投标法》中，而程序法中也涵盖了大量的实体法规范。并且，这些实体与实体、程序与程序甚至实体与程序间的同级立法、上下级立法，多存在大量的冲突、矛盾等不统一状况。

"行政协议立法解释"将主要承担整合行政协议分散立法的任务。首先，立法解释应当尊重协议分属领域差异的事实，强制性地将各行政单元内的协议行为集合到一部规范文件中是不可能，也是不科学的；其次，尊重差异的同时也要强调共性，行政协议之所以被单列为一个有名行政行为，恰恰是因为这些分散行政协议的共性足以支撑起一整套独特的行为理论；最后，立法解释应在上述"尊重差异，提炼共性"的基础上，细化行政协议双方乃至多方行为的合法性要件，聚合各不同单行法中的分散行政协议，增加规范密度。还要注意梳理并化解行政法律规范与民事法律规范中相互冲突的部分，比如如何处理行政行为与民事合同无效事由的适用顺位问题。

第二，行政协议立法解释立法功能。在解释主体方面，出台"行政协议立法解释"的任务应当由人大体制下负有立法功能的全国人大常委会承担，相比于由最高司法机关制定的《行政协议司法解释》，制定主体的位阶提升了规则来源的正当性；在解释内容方面，"行政协议立法解释"将建诸行政协议产生、变更和解除的整个逻辑体系，周延和提升行政协议的逻辑层次与规范密度。总体上，"行政协议立法解释"的立法功能可以传达至后续的执法和司法环节，为行政官员和法官提供更多可供判断的基准，实质上承担起立法的基准设定功能。有学者断言，法律的最大功用一端是裁判规则，另一端是行为指引。[1] 自 1955 年《全国人民代表大会常务委员会关于解释法律问题的决议》起，立法拟将法律解释分为立法解释和应用解释，司法解释就属于后者。[2]《行政协议司法解释》仅承担起为裁判者提供依据的职能，但无法发挥为行政机关和相对人从事行政协议活动进行指引的功能，正当性不足。"行政协议立法解释"为行政协议提供行为规范是其题中之义，在反射作用下，还可以发挥为行政协议纠纷司法审判提供规则指引的功能，做到二者兼顾。长远来看，我国并不存在普通法系国家跟随司法进程动态演变的判例法，司法解释在审判实践中发挥的正向效应最终势必要行进至立法意义上的承继。并且，"行政协议立法解释"具有一定的法创制功能，有关行政协议新的法律制度和机制都将在立法解释中获得一席之地。易言之，"行政协议立法解释"既是对立法语境下行政协议法律规范进行法源上的整合和再造，也可对司法审查领域中的涉行政协议纠纷案件提供规范依据或裁判指引，是在业已有迹可循的规范框架内进行增砖添瓦的工作，而非另起炉灶地全部新设。

第三，体系化的行政协议立法解释可以通过发挥法政策功能和法教义学功能实现对法律实务的减负。[3] ①在行政执法层面，通过对行政协议逻辑、原则和基本规则对实定化，可以减轻行政机关因裁量空间过大带来的基准不一问题，提高行政协议在实践中的统一性；②在司法层面，系统规定了基本原则、理念和法律规则的"行政协议立法解释"，有助于减轻法官在实际审判工作中的释法任务，特别是在《行政协议司法解释》出台后相关民法的"准用"困境；③对于行政协议另一端的相对人而言，一份系统且独立的行政协议立法解释无疑更加易于查询、理解和掌握，帮助提前化解行政协议的违法风险，促进行政协议的合法化运行。

---

〔1〕 参见姚辉：《当理想照进现实：从立法论迈向解释论》，载《清华法学》2020 年第 3 期。

〔2〕 参见张春生主编：《中华人民共和国立法法释义》，法律出版社 2000 年版，第 150 页。

〔3〕 Schmidt-Aβmann, Das allgemeine Verwaltungsrecht als Ordnungsidee und System, 2. Aufl. 2004, S. 3ff. 59. 转引自刘绍宇：《论行政法法典化的路径选择——德国经验与我国探索》，载《行政法学研究》2021 年第 1 期。

第三节　"行政协议立法解释"的三重逻辑和整体框架

一、功能逻辑：公私法动态协同

认识行政协议的两种属性可得出的初步结论是：单纯依靠行政法律规范，或单纯依靠民事法律规范，都不足以规范行政协议行为。行政协议统一制度不应是剔除契约本质仅保留其协议外观的公法规制。最合理的方法是，跳出行政法或民法的单一逻辑，而遵循将二者相混合的整合逻辑，借由立法解释行为加以集中表达。如何将两套不同的法律系统，即公私二元法律规范不分次序地平等适用于行政协议是"行政协议立法解释"的主要任务。

通常的思路是，在特定条件发生时，以待解决问题中的具体事项为标准去逆推应适用的法律规范，但如果在行政协议中以事实的性质对应法律规范性质则不免又陷入"双阶理论"的论证思路，将繁杂的甄别任务交由行政或司法实践，反倒容易增加关系纠葛带来的不统一成本，难以行通。"去中心"的协同理论是既不偏向民法，也不偏向行政法的制度构建模式，试图在行政协议阶段划分的基础上，进行细化的动态均衡，"其核心是对行政权力与公民权利这对矛盾的认识，以及对由其产生的各种关系、原则、规范、制度和机制等的选择和评价。"[1]现代社会中，立法者更倾向于采用实用主义的立法技术，而非完全拘泥于公私法在理论中的分野。[2]"行政协议立法解释"将肩负联结民法与行政法在制度层面对话、打破公私法严格二分乃至背离"壁垒"的规范功能。前文所述，行政协议的制度统一应当提倡以"去中心化"的协同理论为学理基础。"去"的是单独以民事法律规范或行政法律规范作为基本框架的立法模式，防止行政协议偏向其中一方，导致另一方的失衡。"协同"的则是行政协议整体的平等要素与权力要素，二者具体到行政协议某一阶段的地位可能稍有侧重，但若用发展的眼光看，行政协议签订只是一个行为的

---

〔1〕　罗豪才主编：《现代行政法的平衡理论》，北京大学出版社1997年版，第5页。
〔2〕　王伟：《论社会信用法的立法模式选择》，载《中国法学》2021年第1期。

开始，而后的运行阶段给予了公私法规制以充分的应用空间，恰恰保持了一种"动态的协同"。在结构上，"行政协议立法解释"应当较好地处理自身内在结构和整合的体系结构间的关系。自身内在结构包括围绕待规制行为——行政协议产生的各种事项，如行政协议的成立与生效、履行和解除以及各类行政协议之间相互关系，这些内容都应当予以体系化和必要程度的确定化。整合的体系结构即行政法中对行政协议的专门规定、行政法中对行政行为的一般规定以及民法中对涉合同问题的规定等，这几类规范构成立法解释独立于立法存在的主要根基，其间的关系不可忽视。

（一）内在协同

"行政协议立法解释"中"公私法混合"的功能逻辑进路是指引行政协议法律制度内在统一的基础。首先，应避免对民事合同和行政协议做绝对区分，承认民法规范运用于行政协议的直接正当性，其前提是立法机关事先合理注解民事和行政相互冲突的部分。具体来看，可率先提取民法合同规则与行政协议中已有或应该有的普遍引领性规范的"公因式"，围绕行政协议作出统一规定。统一规定应当是原则性的，既构建行政协议规范的基本框架，也可为各具体环节提供依据。利用民事协议提供指引的优势在于，民法合同规则相较于行政法在我国起步较早，对合同行为的基本原则和框架的设定相对成熟。在整合过程中，一些规定需要结合行政协议特殊性加以针对性地重塑，这也正是解释的意义所在。

内部结构的合理配置应当建立在基本原则的统一指引下。契约自由和诚实信用是合同的王牌原则，在行政协议领域也同样适用。立法解释的任务之一，就是要将这些源起于民事合同的原则结合行政协议特性，有针对性地"本土化"。而社会本位的公共利益原则是行政法中的传统原则，同时辅以权力合法性控制的行政控权原则。两套原则分属公私不同领域，各自从不同角度为构筑"行政协议立法解释"具体规则设置了基本指引。因此，此处的平衡不只是基本原则间的合理配置，更应当在后续具体规则设置中形成公私属性互为依托、相互补充、制衡牵制的稳固关系。

制定"行政协议立法解释"虽无法与立法相等同，但其作为全国人大常委会制定的创制性和解释性的规则，也应当符合基本的立法精神和立法原则。

权利本位的立法观要求关注权利的获得、运行和救济，在行政协议法律关系中，权利能否正常运行或受到恰当的保护，脱离不开行政机关的权力运行，因此权力也就获得了自权利保护折射而来的必要关注。行政协议法律关系中，公私法内在结构的均衡就是要考察立法解释对于实体内容的规则配置是否合理。行政协议法律关系本身是围绕"行政机关——行政相对人"这对主体产生的"行政权力与公民权利辩证关系"，这也应当是"行政协议立法解释"中公法与私法平衡的主要支撑点，当属"跷跷板"的中心。这又可以衍生出两对需要平衡的关系：一是以事项内容为标准划分的，行政高权权力与对等协议权间的平衡；二是以主体为标准划分的，行政机关协议权利与相对人协议权利间的平衡。若以权利本位作为基本出发点，"行政协议立法解释"应当对行政机关签订、变更、解除等权限进行重新配置，同时注意双方在协议法律关系中义务的对等分配，不单独为行政相对人加设协议外的义务。在程序方面，"行政协议立法解释"应做到完善协议的协商参与程序，让行政协议在协议层面更无限贴近于它的契约本质。

（二）外在协同

追求法律制度的和谐价值是"行政协议立法解释"的外在合法性。[1]对于一个国家的法律制度来说，如果实体目标是正义与公正，那么在形式上的价值目标就应当是和谐有序。就本文论题中的"制度统一"而言，统一本身即意味着秩序，立论以"行政协议立法解释"解决统一问题则也要首先回应其外在正当性问题。形式合法性是立法法治化的最基础、最首要原则，可以参照地方立法形式合法性保障的经典原则——不抵触原则，包括不与宪法、法律和行政法规宗旨和原则相冲突、同位阶之间不相互抵牾以及下位阶法不抵触上位阶法。

外在的结构平衡包括两个面向：宏观上，"行政协议立法解释"能够嵌入法律体系的具体位置及其与法律、法规和解释性规范的兼容性问题；微观上，即行政法与民法中涉协议规则的提取和交融问题。前一个面向上，立法解释主要针对含糊不清或理解偏差的内容进行阐明。就立法现实需要和节约立法

―――――――――――

〔1〕　参见张德淼、刘琦：《现代法治下的地方立法原则与立法体制的和谐》，载陈小君、张绍明主编：《地方立法问题研究》，武汉出版社 2007 年版，第 91 页。

成本的考量，行政协议立法解释无需制定新的立法文件，仅需要对已有的行政法、民法中的涉协议内容结合行政协议的特性进行解释即可。虽要进行一定程度的创制，但是并非全部创制，且"行政协议立法解释"是有关行政协议的特殊法，包含行政协议的立法内容本就不多，形式合法性危机较小。其中最为要紧的反倒是理顺行政法和民法间关系的微观面向，包括地方规章和解释后的《民法典》是否存在效力冲突等问题，这还攸关作为混合法律规范解释的后续法适用问题。立法解释对规则的续造力已经获得普遍承认，在实践中也多有应用。在不加混合的规则体系中，协议实践运行中同一行为可能同时符合公私法两套规则的规制要件，按照目前适用的"行政法为主，准用民法"模式，民事合同法律规则并无适用的空间。在"行政协议立法解释"的整合体系中，应当着重注意几对规则间可能涉及的矛盾化解：行政行为合法性规则与民事合同合法性规则；行政协议特殊规则与行政协议一般规则；行政协议特殊规则与民事合同的一般规则。这些规则间存在的矛盾能否有效化解，是判断公私平衡的外在结构和谐有序的重要衡量标准。在层级立法意义上，"行政协议立法解释"以统一的法律规范方式，还可以起到矫正地方立法的不同偏好，克制部门保护主义的作用。

由此，"行政协议立法解释"中公私法协同的功能逻辑就体现在其对内可以规则配置方式令行政权和协议权实现整体均衡，对外可达成公法与私法间共处于同一规则体系中的形式融贯。

二、解释逻辑：以行政协议过程为基础

行政协议的法制环境面临着整合零散已有规范和创设新法律规范的双重任务，而行政协议本身又呈现出多主体、多步骤的错综态势。为了建立主动调控的科学化、全面化的立法解释体系，用于分析行政协议的行政过程理论可作为实在法制的体系基础。"行政协议立法解释"如要达成平衡公共和私人利益的公私法协同制度，任务有很多，无论是将现有条文进行拼接重组，还是有针对性地创设新的规范，都应当建立在对行政协议过程具备充分认知的基础上。即"行政协议立法解释"如要实现有步骤、有方法和有原则的协议规范建立目标，必须向以细致剖析行政协议过程的方法论——"行政过程论"

寻求借力。

（一）有针对性回应两类行政协议的阶段差异

前文已述及，"合作型行政协议"与"执行型行政协议"因功能差异及其与传统行政行为关系上的区别，在过程论下可以继续细分为不同环节。行政过程论视角下的行政协议，双方的权利义务法律关系呈更替流变，可以更为细腻地梳理其中的法律构造差异，针对不同阶段的法律特性有的放矢地建构有效制度。[1]

需要注意的是，行政协议的环节划分具有不同的层次和标准，选用"签订—履行—救济"的三步骤划分法是为对应民事合同的基本步骤，方便借用民法中已有的类似概念表达。若将这种划分方式投射到行政协议过程中也仍然适用，但只是较为宏观行政过程，在总括的"三分法"下，按照行政过程论的研究方法，仍然可以细分出许多步骤。以行政过程论分析行政协议行为，延展原有"行政行为论"中只着眼于行政行为结果的"瞬间时刻"视角，可为行政协议法律制度的建构提供体系基础。在"合作型行政协议"中，在没有涉及有损公共利益等紧急情况的一般状态下，双方当事人的法律地位从协议签订到履行的全过程都较为平等，故协议的"中间性行为"和"结果性行为"不区分孰轻孰重。而在"执行型行政协议"中，行政协议仅仅作为替代单方行政行为的执行装置，其功能旨向于被动配合完成行政任务，因此协议正式缔约前双方交互的协议行为多直接被行政机关的高权行为替代，行政相对人的话语权远弱于行政机关，与传统行政行为间的差异并不明显。故而，执行型行政协议的协议属性更凸显在后阶段的协议履行过程中，防止履行时因行政机关在协议手段运行受阻的情况下随意行使回转权，导致协议履行变异为行政机关的单方强制和处罚行为。可以说，执行型行政协议的法律建构要针对行政控权，调控双方法律关系间交互与博弈的规范在此类行政协议中应用空间较小，而合作型行政协议与民事合同的逻辑更为接近，更类似于"真正的合同"。在过程论视角下，两种行政协议都可以继续划分为不同的独立阶段，比如，合作型行政协议中的"招商引资"行为，其不仅在行政协议

――――――――――

[1]　朱维究、阎尔宝：《程序行政行为初论》，载《政法论坛》1997 年第 3 期。

形成过程中作为组成部分之一,本身也是一个独立的行为形态,行政机关与相对人在此阶段形成的单独法律关系即为"行政协议立法解释"在这一部分需要规制的主要内容。是以此,在对行政协议过程进行充分解构的基础上,不仅要探索行政权力在行政协议运行范围和幅度在不同环节的侧重,赋以相应比例的控制,以防止行政权力过高而侵犯合意性;还要注意到,不同环节内行政主体和相对人间合作或博弈关系所针对的内容不同,法律规范在建构过程时也应当具体问题具体分析,以架构起行政主体和行政相对人间充分且正确的对话空间。

两种类型的行政协议在具体环节上既有区别又存有重合,出于立法便宜性的考量,并没有必要严格按照协议类型划分进行完全地区分。事实上,两种协议类型中的具体环节存在交叠,"行政协议立法解释"可将重复部分提取出来,同时单独对不同部分予以规定。比如,合作型行政协议中的"招投标环节"和"审核环节"就属于此类行政协议所特有,为了对其特点作出更敏感和具有针对性的反映,应当单独设置此类规范。而"签约环节"和"履行环节"则属于两类行政协议的共通环节,可以一并设置、一并适用。在应然的逻辑层面,合作型行政协议能够包含执行型行政协议,因为作为替代履行方式的行政协议,其协议性仅仅体现为已成定型的行政行为的履行阶段,很少显现于协议履行前的签订环节中。因此,"行政协议立法解释"可以合作型行政协议过程的先后逻辑顺序作为体系基础,使目前呈现点状散乱的行政协议法律规范得以系统化,并对现有内容的不足部分以及执行型行政协议的特殊部分及时补充。这不仅关涉协议能否履行以及能否充分履行,也关系到协议如何签订、双方协议权利的合理保障。

(二)以行政过程论作为法律制度的体系化基础

行政过程论不仅是对传统行政行为法学的补充和革新,分析行政协议行为的理论框架只是其功能面向之一,这一立论基础也同样符合"行政协议立法解释"的最终目标——追求过程和结果的双重价值。立法应当由特定的指导和规制原则使得立法过程有据可循,立法者可基于针对同一目的而实施的各个行为构成的整套过程作为考察对象,帮助预先设立立法的格局和框架,最终形成具备完善体系的立法成果。进一步讲,行政过程论于行政协议法制统一的意义还在于其可以更好地处理一般制度和个别制度间的关系、实体和程序间的交融关系。如要试图建立一套全面客观的行政协议法律制度，势必要首先充分认识行政协议的过程性特点，改变过去只注重协议中某一方面（如单方权力控制），将行政协议过程中各行为切割的研究方法。

1. 就一般制度和个别制度间的关系而言

"行政协议立法解释"肩负着整合散存单行立法的任务，各单行立法间要么以行政协议类型为标准设置其中的某些制度，要么以步骤为标准，截取一般意义上行政协议的某一个片段专门进行规定（如行政协议的履行问题）。前者属于类型化的个别制度，只适用于某一类特定的行政协议，后者则属于一般制度，适用于所有行政协议。"行政协议立法解释"要实现行政协议法律体系价值与规范上的融贯，应当将一般制度和个别制度进行结合，营造法制统一的效果。以行政过程论为整合框架，将行政协议前后各个阶段的法律关系、行政目的、权利义务内容进行梳理，排列等待立法安排。比如在招商引资阶段，可以将《外商投资法》中涉及招商引资内容、方法等涉行政协议内容进行有针对性地提炼，并结合协议缔约前阶段的一般规范，如民法上的缔约过失义务等，统一整合规定于"行政协议立法解释"的缔约前阶段。

2. 就实体和程序间的交融关系而言

在已有的行政协议法律规范中，并没有对行政协议的程序施以过多的重视。余凌云教授曾在《行政契约论》一书提出行政协议法制化的构想，重点之一就在于重点在于完善行政程序，并指出行政协议程序建构应当"限制相对人或第三人权益的条款必须由相对人或第三人书面同意才能生效""行政机关行使主导性权利作出决定时应说明理由""通过听证与协商制度赋予相对人反论权"的几项重点。但这些程序内容都较为分散，过程论下的行政协议是由相互关联的多个复数行为共同构成，以听证和协商制度为例，在哪一个环节应当设置这一制度？应当赋予何种程度的协商权和反论权？其效力何如？对于这些问题的解答都要建诸立法者对行政协议各环节间关联性的清晰认知基础上，并相应构造法律制度。再看实体层面，一个较完整的行政协议法律制度体系，应涵盖主体、行为、权利、责任以及救济等各制度层面内容，这些无不由大量的实体法律规范组成，程序性规范则交织左右起保证实体法规范正当运行的辅助功能。行政过程论下的行政协注重行政协议的形成过程，强调以"过程和谐"带动"结果和谐"，[1] 而非将行政协议中的某一项内容从完整的行政过程中剥离。"行政协议立法解释"在塑造行政协议的实体法规范时，行政过程论能更为精准锁定协议的每一个变化过程并锁定，将每环节内的实体与实体之间、程序与程序以及实体与程序之间的规范进行较为连贯和完整的呈现。可以预见的是，运用行政过程论可以使得目前呈点状、散乱的行政协议实体和程序法规范得以系统化。

总体上，以行政过程论的方法作为"行政协议立法解释"的基础，必须首先充分行政协议充分认识行政协议的过程性特点，改变过去将行政协议各类型和各坏节分别立法、选择性立法的做法。合理确定行政协议的性质，从行政协议过程角度将"协商阶段——缔约阶段——履行阶段"的宏观逻辑在可能范围内尽量细化。通过行政协议法制统一，将行政法理论分析中的行政协议以制定法的形式表达出来，使行政过程论的体系效益得以更充分地发挥。

三、内容逻辑："权利—权力"双线并行

行政协议既是与相对人经合意而达成一致的契约，同时也是政府借力经济和市场调控活动完成公共行政任务的手段。权利义务对等是契约的本质，这要求行政机关与相对人协议关系中应当保持双方权利义务的总体均衡；另一方面，公共利益附着于行政任务，在协议履行过程中则难免出现多数人利益与协议相关人利益相冲突的问题，在必要时牺牲相对人的协议利益则在所难免，其间的度如何把握就成为立法统一中较困难之处。按照"两种行为并行禁止原则"，已经采取协议手段建立法律关系后，不得再随意使用高权行为破法律关系。但保护公共利益的客观需求又对行政权的行权必要性提出了要求，否则行政协议就与一般的民事合同并无二致。由此，通过分析行政机关的双重身份和双重任务，递进到法制统一建构的立法逻辑中，就成为搭建"行政协议立法解释"必须遵循的两条主线：一是以行政机关和相对人间以契约为核心要素建立起的常态法律关系，双方都享有可向对方当事人行使的对

---

〔1〕 邓晓东：《城管执法制度的和谐进路——以行政过程论为方法》，载《闽江学院学报》2011年第6期。

等协议请求权；二是以维护行政任务和公共利益为价值塑造的隐性法律关系，在必要时出场，将产生压制常态协议法律关系的效力，使得相对人的协议权利无法正常行使。在行政协议的存续期间，这两种权利逻辑处于互不干涉的并行状态，只有当特定的情景出现时才会诱发交集。

（一）以协议请求权作为常态显性权利逻辑

权力的另一个侧面是权利，行政法学存在的功能要旨之一就是防止行政权侵害公民权利。合法性在传统行政法学中，主要用于判断行政行为是否存在超越职权、滥用职权等可能侵害相对人合法权益的行为，但行政协议行为是双向度的，行政机关还享有与相对人对等的协议权。要保证行政权内在合法性，这要求"行政协议立法解释"树立以权利为本位的立法观念。前已述及，目前行政协议的请求权体系是不完善的。行政协议中的请求权按照主体划分可以分为行政机关的请求权和行政相对人的请求权。借助民法的请求权思维，行政协议法律关系行政主体和行政机关双方都具有各自的请求权，双方请求权如"协议履行请求权""救济请求权""无因管理、不当得利请求权"，单方请求权如"程序进入请求权"等。请求权基础是民法思维的主流，向前可回溯规范本身的周密性并发现法律漏洞，向后则可以检索民事纠纷涉及的裁判依据，具有强大的穿透性和涵摄力。围绕请求权基础建构的行政协议法律关系遵循协议的常态逻辑，但当出现特定的事由时，对等请求权可能无法满足行政协议的功能目标，特权逻辑就从隐性变为显性，起到暂时性地压制请求权的功能。

（二）以行政机关特权作为特殊情形下的隐形权力逻辑

行政协议中的行政主体的双重身份决定了其不同职能。如果说参照民法请求权建立起的行政协议请求权体系是行政主体作为协议一方当事人身份的衍生权利，那么公共权力拥有者身份则要求行政主体提供普遍的社会福利和公共服务。

随着新兴行政涌现，其正当性基础发生转变，行政方式不再一味依赖于立法授权，行政协议作为新兴行政行为的表达，突破了传统规制性行政行为特质，自发构筑出一种开放互动的多元治理结构，以行政控权为要义的传统行政法原则在某种程度上被突破。就行政协议而言，遵循最低限度的法律保留应当只发生在协议作出阶段，允许行政机关融入市场环境自发订立行政协议，但这种容许性并不及于协议的整个过程。这是因为，行政机关负担行政协议订立后"自设义务"的履行职能，并且行政机关掌握的公权力如不加控制将随时可能危及行政协议的正常履行。主张行政主体保留行政协议中的特权，并不意味着对权力的放任，行政机关在常态请求权外衍生的优益权必须加以控制，其权能内容和等级层次应予以重新设置。

"行政协议立法解释"中应当围绕显性与隐性"两种权力"并行的基本逻辑设置具体的原则和规则。通常情况下，在协议法律关系业已存在的基础上，公权力特殊情境仅在执行协议过程中遇公共利益障碍时方可出场，但藉于"公共利益"的概念过宽，界限不明，也就难免出现自由裁量权滥用，消解协议属性的执行不当问题。为了防止双方在常态下的对等请求权会经常性地因特权出场而被压制，有必要对行政机关特权从"隐性"变为"显性"的事由进行充分列举，以细化裁量基准的方式规范执行过程。不止如此，行使特权的权能内容和效力也应当予以一定的层次化或等级化。行政协议的优益权的权能内容可以具体化为：变更内容权、中止（终止）履行权以及部分（全部）解除权。这些形成广泛认知的优益权内容一旦使用都直接影响到协议效力和履行的根本，行政协议的契约属性要求双方当事人必须遵守诚信，在平衡论视角下，诚信原则当与维护公共利益置于同等地位考虑。因此，动辄行使效力过重的单方权力是不可取的，应当根据具体情形丰富优益权的权能内涵。比如，行政机关出于公共利益考虑，可将部分协议当事人无能力履行的内容交与其他私人主体完成，相对应设置"转接权"；在执行型行政协议中，相对人未予履行的，可以直接转回协议原本依附的具体行政行为的"回转权"。此外，优益权行使往往会导致行政协议的正常履行停滞，因此必须配备与之相匹配的义务。比如行政机关有及时对协议内容进行接管和过渡的义务；必须划分协议相对人过错与公共利益受损间因果关系的清算义务；必须提前与相对人进行协调的协商义务等。

四、"行政协议立法解释"的整体布局

确定主体范围和规制客体是"行政协议立法解释"订立的前提，也决定

了其整体的规划布局。关于行政协议主体范围界定就是哪些主体被纳入立法解释调整范围的问题，前已述及，不仅仅包括协议法律关系中的行政主体和相对人双方，也包括协议法律关系之外的"涉协议第三方"；关于行政协议客体的问题，从宏观来看无非就是行政协议法律关系，但按照本文一直强调"行政过程论"的流变视角，客体维度就可以被放大为包括协议缔约行为、订立行为再到履行行为各个阶段的组合客体。加之"行政协议立法解释"对象本身就包括公法和私法两套体系，这些要素共同组合成了立法解释的主要内容，如何将之摆布组合就成为接下来要解决的问题。

（一）"对事调整"的体系构造模式

一直以来，各国有关立法的体系构造模式大致有三种：一种是客体模式，也称为分立模式，即"一般规定＋特别规定"的模式，投射到行政协议的立法上，应当是以行政协议一般规定辅之以协议类型的专门规定方式；第二种是"事项模式"，也称为统一模式，即按照拟规范的事项建构规范体系的立法模式；第三种是"混合模式"，即既有按照客体划分也有按照事项划分的兼收并蓄立法模式。如果将这三种模式套用到对"行政协议立法解释"的构造假设中：客体模式中主要为行政协议客体划分基础上的分别规制；事项模式则是按照待规范的事项内容建构规范体系，比如行政协议法律关系的"订立""变更"和"解除"；混合模式则属于两种模式间的"灰色地带"，属于两种模式的兼收并蓄，一部分将行政协议进行客体上的类型划归，另一部分则以协议事项为公因式做提炼，设定统一规范。在具有行政协议专门立法的德国，《联邦行政程序法》以第四章整章（第54～62条）对行政合同的程序规范与实体规范做了集中规定，如"书面方式""特殊情况下合同的调整及解除"以及"即时强制执行的接受"等内容，趋向于典型的"对事调整"的体系构造模式。在我国《行政协议司法解释》中，也属于一种以事项作为条款切割方式的立法方法，比如第11条规定的对行政机关一方订立、履行、变更和解除行政协议的行为进行的合法性审查，第12条对无效行政协议的认定以及第14条对"欺诈、胁迫、重大误解、显示公平"的可撤销协议的规定，都属于以行政协议在运行过程中的状态变化为标准进行的条款分割，也就是所谓的"事项标准"。这是因为，行政协议虽然包括"政府特许经营协议""征收征用补偿协议""政府和社会资本合作协议"等多个类型，但如果按照协议功能划分，其实可以被归纳为"执行型行政协议"与"合作型行政协议"两项。并且，这些按照领域划分的协议类型，没有必要逐一单独设定一套法律规范，因为不同类型的行政协议之间可提炼出大量的共性内容，选用依照不同协议单独立法的"客体模式"则是对立法资源的浪费。

那么我国"行政协议立法解释"的内在构造该采取何种模式呢？有学者言，法律的调整功能在于其对事实世界的统摄能力，可以在具有多样性的变化中找到共性内容。[1]在不同的协议类型客体中，归根结底，行政机关掌握的权力性质是相同的，有待法律保护的法益对象也是相同的，因此选择以事项而非客体作为体系构造的基础而非客体是较为合理且便宜的做法。恰好，行政过程论可以为"对事调整"的体系构造模式供给可拆分的事项内容。

（二）"行政协议立法解释"的基本框架

有学者对何为"一个完整的行政协议法律制度体系"进行了总结，其至少应当包括主体、权利、行为、责任和救济五项制度。[2]"行政协议立法解释"的解释对象是既有的行政法和民法中关于协议的内容。以行为制度举例，私主体的协议行为通常仅规定于民事法律规范中，专门的行政协议法律规范则一般旨在约束公权力主体的权力行为，这种按照主体切分尽数显现出公私法分野关系下的立法模式。如果按照先前"对事调整"的体系构造思路，行政协议法律关系中既包含行政主体的权力运用行为，也包含双方对等协议行为的双重性特质，能够切分开的每一项待规制事项中都包含着两种行为性质，这也就间接扩充了立法解释需要阐释的内容。

"行政协议立法解释"对公权力主体和相对人同时进行的法律调整，在基本定位（或立法目标）应有两项：一是保障常态的行政协议对等法律关系平稳运行的作用，在其中发挥预先提供规范的指引功能；二是在常态协议法律关系基础上，要着力设置行政权力控制制度，比如行政优益权的分层制，对行政机关的信用评价和监督制度等。应以立法原则作为实现行政协议法制统

---

〔1〕 参见谢晖：《论法律调整》，载《山东大学学报（哲学社会科学版）》2003年第5期。

〔2〕 江必新：《中国行政合同法律制度：体系、内容及其构建》，载《中外法学》2012年第6期。

一的通用价值准则：首先，以"诚实信用原则"保障缔约环节中的先合同义务、协议履行环节的公平完整给付；其次，以"契约自由原则"审度双方主体的协议自由权，包括是否订立协议、选择相对人、确定协议内容、变更效力状态以及选择订立方式的自由等；最后，应以"控权原则"作为防范性原则，因为契约自由在法制层面赋予了协议双方以充分的选择空间，但也要提防行政主体因持有单方特权而利用合同自由原则导致实质不公，应将行政法中的传统合法性、合理性等控权原则移入"行政协议立法解释"中，以实现对优益权的控制。在立法内容上，应当以"对事调整"为标准，按照行政协议在缔结和履行过程中的划分阶段，根据不同的协议事项分别设置规范行政协议行使的一系列制度机制，提供行为规范。"行政协议立法解释"中还应配套设置相关的保障和救济机制，以确保其可以得以落实，见图4-1：

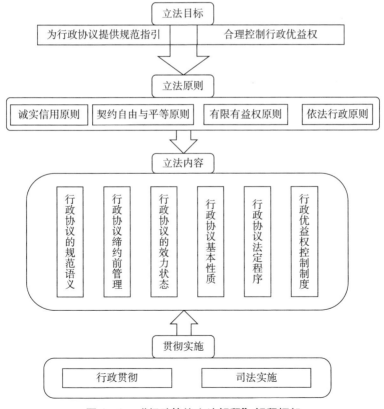

图4-1 "行政协议立法解释"解释框架

"行政协议立法解释"可包含解释目标、解释原则、解释内容和实施保障，有关行政协议的各种具体制度都属于解释内容。由于立法解释也具有创制性，因而在解释过程中也可以创制一些目前处于空白、尚待不足以的规制内容。"行政协议立法解释"的规则确立过程，就是行政法与民法中涉协议内容的填充过程。公法和私法的混合关系不仅显现在具体的立法内容中，在立法目标、立法原则和立法保障环节都有着充分的体现，比如立法目标的双重性反映的是行政权力与协议权利的双线并行逻辑，这些内容在前文已有分析，在此不再赘述。并且，这种填充具有一定比例，行政法和民法间的比例孰多孰少，取决于具体事项属于权力控制的行政法，还是契约行为中的合意行为。从上下级立法的纵向法律制度体系来看，"行政协议立法解释"要充分尊重地方性特色，留出地方政府充分的裁量空间，而非事无巨细地作出全部规定。[1]总体上，行政协议制度统一工作的应然理想状态当是形成以相对完整的"行政协议立法解释"为中心，配合以各协议事项领域的专业性单行法规范（如《招标投标法》），同时又为地方协议留足裁量空间的多层次、主动化、策略化和专业化的行政协议法制统一制度。这种从分散变为集中的立法模式优势在于立法理念明确，确保行政协议从作出、履行到救济都有可供遵循的系统、整体和协调的立法规范。

---

〔1〕　参见张德森、刘琦：《现代法治下的地方立法原则与立法体制的和谐》，载陈小君、张绍明主编：《地方立法问题研究》，武汉出版社 2007 年版，第 94 页。

第五章 "行政协议立法解释"的重点

通过前文对行政协议法制路径的省思，可以发现，行政协议法律规则目前都为位阶较低的地方性立法或政策性立法，这些地方性规范性文件多偏重于设定规则，而未严格注重将这些规则和上位法保持一致，也不对规则本身间的和谐做过多要求。错误地认为制定大量规则就可以使得行政协议有法可依，容易形成行政协议立法"数量多而质量不高、立法过滥而不统一"[1]的格局，且存在一定的冲突、重复和漏洞。这不仅影响行政协议法律制度的统一，也不免影响到执法和司法等领域法律适用的公正性与权威性。行政协议以分配财富的方式支持政策目标，涉及公共财产的使用权限，需要进行法律控制并确定法律责任。在统一立法时机尚不成熟的情况下，由全国人大组织出台以公私法交融一体解释为主要内容的"行政协议立法解释"是引导行政协议走上规范道路的便宜且合理的做法。第四章已围绕"立法目标""基本原则""基本内容"和"实施保障"搭建起了"行政协议立法解释"的体系框架，接下来，在具体的立法内容上，仍有一些影响到法制统一的重点内容还尚待明确。

统一的行政协议制度一旦被法定化，其基本语义、法律实施和纠纷解决都将成型为一套系统完备的法律制度，有利于树立"政府—市场"间互动的统一法则，统一规范行政权的行使，更加全面、系统和准确地对行政协议中各主体间的权责关系加以确认和把握。"行政协议立法解释"在整合零散立法后也仍存有诸多需要补足的短板和空白点，本文并无意也不可能对所有尚欠内容作出回应，只针对行政协议实践中普遍存在的问题做一些应重点立法的

---

〔1〕 方世荣：《论维护行政法制统一与行政诉讼制度创新》，载《中国法学》2004 年第 1 期。

提炼工作。制定立法解释应遵循行政过程论的基本思路，抛弃过去以注重行政行为结果的"片段截取"，强调注重行政协议从缔约、成立到履行的一整个动态过程。目前，在地方分散立法和个别立法当中，影响制度统一的关键内容包括：其一，行政协议的性质判断和规范语义不统一。性质判断主要是民事行为和行政行为的区别问题，规范语义则是指其与政府合同、行政机关的合同等类似概念间常发生混用，尤其是与《行政诉讼法》和《行政协议司法解释》部分内容相悖十分明显。其二，有关行政协议法效力的规则不统一。行政协议的双重性决定了其合法性既要受传统单方行政行为之管控，也不可疏漏民法上对双方契约的法律指引，效力问题作为法解释学视阈下公私法交融的重点领域，如不在"行政协议立法解释"中予以厘清，将容易引致后续执法和司法环节的进一步背离。其三，从签订到履行环节中需要以统一立法形式设置一些具体的制度。立法解释的从过去单纯释法，扩展到承担一定的规则创制职能，可针对目前就同一问题多规则并行乱象进行统一规制。"行政协议立法解释"可沿袭"双线并行"的立法思路，围绕"契约意义上的协议双方当事人间的对等权利义务"和"公共权力意义上的行政机关的特殊使命"展开设计。

第一节　统一行政协议的性质判断及规范语义

一、统一行政协议的性质判断

行政协议虽冠以"行政"前缀，但学术界并不乏对其性质的争论。学说分歧主要围绕"行政机关作为一方主体签订的协议的本质"展开，主要学说观点有"民事协议说""行政协议说"和"混合协议说"三种。持"民事协议学"说观点的学者强调协议中双方当事人地位的对等，持"行政协议说"观点的学者则注重协议的公益目的、行政主体身份及其优益权。然而，行政协议项下种类繁多，主体具有双重性，目的具有复合性，单拎其特性之一便简单套用传统民行协议区分易于产生分歧。建立在公私法二分基础上的单一"民事行为说"和"行政行为说"都难以完全回应"政府—市场"二元范式下生成的行政协议。当然，在两部重要的法律规范出台后，司法解释中的有名行政协议类型当属行政行为已无疑问，令行政协议究竟是民事属性还是行政属性的"非此即彼"的对立冲突趋于缓和。但本文以为，行政协议虽被列为行政法的统摄范围内，但并不代表行政协议就属于绝对的行政属性，否则有忽视行政协议合意特性之嫌。

就此，有学者提出了第三种进路，即因行政协议兼具私法属性和公法属性，所以此类行政协议当属"第三类合同"[1]或"经济法合同"[2]。持"混合协议说"观点的学者认为，行政协议中既包含政府部门与私人主体间单纯的买卖关系，也同时反映出私主体作为公共服务的供应者与行政机关监管者间的监督与被监督关系，应认定其为兼具两种行为属性的混合类协议，协议主体应无差别地接受来自行政法和民法的同时规制。[3]混合协议说清楚地认识到了行政协议的特殊性，试图突破单纯部门法的界限，兼取公法和私法上的优点：既要防范行政权力过度侵犯私人合法权益，因而需要以公法规制行政主体的行为，以维护私方合法权益，保持协议相对灵活自由；也要限制社会主体因"遁入私法"，而丢弃以社会公共利益为目的的行政职责。

我国虽出台过《中华人民共和国经济合同法》等法律，但都伴随着《合同法》的公布而废止，独立的"经济合同"类型也并不存在。[4]即使在对混合合同讨论较为充分的德国，究竟如何界定、如何适用法律以及如何救济等问题也仍极具争议。[5]承认行政协议兼具公私二元属性并不代表能将其作为独立于传统民事合同和行政行为的第三种行为。因为一旦认定新的行为样态，就意味着需要新的制式体系加以对应规制，这无论从规则制定的经济合理性角度还是从当前我国的行政法理论的可兼容性程度来说，都不是一种最优的

〔1〕 参见江国华：《政府和社会资本合作项目合同性质及争端解决机制》，载《法商研究》2018年第2期。

〔2〕 参见陈阵香、陈乃新：《PPP特许经营协议的法律性质》，载《法学》2015年第11期。

〔3〕 参见湛中乐、刘书燃：《PPP协议中的法律问题辨析》，载《法学》2007年第3期。

〔4〕 参见江国华：《政府和社会资本合作项目合同性质及争端解决机制》，载《法商研究》2018年第2期。

〔5〕 在德国，不同观点包括："完全否定混合契约存在""二元司法体系下作单一之定性"以及"双阶模式论"等。参见江嘉琪：《公私法混合契约初探——德国法之观察》，载《中原财经法学》2002年第9期。

进路。结合我国《行政协议司法解释》来看，行政协议性质仍然应当定位于公私混合理论下"包含民事因素的行政行为"。

自罗马法学家乌尔比安首次在《学说汇纂》一书中提出公法和私法的区别以来，[1]公私二元划分法为所有大陆法系国家所沿袭传承。公法以公共机构的威权命令为核心，所涉内容包括公共管理的各个领域；私法则以个体权利为核心，体现为私人自治理念下的个体利益调和。[2]在此基础上形成的传统行政法学基本理论强调行政法的公共性，由此造成行政法律关系中公共利益与个人利益、行政主体与相对人的对立局面。然而，随着"管理"到"治理"的转型，公私法间的界限已然模糊以至于相互渗透。一方面，公法强化了其对私域的指导乃至干预；另一方面，私法中的一些原则、理念以及行为方式等也被移植到传统公法领域。行政协议正是在公私领域的融通趋势之中发展起来的新兴行为。

如果抛开传统民行合同区分标准的简单套用，可借鉴"资源效益最大化"或采用"结构合理性"理论对行政协议进行性质阐明。[3]

（一）标的指向公共资源

从行政协议的目的双重和资源公共性角度来看，实现私人利益是行政协议的附加价值，并非主要目的。一方面，《基础设施和公用事业特许经营管理办法》指出应"兼顾经营性和公益性平衡"。虽然公共利益是多个小单元个体私益集成的复合利益，表明行政协议并不排斥私人利益的实现，但从上述条款的表述来看，实现私人利益并非协议主要目的，而是政府为了鼓励私人积极履行义务，高效完成行政任务，所采用的一种激励手段，最终目的仍然服务于"实现公共利益"的整体导向。另一方面，行政协议是使用公共资源完成行政任务的行为。行政协议中政府方为实现对价，通常会允诺以公共资源

---

〔1〕 查士丁尼则在《法学总论——法学阶梯》中进一步肯定了这一分类。[意]彼德罗·彭梵得：《罗马法教科书》，黄风译，中国政法大学出版社1992年版，第9页；[罗马]查士丁尼：《法学总论——法学阶梯》，张企泰译，商务印书馆1989年版，第5~6页。

〔2〕 参见张俊浩主编：《民法学原理》，中国政法大学出版社2000年版，第7页。

〔3〕 参见陈国栋：《行政合同行政性新论——兼与崔建远教授商榷》，载《学术界》2018年第9期。

为标的换取社会合作，比如，国有土地使用权出让协议要使用国有土地使用权置换社会资本。资源的公共性决定了其不得因转让而丧失，这在某种程度上构成现代民主国家中行政协议的核心要义。[1]

（二）过程性构造下行政属性明显

从行政协议构造来看，行政协议是尽可能从公共利益最大化角度建构的行为范式，相比来自协议目的的末端关注，行政协议的签订和履行过程更能全面地勾勒其行政属性。以协议实现交互式合意并不意味这些协议就是民事属性而非行政属性，私法中的等价有偿等原则只是行政协议的一部分，而非主要内容。"行政机关作为纳税人财产的管理人，其有采取合理的管理措施以缩小绩效落差的财政责任"[2]，如何在协议中合理配置公共资源，防止资源滥用，如何用更少的资源实现更优的行政目的是行政机关必须要考虑的因素。遵循市场逻辑下的等价交换价值规律，意味着行政机关接受意思自治作为推行行政管理的方式之一，但究其根本，行政协议中"市场化不过是确保物有所值的手段"[3]，更类似于一种服务于公共职能目标的工具装置。从现有行政协议中的权能配置角度也可以充分证实这一点。

第一，行政协议缔结的行政化。公共资源合理配置要求运用行政实体和程序法律规范共同规范协议缔结权的行使，如政府采购协议中前阶段的招投标行为，政府一方虽享有绝对的主导权，但这种权力要严格遵循行政法律规范中已有的实体和程序控制。以《政府采购法》为例，《政府采购法》规定政府采购需使用"公开招标、邀请招标、竞争性谈判、单一来源采购、询价"等采购方式，交易模式基本由法律规范予以设定，行政机关不允许以法律规范外的采购方式进行交易。并且，《政府采购法》第 28 条规定，采购人不得以任何方式规避公开招标采购。这表明，行政机关在政府集中采购目录外进行自由购买的权力被限缩，市场化的行政协议履行方式已经内化为其必须履

---

〔1〕 Harden. *The Contracting State*. Buckingham：Open University Press，1992，pp. 1~5.

〔2〕 Mathew Blum. *The Federal Framework for Competing Commercial Work between the Public and Private Sectors*，in Government by Contract：Outsourcing and American Democracy，edited by Jody Freeman&Marhta Minow，Harvard University Press，2009，p. 87.

〔3〕 陈国栋：《行政合同行政性新论——兼与崔建远教授商榷》，载《学术界》2018 年第 9 期。

行的行政职责。同时，行政协议中保留了超越私法规则的行政特权，如行政主体可调整产品或服务价格、收回特许经营权和实施统一监管等。〔1〕与一般民事合同相比，民事合意是基于市场规律支撑的当事人自由选择和反复磋商的结果，合同中约定的权利义务经由缔结合意传导为协商合意，而行政协议资金来源于公共财政，其范围、额度、方式和程序必须合法。协议相对方在履行过程中的参与、对话及反馈，无法完全摆脱行政权限制，只能承认其比照传统单方行政行为是"相对平等"，或随着行政协议发展而无限趋于平等，但始终而很难达成"绝对平等"。〔2〕

　　第二，行政合同缔结程序的行政化。行政机关也不具有任意选择合作方的自由，例如，政府采购需要政府部门向不特定的社会资本方进行公开招标，在参与竞标者中选择最优合作对象，这个过程需要遵循"成立小组——确定候选者——谈判——最终名单"等特定的行政程序，不可由政府部门任意决定。2017 年财政部新修订的《政府采购货物和服务招标投标管理办法》第 16 条、第 42 条对招标过程中的"公告程序"和"回避程序"均作出了相应规定，这实际上是信息公开原则、排他性原则和避免单方接触原则的具体化条款。〔3〕由此，政府部门在签订、履行行政协议过程中，应当不违反已有法律规范中对程序性行为做出的规定，否则属于违反法定义务的行为。在行政协议订立过程中，行政机关并不掌握与私人主体从标准制定、内容磋商到正式缔约的全部权力，而是每个程序都交由行政机关内部进行管理和实施。因此，行政机关在行政协议中担任着"资源提供者——交易对象——行为监管者"三重身份。而在私法合同中则除必要的公平交易、等价有偿原则外，充分尊重双方当事人的自由合意，不过多关涉交易的过程和程序。尤其是在先合同阶段，由于不存在预先设定好的权利义务关系，也就不需要运用法律予以事先规制。由上可知，行政协议的实质构造是内含民事行为因子的行政行为。

---

〔1〕　参见李霞：《公私合作合同：法律性质与权责配置——以基础设施与公用事业领域为中心》，载《华东政法大学学报》2015 年第 3 期。

〔2〕　参见肖北庚：《法律属性是核心　政府采购合同性质定位之考量》，载《中国政府采购》，2017 年第 4 期。

〔3〕　《政府采购货物和服务招标投标管理办法》第 16 条规定公告期限为 5 个工作日；第 42 条规定投标人对开标过程和记录有疑义或有其他需要回避情形的，应当场提出询问或者回避申请。

二、统一行政协议的规范语义

在各地行政立法中，对行政协议的定义不尽相同，需要统一。例如，《舟山市普陀区行政机关合同管理办法》（舟普政办〔2021〕8 号）第 3 条将行政机关合同定义为"行政机关为了实现行政管理、公共服务目标以及在民商事经济活动中，与自然人、法人或者非法人组织所订立的涉及国有资产、财政资金使用和国有自然资源、公共资源利用的各种协议、合同、备忘录等法律文件"。这一相对细致的定义将"协议"视作行政机关合同的下位概念，"行政机关合同"与"行政协议"似乎是包含与被包含的关系，但在同条第二款列举的行政机关合同具体类型却大量与《行政协议司法解释》中行政协议的类型重合。此种概念不同却内涵相同产生的语义重复，无疑已经造成了理解上的混乱。并且，该管理办法还将"民商事经济活动"也纳入行政机关合同范畴，这并非个例，《广州市政府合同管理规定》《郑州市行政机关合同管理办法》中分别使用"政府合同""行政机关合同"概念，一样将"民商事经济活动"包含在内，语义射程广于司法解释中定义的行政协议，但在列举具体类型时仍旧不免与已被司法解释承认的行政协议存在大量冲突。如果说在 2019 年《行政协议司法解释》出台之前，因指导规范不明，这种概念上的混用尚可理解，但在司法解释出台后，《舟山市普陀区行政机关合同管理办法》《舟山市行政机关合同管理办法》（舟政办发〔2020〕39 号）则表明，《行政协议司法解释》并没有完成行政协议行为的法制统一，反而因下位法规范杂乱丛生，引发了进一步的不一致。

在学理上，王利明教授在《行政协议司法解释》出台后发文指出行政协议的规范意涵被不适当地扩宽，他认为，行政协议在本质上并非市场交易而仅为一种行政权行使方式的替代，进而形成"看似平等"的法律关系。并且，他驳斥了认定行政协议的"行政主体""公益目的"和"行政法上的权利义务内容"几项一般标准，提出以"非市场行为性"作为区别其与民事合同的关键。[1]这种观点表面是反对行政协议的不合理扩张，但实际却没有认识到

---

[1] 参见王利明：《论行政协议的范围——兼评〈关于审理行政协议案件若干问题的规定〉第 1 条、第 2 条》，载《环球法律评论》2020 年第 1 期。

行政协议的新生魅力正是因为其发展出传统行政行为所不具备的市场交易要素。他将本属于行政协议的事项大规模地限缩至民法调整领域，没有充分认识到行政协议在现实图景中可分为两类：一类是以市场为要素的"合作型行政协议"，本质上是行政主体和相对人双方各取所需的交换关系；另一类则是需依附于传统行政权的"执行型行政协议"，也就是作为传统行政行为"替代方式"的行政协议意涵。并且，如果将这些行为认定为行政行为会为"隐性"优益权留足正当性，反之，如果完全认定为民事行为，则不存在行政高权出场调整的必要。

本书以为，在"行政协议立法解释"中，应当延续司法解释中对行政协议的主体、目的和内容要素认定的传统路径，将行政机关以行政主体身份，为实现公共利益或提供公共服务而与相对人签订的具有权利义务内容的协议统称为行政协议。需要注意的是，学理上仍在对民事合同与行政协议的区别争论不休，以及当下各个地方管理办法的具体规定在《行政协议司法解释》定义已明的前提下仍然混淆不明，归根结底是地方法律规范制定者没有从上级立法中捕获语义背后隐藏的深层价值。这源于没有充分认识到行政协议可根据协议产生的基础关系和功能走向分为等级性的"执行型行政协议"和对等性的"合作型行政协议"两种类型，关于二者的区分和运作机理在前文已有阐述，此处不赘。因此，"行政协议立法解释"除了沿袭司法解释中的定义外，为了廓清行政协议和私法合同的迷雾，还有必要承担起解释说理的职能，进一步将已列举的有名行政协议分别以成文规范的形式纳入两种类型协议的统摄范围。这有助于后续的地方立法能够更精准地把握行政协议的规范语义。

第二节　统一行政协议效力规则

本文一直在强调行政协议法制统一的协同理论，当公法和私法共同作为"行政协议立法解释"时，同一协议行为可能同时被规定于两种法律文本中，发生"规范上的竞合"，单薄的"行政法优先论"低估了民事合同法规范对于行政协议的指引意义，也不足以支撑行政协议的混合属性。"行政协议立法解释"的初衷是将行政协议纳入法治化运行的视阈下，这绝非简单的不违背已有规范就可以实现的。行政协议的整体合法性还有赖于完备的法治限度本身是切实存在的，否则倡导其规范运行便没有前提。完备的法治限度则要求结合"公法对公的关照"和"私法对私的关照"共同为二元属性的行政协议构建起一条规范化的路径。是以此，"行政协议立法解释"中的协同理论主要是公私法共同作为解释对象的"关系协同"，尤其是当投射到行政协议整体或某一片段时，因法条竞合引致的冲突将不可避免，立法解释要结合立法者原意，纾解规范间矛盾，最理想的状态是将规范重组。尤其是民事合同法律规范欠缺对于行政协议的特殊针对性，如何将之内化为可直接运用的专门规范值得深入研究。

契约的效力状态是契约存在之根本，但我国目前无论在理论研究还是实践中，都缺乏对行政协议效力问题的关注，仅有的部分关注也多集中于行政协议无效的认定上。判断行政机关一方行为是否合法有效时，可能发生传统行政行为与一般民事合同行为在具体标准上的竞合，"行政协议立法解释"既然定位于公私法二元交融在行政协议行为的投射，则有义务对其间的冲突、矛盾部分加以整理弥合。并且，同私法一样，行政协议也应包含有效、无效、可撤销和效力待定多种效力状态。行政协议的效力关系到行政协议本身的存在合法性，是所有行政协议问题的起点，因此，"行政协议立法解释"既然试图统一行政协议规则，则必须首先回应效力状态规则的统一问题。

一、行政协议无效规则的统一

行政协议作为行政行为之一，应当遵守依法行政等传统行政法原则；又因其带有双方协商属性，也应当符合契约的基本原则。行政协议效力问题既可以适用对行政行为效力的认定条款，也可以移植民法中对合同效力判断的内容。《民法典》合同编和行政法中分别有对合同行为和行政行为效力的认定规定。民法和行政法的不同价值功能决定了行政协议的法律适用不可是规则间的简单相加、堆叠，否则可能适得其反，导致行政与民事两种责任发生抵牾，限缩了各自的原本效果。效力状态不仅是评价行政协议是否合法成立的重要标尺，复杂多变的行政协议在实际运行中会呈现多种效力状态，进而衍生出不同的法律事实和法律效果，而效力规则的不统一将为法律的实际适用带来许多难题。《行政协议司法解释》第12条规定了当行政协议存在《行政诉讼法》第75条规定的"重大且明显违法"情形时应当归于无效，同时，人民法院也可以适用民事法律规范确认行政协议无效。从法解释学的视角看，两套规则的属性天然不同，司法解释中貌似完美的解决方案实际上会带来更深层次的难题——两类无效事由混同及法律适用者对同一无效事由产生的理解差异。效力规则的统一是实现行政协议法制统一整体重要侧面，"行政协议立法解释"的任务就是将原本"二元对立"的效力规则以拆分、重组的方式组合成一套。

（一）两套无效规则的适用方案

《行政协议司法解释》第12条看似兼容并包了民法无效事由，实际上没有考虑其项下仍包含的复杂情形。《民法典》出台后，以"合同专门法+民事法律行为一般法"的规则组合，可以提炼出有关行政协议的效力要件包括"合法有效"和"违法无效"两套：①合同合法有效的认定，需援引《民法典》第143条有关民事法律行为一般有效要件的规定，包括"具备民事行为能力""表意真实"以及"不违反法律法规的强制性规定和公序良俗"几种情形；②合同无效的认定，则需援引《民法典》第144条、第146条、第153条和第154条，其无效事由包括"法律行为由无民事行为能力人实施""意思表示虚假""违反法律、行政法规的强制性规定""违背公序良俗"以及"恶意串通损害他人合法权益"等情形。因行政法上并没有专门针对行政协议的专门立法，效力问题的相关规则只能从诉讼法和司法解释中找到，《行政诉讼法》第75条列举的行政行为无效事由则包括"不具有主体资格""没有依据"以及"其他重大且明显违法情形"。

行政协议本质仍是契约，因此其效力判断当然可准用民事合同法律规定中的无效事由。[1]事实上，行政协议基于私法契约规则而归于无效也是各国通常的做法，理由在于私法上关于契约无效的一般规定与行政协议的本质属性不相违背，且法律法规也无专门规定，因此可以准用。持行政规则优先论

---

〔1〕 参见陈无风：《行政协议诉讼：现状与展望》，载《清华法学》2015年第4期。

的学者普遍认为:"当私法契约无效规则与行政行为无效规则发生冲突时,应当优先适用行政行为的相关规则。"[1]问题在于,两套无效规则的情形差异较大,违反了其中一种但并不违反另一种的协议行为是否要归于无效?二者在法解释的逻辑上如何自洽?此外,这还可能涉及行政法上需尽量维持契约稳定性的目的冲突问题。[2]有学者将两套行政协议无效条款的适用关系总结为"嵌套适用""同时适用"和"独立适用"三种。[3]嵌套适用是指在适用行政诉讼法规则的基础上,同时在"重大且明显违法情形"中套用民法合同法规则;同时适用是先适用行政法规则,再适用民法合同规则;独立适用是只适用行政诉讼法或合同法规则。还有学者作了更为简单易懂的提炼:公法规则或私法规则优先,不足时用另一种规范进行补足,或者直接以二者共性为基础,存在冲突时再以利益衡量加以确定。[4]但针对同一行政协议行为,即便是同时适用,法院最终在判决依据上也只能是单一适用行政规则或民事规则,这种划分方式更多地从主观上描绘了个案中的法律适用者对不同类法条的次序或选择倾向性,而忽略了司法裁量权带来的不统一问题。

一方面,司法实践中,行政行为无效中的"其他重大且明显违法情形"的内涵一般包括无处分权的协议主体签订协议以及协议严重损害第三人合法权益两种情形。[5]无权处分一般特指行政相对人对协议内容缺乏处置权的情形,因为行政主体若进行无权处分,则可径行适用《行政诉讼法》中无效前置条件中的"不具有主体资格"。但无论是无权处分还是损害第三人合法权益,都不在民法的合同无效要件中。另一方面,审判中援引民法规定的行政协议案件,多是针对协议相对人行为进行判断的。民事法律规范中的无效条款针对的对象本是平等主体的合同双方当事人,但当其被作为行政协议的法律适用依据时,基于协议法律关系的常态化,行政主体也自然应被扩充到规

---

〔1〕 步兵:《论行政契约之效力状态》,载《法学评论》2006年第4期。

〔2〕 参见余凌云:《行政契约论》,中国人民大学出版社2000年版,第114页。

〔3〕 参见韩思阳:《无效行政协议审查规则的统一化——兼评〈行政协议解释〉》,载《法学杂志》2020年第10期。

〔4〕 参见王敬波:《司法认定无效行政协议的标准》,载《中国法学》2019年第3期。

〔5〕 参见韩思阳:《无效行政协议审查规则的统一化——兼评〈行政协议解释〉》,载《法学杂志》2020年第10期。

制对象范围内。以虚假意思表示为例,《民法典》第 146 条规定行为人以虚假意思表示实施的法律行为无效,实践中行政主体以虚假允诺的方式骗取相对人合作的方式并不鲜见,但这一无效要件并不在行政行为无效的判断要件内。从这个意义上讲,行政主体以虚假意思表示签订的协议在适用行政法律规范判断时并不必归于无效,但在适用民事法律规范判断时则发生确定、当然无效的法效果。从上述对无效具体情形的分析中可以看出,正因为对不同的法律事实及其分别对应条款的复杂性,直接作出民事或行政无效标准孰宽孰窄的论断是武断的。否则,一旦承认一种法律规范直接涵盖了另一种,从逻辑上看,直接适用包含度较高的法律规范即可,另一种法律规范则面临虚置。

(二)行政协议无效规则的统一

关于如何统一行政协议的无效规则,有学者提出可以列举形式,分别就行政主体资格、协议相对人资格、协议内容和程序几方面建构协议标准。[1]有学者对上述方式进行了驳斥,认为这种方法仍没有脱离行政诉讼框架,提出可采取将行政法和民事合同法的框架相结合的统一思路,着重解决如何处理民事合同法规则为主,其将统一化的无效协议审查规则的条文拟定整合为由三部分组成的统一规定:《行政诉讼法》第 75 条的整体规定 + 民法合同无效规则的分别列举 + 违反强制性规定的兜底条款。[2]但该观点主要是针对《民法典》尚未出台时的《合同法》第 52 条的无效事项,《民法典》出台后,民事合同无效的判断规则有较大变化,因此参考价值有限。

行政协议无效规则的统一需解决几个先决问题:其一,虚假意思是否也应当是行政协议的无效要件。意思表示真实是契约成立的核心要件,也是行政协议存在和成立之根本。并且,诚信政府是法治政府建设的基本要求,这不仅要求政府部门切实履行自己的允诺,还要求履行的内容本身就是合法有效的。当然,若政府出现以虚假意思表示骗取相对人合作信任的不诚信行为,根据协议"自始、当然"无效的法效果,行政机关应对协议相对人先前已付

---

〔1〕 参见王敬波:《司法认定无效行政协议的标准》,载《中国法学》2019 年第 3 期。

〔2〕 参见韩思阳:《无效行政协议审查规则的统一化——兼评〈行政协议解释〉》,载《法学杂志》2020 年第 10 期。

出的成本进行赔偿。其二，作为兜底的"其他重大且明显违法"行政行为无效条款是否可囊括民法合同中的无效情形。行政法和民法对行为的评价体系和功能目标皆不同，行政法主要考察行政机关单方行为的合法性，"重大违法"中自然以违反行政法框架内规范为判断依据，如果再将民法规范嵌套进来就等于对行政行为的判断附加了一层隐藏的判断标准，容易陷入法律依据的循环论证中。并且，这种嵌套适用法容易遗漏对行政相对人一方的行为评价，在逻辑上难以圆满自洽。其三，"恶意串通"是否应当作为行政协议无效的标准。恶意串通是协议双方非法勾结进行有损国家、社会和第三人合法权益的故意行为。有学者提出其"不仅在现实中非常罕见，也难以得到证据证明"[1]，以此来否定恶意串通在行政协议中的可适用性。但实践中，房屋拆迁补偿中相对人与行政机关串通的情形切实存在且可以被证实。此外，恶意串通的主体外延在行政协议中，可以扩大为"相对人和第三人恶意串通"骗取行政机关信任，行政机关代表国家和社会公共利益签订协议，自然也就符合第二个"损害国家、集体或者第三人利益"的要件，应当肯认其对行政协议效力的判断权。其四，《行政诉讼法》第 75 条"没有依据"的判断标准是否适用于行政协议。通常，行政机关作出行政决定要以充足的事实和法律为依据，贯以"法无授权不可为"的合法性原则统摄下，缺乏依据的行政行为当属无效。但以开放和自主为功能优势的行政协议与传统行政行为最大的区别也正在于此，其不要求有行为法上的明确依据，仅有组织法上的概括授权即可。因此，"没有依据"的无效情形不应整体适用于行政协议，应限缩为"缺乏组织法上权限"的资格要件，否则将对行政协议的存在合理性造成严重冲击，众多的行政协议也势必陷入合法性危机。

行政协议无效规则的统一既要保障依法行政，也要确认契约严守，两者之间的价值衡量前已述及，正因认识到行政协议中的"行政性"与"合意性"具有并重价值，才有必要采取一种"平衡论"用于指导法制统一，不至于顾此而失彼。如果要对两种法律规则表示同等的尊重，则行政协议无效规则的统一应当采用"最低限度"标准，即在解释学意义上分别取两套无效要

---

〔1〕 参见梁凤云：《行政协议案件适用合同法的问题》，载《中国法律评论》2017 年第 1 期。

件评价体系中的"最低点",方能在实质上真正实现兼顾,而不至于"架空"其中某一种规范。在统一框架上,可以具体事项为标准,将民法和行政法中针对同一事项的共有内容"合并同类项"。比如,《民法典》第144条规定无民事行为能力人实施的民事法律行为无效,则缔结的协议无效,这与《行政诉讼法》第75条"不具有主体资格"以及"其他重大违法"情形中涵盖的对协议标的物"无权处分"的情形相对标,都属于对于主体资格的认定规则,在行政协议无效规则中可以合并为同一项。

综上,对于"行政协议立法解释"无效规则的统一,可以包含如下几种情形:其一,协议双方当事人不具备主体资格,包括行政主体不具备协议的缔约权限(如土地审批权)以及协议相对人不具有民事行为能力两种具体情形;其二,恶意串通,损害国家、集体和第三人合法权益的,"串通"则可具化为"行政主体与相对人串通"和"相对人与第三人串通"两套主体关系;其三,意思表示虚假,既包括行政机关以虚假意思表示骗取相对人合作,也包括社会合作方以虚假表示欺骗行政机关欺诈公共利益的;其四,协议破坏社会公序良俗,行政协议不仅应当合法,在"社会公共利益"导向涵摄下,也不应违反公共秩序和善良风俗;其五,设置兜底条款,行政协议存在其他重大且明显违法情形的。

二、行政协议撤销规则的统一

学理上对于行政协议的效力问题研究集中于如何判断行政协议的无效上,但行政协议作为一个在订立后尚需要时间履行的过程性行政行为,在履行期间内可能产生各种状态上的变化,尤其是当协议本身存在错误和瑕疵时,如被欺诈、被胁迫、重大误解而为的意思表示等,都使协议处于可撤销状态。对如何处理行政协议的可撤销效力规则的统一目前还极少有人研究,在理论和实践中都处空白,待填补的撤销规则是"行政协议立法解释"所不可缺少的一部分。

(一)缔约前阶段允诺的撤销规则

撤销在私法上是一种形成权,由撤销权利人向相对人作出。民法合同规则中,撤销权的行使可分为"要约的撤销"和"协议本身的撤销",要约是民法上的专有名词，投射到行政协议中，类似于行政协议缔约前阶段作出的"行政允诺"，本身也是一项含有法效力的行政行为，同时也是行政协议的组成部分之一。协议本身的撤销则可分为契约意义上的撤销和公权力意义上的撤销。

允诺的撤销规则在行政协议现有立法中处于缺失状态。在行政协议实践中，行政机关通常会作出以一定的优惠或奖励为内容的行政允诺，诸如特许权期限、税收优惠以及其他政策优惠等。允诺一经作出，行政相对人即获得了法律意义上的正当预期，反过来说，允诺反悔将直接危害行政相对人的信赖利益。关于允诺的法律性质究竟是类似民法合同中的"要约"还是"要约邀请"，主要应当根据实际情况判断允诺的内容是否具体确定且当事人自愿受该意思表示拘束。从公务行为角度观察，行政机关作为国家公权力代表机关，对社会公众释放的信息必须具有公信力，后续行为也应当受到该"先行行为"的拘束，这一点明显不同于普通的民事行为。在英美法体系中，信赖利益伴随着合同的产生和履行。在美国，富勒对于信赖利益问题有深厚的研究。富勒与帕迪尤最早提出"信赖利益"的概念，其认为原告的处境发生变化，主要是基于当初对于被告的信赖。[1]1932 年，美国颁布了《合同法第二次重述》[Restatement（Second）of Contracts]，这一立法文件便吸收了富勒的观点，其第 90 条规定："在契约订立过程中一方当事人作出的承诺如果通过合理的推定可以预见到能够引起作为契约当事人或与契约无直接关联的第三人的行为或负担，并且公正原则要求承诺必须履行，该承诺就必须履行。"[2]根据这一条文，信赖利益原则有几项适用条件：其一，切实存在允诺；其二，该允诺已由允诺人向受允诺人作出；其三，受允诺人在接受该允诺后产生了合理的信赖利益；其四，受诺人会承受一定的负担，导致信赖利益受损。

《民法典》第 476 条规定，除了"要约人以确定承诺期限或者其他形式明示要约不可撤销要约"或"受要约人有理由认为要约是不可撤销的，并已经

---

〔1〕 参见［美］L. L. 富勒、小威廉 R. 帕杜：《合同损害赔偿中的信赖利益》，韩世远译，中国法制出版社 2004 年版，第 263~264 页。

〔2〕 傅静坤：《二十世纪契约法》，法律出版社 1997 年版，第 36 页。

为履行合同做了合理准备工作"两种情形外，要约可以撤销。实际上，行政协议中的允诺并不是绝对常规的组成要件，它一般只存在于"合作型行政协议"中，特别是在政府和社会资本合作领域中最为凸显，如 PPP 项目协议。这是因为，行政机关欠缺特殊事项上的专业性，在资源的调配与使用上也不如一般的市场主体灵活、高效，因而行政机关必须"走出去"与多元的社会主体进行合作。为确保社会资本方有合作意愿，行政机关必须采用一定的物质利益奖励的方式，吸引更广泛的社会资源参与到行政管理过程中来。而这些涉及专业性的协议内容，一般在《招标投标法》《政府采购法》有单行法专门规定。因此，基于立法成本和效益的考量，"行政协议立法解释"对于行政协议要约阶段的撤回规则的统一，可参照《民法典》476 条仅以反向排除的方式规定"基于先前约定"和"相对人的信赖利益保护"两种不可撤销要约的情形设定利益衡量标准即可。

（二）对协议本身撤销规则的统一

通常意义上，行政撤销权是行政主体进行自我纠错的"行政主体固有的职责义务"[1]，可对违法行政行为进行合法性、合目的性恢复。我国现行法律规范对撤销权的规定极少，法律层面仅有《行政处罚法》第 75 条规定："……发现有错误的，应当主动改正"，以及《行政许可法》第 69 条规定了几种限定情形下的撤销权。在行政法理论上，行政撤销权何以生成的解答是不言自明地隐含于作出权之中的，因为撤销权的功能目的应当是纠正先前不当行为，是行政机关行使作为"行政程序主人"的天然权力，循此逻辑，行政机关有权作出行政行为，也有权撤回这一行为。行政协议中撤销权的内在构造则与此不同，行政机关不仅是行政权力的主人，也是协议另一方的对等主体。故而在行政协议撤销权情形判断中，不可丢失基于行政协议的常态法律关系的契约维度——协议法律关系一方主体所享有的基于相对方错误的撤销权。《行政协议司法解释》第 14 条与《民法典》第 147～151 条的民事法律行为撤销权条件相似，规定行政协议存在胁迫、欺诈、重大误解、显失公平等情形的，原告可诉请撤销。不同的是，《行政协议司法解释》审慎地坚持了行

---

〔1〕　王青斌：《行政撤销权的理论证成及其法律规制》，载《法学》2021 年第 10 期。

政权克制的思路，可以行使上述撤销权主体仅为作为公民、法人的相对人一方，而将行政机关一方排除在主体资格范围外。事实上，《行政协议司法解释》都是围绕行政机关的单方义务设置的，把行政协议始终置于行政法框架内的弊端正在于，本该是常态的、显性的契约关系，却因行政机关的特殊身份和任务而被忽视、被隐藏，导致行政机关在契约维度上本该享有的撤销权也相应被遮掩起来。因此，应当重塑行政协议撤销权主体，从行政相对人单方转变为包含行政机关在内的双方。

由上可知，"行政协议立法解释"中需要统合的共包括两种撤销权，分别是作为行政权之衍生内容的"自我纠正型撤销权"以及作为协议一方主体的"契约对等型撤销权"：①"自我纠正型撤销权"是可以被推定的天然权力，是否存在法律上的明文依据并不影响该权力在事实上存在。许多行政协议都具有授益性，一旦撤销协议则表明对先前授益的收回，本质上构成对协议相对人的不利益。有观点认为，行政撤销权在形式构造上为行政职权，实质构造上应为职责。[1]这在授益类行为中不能成立，行政协议不同于带有损益后果的命令式行政行为，强行撤销协议有可能会损害协议相对人的既得利益与可预期利益，因而行政协议撤销权应被形塑为一种行政机关可选择行使的职权，而非必须履行的职责。也就是说，当行政机关发现协议违法时，"可以"行使撤销权处分其先前行为，而非"应当"。同时，维护公共利益也是行政主体作为公共管理者所必须履行的职责，审慎衡量协议相对人信赖保护利益和社会整体公共利益间的张力，进行协议存续或撤销的取舍判断，构成行政撤销权应用于行政协议的法治限度；[2]②"契约对等型撤销权"的实质构造是与契约法律关系的整体均衡，但根据《行政诉讼法》第26条对行政诉讼的限制性规定，目前仅承认"行政相对人——行政机关"单向诉讼构造，行政机关并无因相对人错误而诉请法院申请撤销协议的诉讼主体资格。碍于诉讼构造带来的限制，行政机关行使撤销权或许只能回转至高权法律关系中，由行政机关自行发现错误并予以撤销。但任何权力都有被滥用的风险，仍要审慎

---

[1] 参见王青斌：《行政撤销权的理论证成及其法律规制》，载《法学》2021年第10期。

[2] 参见刘飞：《信赖保护原则的行政法意义——以授益行为的撤销与废止为基点的考察》，载《法学研究》2010年第6期。

提防平等撤销权完全被行政机关掌握后导致的权力异化。行政机关作为公共行政的承担者，与对方当事人相比，在客观地位上处于优势，掌握着更多的话语主导权和信息资源，如果承认其可以显失公平等原因自行撤销行政协议，则行政主体滥用优势地位任意撤销协议的情况将呈现可预见的增长。在上述可撤情形中，显失公平和胁迫仅适用于处于相对劣势地位的行政相对人，而不可适用于行政主体，但"欺诈"和"重大误解"在现实中则确实可能发生，因此，行政机关基于协议关系的撤销权应仅限于这两种情形。重大误解包括可能基于相对人履行条件的错误认知，或对协议中主要条款的认知产生误解，使得行为结果与自己预设的意思表示不相吻合。有关行政协议撤销规则的设定见下表：

表5-1　行政协议撤销规则

允诺的撤销规则 （缔约前阶段）	协议本身撤销规则 （缔约后阶段）
1. 基于先前约定 （反向列举）	1. 基于行政机关对错误的自我发现、自我纠正。 条件：经衡量，撤销的利益需大于不撤销的利益时方可撤销。
2. 基于信赖利益保护 （反向列举）	2. 当行政协议法律关系一方存在胁迫、欺诈、重大误解、显失公平等情形，行政协议的效力状态处于可撤销，作为公民、法人的相对人可以诉请人民法院申请撤销。若相对人一方存在欺诈行为，或为行政机关带来重大误解的，行政机关则可以自行行使撤销权进行撤销。
	3. 行政机关基于维护公共利益的需要作出的变更、解除协议行为不合法的。

　　总体上，对于"行政协议立法解释"中撤销规则的统一，在纵向的过程上可以是否正式缔约为标准，分为"允诺的撤销规则"和"协议本身撤销规则"两阶段。在公私法的平衡关系上，公法上的行政撤销权和私法上的合同撤销之间具有某些互通的价值导向，比如民法上的诚实信用原则与行政法上的信赖保护、预期利益等原则相似，共同指向了对随意撤销行政协议的否定态度。可撤销协议毕竟不同于因重大明显违法而侵害国家、社会公共利益的无效行政协议，可撤销协议尊重相对人意思自治，因而在规则设置方面不可

过于严苛和死板，尤其是也要考虑到行政机关作为协议一方主体的对等权利问题。因此，撤销权的法治限度要在"尊重当事人的意思自治"和"信赖利益保护"间充分进行价值衡量。

三、行政协议效力待定规则的统一

效力待定即已经成立的协议尚欠缺一定的生效要件，还有待其他行为或事实加以佐证确定。民法上，效力待定的合同包括三种情形：其一，《民法典》第171条规定行为人无权代理的代理行为，本质上是当事人主体资格问题，这种情况下，未被代理人30日内追认的，对被代理人则不发生效力；其二，《民法典》第19条规定限制民事行为能力人订立的合同，经法定代理人追认后有效；其三，无权处分他人财产的，须经权利人追认或无权处分人取得处分权才有效。

行政协议是否也如私法合同一样存在效力待定的状态，还需要结合上述三种情形具体分析。①在"无权代理"情况下，在行政协议中做具体的假设，就是没有代理权、超越代理权或代理权已到期的行政机关工作人员、派出机构等以行政主体的名义签订行政协议。要求相对人确认行政机关工作人员是否具有明确授权是不切实际的，并且，行政主体的权威具备让相对人相信的公信力外观，应当承认此类协议有效。相反，若是行政相对人无权代理的，则协议可按照《民法典》第171条的规定认定为效力待定状态，有关协议的催告与追认均按照民法中既有条文加以确定。②在"行为能力缺乏"的情况下，行政主体是一个虚拟主体，并不会存在不具备民事行为能力的智力、年龄等专门针对自然人资格不足的情况。但行政主体可能会出现缺乏签订协议中约定具体事项主体资格的情形，根据情形严重与否，则可分别认定为无效和可撤销的协议，"法无授权不可为"的行政法控权原则不允许其他行政机关藉由追认等形式确认合法性。因行政协议一般涉及款额较大，审核程序更为复杂，所以相对人不具备民事行为能力而行政机关却与之签约的情况也不太可能出现。③在"无权处分"的情况下，若无权处分者为行政主体，则该行为属于"重大且明显违法"范畴内，自始无效。若无权处分者是相对人一方，则出于公共利益衡量，私法上的效力待定规则还尚有适用余地，可在有权处分者追认后生效。

此外，还有学者提出了专门针对行政协议无权处分的两种情形：一是以行政协议替代其他行政行为的，须待其他主体作出意思表示（批准、同意等）方可生效，在此之前则处于效力待定；二是若行政协议履行可能有损第三人利益时，在第三人作出追认的意思表示前，行政契约也属于效力待定状态。[1]

第三节　统一行政协议的权义关系及行为规则

在常态化的行政协议正常推进下，行政协议履行法律关系的本质是权利义务对等的契约关系的相互兑付。当下，行政协议规范形成以《行政协议司法解释》为主，以各地方、各部门自行制定的规章制度为辅的整体架构，但其体系结构还难以自洽和健全，内容上仍有许多欠缺。一个主要的原因在于，无论是旨在控制抑或保障行政权的运行，皆对行政机关的单方行为的关注较多，而跳过了对法律关系另一方——相对人的关注。这一症结则源于对行政协议作为动态的法律关系的行为认知不够充分。事实上，行政协议法律关系不可脱离相对人行为而独立存在，而行政协议法律关系又十分复杂，传统的"行政主体—相对人"双边关系无法囊括所有与行政协议相关的议题，行政协议的实际运行过程还往往包含着第三方主体，即以"行政主体—行政相对人—第三方"的多方关系作为规则建构的基础则更为周全妥帖，理清其中的权责是关键。

一、涉行政协议主体的权利义务关系梳理

从过去行政协议的实际情况看，由于专门性立法规范的缺失，协议落实过程中出现了广泛的不诚信行为。例如，有的行政相对人在获得项目建设资格后，胁迫政府提供额外物质给付；也有的政府机关在项目建设完成之后反悔当初的允诺不予兑现，致使相对人已投入利益遭受折损，最终矛盾激化，

---

〔1〕　参见步兵：《论行政契约之效力状态》，载《法学评论》2006 年第 4 期。

走向诉讼。合作类型的行政协议从签订到落实的过程中，有多方主体参与其中。具体来说，在协议签订过程中，涉及包括政府机关、社会资本方、具体落实项目的承包人和项目公司在内的多方主体；在协议落实过程中，由于项目合同内容多具有公益性，最终受益者是不特定的社会公众，因此社会公众也是与行政协议息息相关的关键主体。具体来看，由行政协议引申出的几对责任关系主要包括：其一，基于政府职能通过行政协议向社会移转的事实，政府有对社会资本方进行监督和管理的职责，这要求政府针对合同约定项目建成过程严格承担监督责任，当项目未能完成侵犯了社会公共利益时，受到实际影响的社会主体可以要求政府机关承担担保责任；其二，基于政府和社会资本方以平等契约的形式签订的行政协议，当社会资本方建设完成合同约定的特定项目后，有获得政府给付的权利，即政府机关在验收社会资本方已完成的项目符合合同约定的质量标准的基础上，应当按照合同中约定的对价实际履行；其三，基于行政协议内容的公益属性，一方面政府职能已经转移给承接特定项目的社会资本方，因此社会资本方将直接向社会公众提供公共服务，形成了"提供服务—接受服务"的关系；另一方面，政府应对社会资本方履行公共任务的行为提供兜底性担保。社会公众对行政协议中的政府行为和社会资本方行为都有监督权利。

需要注意，因执行型行政协议并不涉及第三方法律主体，故不存在所谓的三方法律关系。相比之下，合作型行政协议在主体关系和引申的权责关系都要更为复杂，因此此处仅摘选难度较大的合作型行政协议进行讨论。

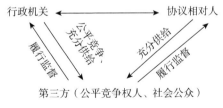

图 5 - 1　三方权利义务关系示意图

行政协议形成了"行政机关—协议相对人—第三方（包括社会公众和公平竞争权人）"的三方主体关系构造，各主体之间有着多重复杂的社会关系，需要有完备的制度机制妥善调整。在行政机关与协议相对人之间的关系上，必须保证公平交易、履约诚信；在行政机关与公平竞争权人之间的关系上，必须保证公平竞争、公平择优；在行政机关、协议相对人与社会公众之间的关系上，必须保障充分供给、实现目标，以上多方关系发生纠纷后还必须保障权利救济。因此，在体现多方关系构成的行政协议规律中，行政协议的履行环节至少要包括供给保障、公平交易、责任履行和权利救济的基本构成。回归"行政协议立法解释"的法制统一任务，其不仅要整合行政法和民法中存在的抵牾性规定，法制统一还意味着法律规则必须是完整的、大体无遗漏的，因此，承担系统"应有但实际缺失"的规范填补性工作也是立法解释的任务之一——进行必要的规则创制。遵照上述梳理的各主体间法律关系的横向维度，以及"常态运行状态下的协议履约"和"隐性权力关系下的协议履约"两条并行不悖的立体主线的纵向维度，各主体间的权责关系如下：

（一）常态运行状态下的协议履约

1. 行政机关与公平竞争权人的关系维度

行政机关为公平竞争权人提供公平竞争环境的义务在环节上属于缔约阶段的组成部分，是其必须承担的先合同义务，公平竞争权人仅是协议正式缔结前的潜在合作对象，在协议缔结后其角色或已转变为真正合作者或离场者，双方关系在履约阶段不再存续。

2. 行政机关和协议相对人的关系维度

为实现公平交易、履约诚信的目标，应当建立常态化的管理机制监管协议运行。此外，建立引导和保障行政协议的合法运行的体制机制是规则创设的重要组成部分，在行政协议的常态法律关系中，关键在于对相对人的行政协议角色倾以更多的目光，着力建立相关的常态化监管机制、合法性备案审查机制和相对人不履行协议的责任机制等。

3. 协议相对人和社会公众的关系维度

通常，合作类型的行政协议中都以实现特定的公共任务为标的，协议相对人就转变为公共任务承接者身份，这意味着其责任面向广大的公共利益预期获得者——社会公众，负有认真履约的义务。

（二）隐性权力关系下的协议履约

1. 行政机关和协议相对人的关系维度

当行政协议履约无法按预期推进，而仍要维系相关的公共利益时，常态的协议法律关系不足以支撑公共目的的实现，此时必须由行政机关发挥原本已"暂时离场"的隐性权力功能。当然，为防止权力恣意，应设置相关的法治限度。

2. 行政机关与社会公众的关系维度

公私合作本质系国家与私人的"执行责任"分担，但国家对公共服务所负的"保障责任"恒定。[1]政府仍需承担公法上的担保责任，集中体现为：政府对私法主体履行协议的监管职责，在对方难以完成公共任务且有危及社会公益之虞时应及时接管。从逻辑上推导，协议相对人无法按约履行任务不仅仅是其个人过错，也意味着公共事务原本责任方——行政机关存在监督过错或疏漏，属于行政不作为。故而，当私人资本无法实现公共服务提供目标，损害作为第三方消费者的社会公众的利益时，社会公众可以请求政府承担担保责任。

二、统一设置行政协议缔约过失责任制度

行政协议缔约前阶段在理论和实务中都是一个被忽视的议题。《行政协议司法解释》第 5 条规定在招标、拍卖、挂牌等竞争性活动中，行政机关未依法与之订立行政协议的竞争者或与他人订立行政协议但损害其合法权益的第三方可以向人民法院起诉。但这仅仅是对未中标的竞争者以及涉协议第三方的诉讼资格确认，并未真正明晰行政机关在行政协议缔约阶段应当遵守的权利义务，也并未确立起在缔结合同过程中的缔约过失责任制度。

我国行政协议执法实践中主观随意性较强，加之行政协议本身具有向社会普遍开放的属性，在一定程度上已然超越了传统"法无授权不可为"的一般限制。在缔结行政协议过程中，行政机关违背诚实信用原则而侵害相对人

---

〔1〕 参见刘飞：《试论民营化对中国行政法制之挑战——民营化浪潮下的行政法思考》，载《中国法学》2009 年第 2 期。

合法权益的行为时有发生，例如，无正当理由随意撤回先前允诺、未尽到相对人或公平竞争权人的信息告知义务以及不履行必要的协助义务等。当因上述行为发生纠纷时，应当允许相对人提起诉讼救济。目前《行政诉讼法》中仅规定了行政机关单方违法行为可被起诉，并没有将协议正式缔结前阶段的不法行为纳入受案范围，《行政协议司法解释》虽规定可因"行政协议的订立"提起诉讼，但也仅在第5条第1款确定了在招标、拍卖和挂牌时未中标公平竞争权人的原告资格，这不能涵盖行政协议中应有的缔约过失责任。

《舟山市普陀区行政机关合同管理办法》在第三章设专章规定行政协议的承办部门在前期准备、磋商和起草阶段应当开展的准备工作，包括进行合法性论证、相对人资产信用调查、订立保密协议和成立磋商小组等任务。但上述内容只是确立了行政机关在缔约阶段需要展开的核查任务，本质上仍是围绕行政机关单方行为进行设置。事实上，行政协议既然作为双方契约，在缔约阶段双方都有许多各自需要完成的任务。当下地方已有规定虽关注到行政机关对行政相对人的单方监管，但没有明确行政机关在缔约阶段的应尽义务和相对人的应有权利，整体存有较大漏洞。《民法典》第500条规定了双方当事人在订立合同过程中应当承担缔约过失责任的三种情形，围绕诚实信用原则实现了相对完善的建构，为行政协议提供了可供参照的蓝本。本书认为，缔约过失责任以先合同义务为前提。行政协议在缔约前阶段可能涉及包括公平竞争权人在内的多个主体，应具有更为丰富的意涵：

第一，行政机关具有确保允诺内容合法且预期可实现的义务。行政机关签订协议，应当注意避免超越职权范围的允诺。之所以将其归入缔约过失范围，是因在实践中许多行政机关出于吸引社会资本参与合作的目的，而夸大作出本不在自身权限范围内的允诺。这构成对所有潜在相对方的欺诈，隐埋了后续协议被撤销乃至无效的"导火索"，属于违反诚信义务的行为。同时，行政机关应确保自己尽到履约义务，在相应的机制设计上，对于涉及国有资产、政府融资和借款等公共财政支出合同的，应当事先经过法制机构进行合法性审查。

第二，行政机关具有保障不特定的竞争者在缔约阶段享有公平竞争权的义务。在由政府部门以公开招投标的方式，组织竞争性谈判，选择合适的社会方缔约的合作型行政协议中，在缔约阶段，保障私方主体平等的参与资格、禁止人为设置市场准入壁垒以增加竞争过程的透明度、实现公平竞争，是行政机关基于公平原则、诚实信用原则所应承担的先合同义务。在最终合作者确立之前，所有投标者都是潜在的缔约对象。若政府滥用自身优势地位，阻碍公平竞争或对投标者区别对待，可能侵害其他未中选方的公平竞争权。许多合作型行政协议一般采用招投标的方式筛选合适的社会资本方作为缔约对象，确保竞争性缔约程序透明、相关信息公布全面是保障公平竞争的关键。然而，在要求公开全过程信息的强制性规定不明确的情况下，政府往往选择不公开，而这些信息正是评价参与竞争的各方是否具有履行条件和能力的关键。法律的不健全使得其规范作用发挥有限，实践中政府缔约过失行为时有发生。根据《政府采购法》第52条、第55条和第58条规定，供应商认为采购文件、采购过程和中标、成交结果使自己的权益受到损害的，拥有质疑、投诉和提起行政诉讼的权利。公平竞争权人亦可依据《行政诉讼法》第12条对行政机关滥用行政权力排除或者限制竞争的行为提起行政诉讼。

第三，在缔约阶段必须对相对人尽到必要的资质审核义务。就第三方社会公众而言，行政机关缔结协议的很大程度上是基于更好、更快捷地提供公共服务的公益目的，其与社会公众间构成公共服务法律关系。政府与相对人签订行政协议并非是政府职责的离场，而是将部分适合实行"合作治理"的事项转由社会资本方分担，其要对社会资本方的履职行为进行监督，并对公共服务的对象即社会公众负责。"合作和契约治理模式是在一个非常强调和重视责任性的制度下产生的，不过这种责任性的要求关注更多的是公共机构而非私人主体。"[1]是以，行政机关应当在协议签订前应当对相对人的资质、资产、履约能力进行核实。

第四，缔约前后的信息公开义务。信息公开是指政府方有义务对行政协议签订前和签订后两阶段的相关缔约信息进行公布。在行政协议的缔约前阶段，政府应公开缔约前的准备性信息，包括向社会公布购买的服务项目、内

---

〔1〕 参见［美］朱迪·弗里曼：《合作治理与新行政法》，毕洪海、陈标冲译，商务印书馆2010年版，第5页。

容以及对承接主体的要求和绩效评价标准等，这些是确保社会承接方享有自主选择权的关键；在行政协议的缔约后阶段，政府有义务及时、充分地就缔约流程记录、评分依据、具体得分情况、承接方自身除涉及商业秘密之外的各种信息等进行公开，有利于社会监督，以保障过程与结果公平。

第五，行政机关应进行合理的采购管理。实践中许多协议类型属于购买性质。采购管理是为提高采购效率、达成采购目标依照规范的采购流程而开展的采购组织工作与采购活动。在采购方式上，按照《政府采购法》的有关规定，应从符合相应资格条件的承接方中，通过随机方式选择三家的公开招标为主要途径。为了保障公平、公正，采购人员及相关人员与承接方有利害关系的要实行回避，参与竞争者认为采购过程等有疑问异议的，有权请求暂时性停止采购程序。

第六，行政机关应恰当履行保密义务。协议内容如有涉及国家秘密或商业秘密的，应设置相应的保密条款，采取必要的保密措施。

相应地，若行政相对人或其他潜在合作方在缔约阶段违背上述义务之一的，同样需承担缔约过失责任。在上述合作类型的行政协议缔约义务之外，执行型行政协议是传统行政行为的替代执行方式，因此其在合同缔结前的协议相对人和标的等主要内容就基本固定，行政机关在这种行政协议中只尽到最为基本的告知和通知义务即可。

综上，"行政协议立法解释"中应当关注到行政协议双方的行为特性，对行政机关、公平竞争权人和社会公众在缔约阶段的权利义务倾以同样的目光，并进行相应的配置。因行政协议内部的各自类型特点鲜明，在主体关系和权利义务方面都存有差别，因此"行政协议立法解释"中无法事无巨细对所有类型协议的先合同义务和救济方案都作规定。采取"一般规定 + 特别规定"的方案方为优选，比如，对于在《政府采购法》等专门法中对缔约阶段各方先合同义务已有规定的，仍应遵照其规定。

三、统一行政协议的履约监管

行政协议中不以一方交付标的物作为成立要件的协议属于民法上典型的"诺成性合同"，协议成立与履行间存在着一定的时间差。当下行政协议欠缺常态化监管，重视签订而忽略履行，利益博弈在长时间的履行中则难免产生"实践异化"，因此可考虑对协议进行具有稳定性、连续性和系统性的常态监督。此外，行政协议可增加订立后的合法性审查和备案环节，以确保能够进入履行阶段的行政协议本身是合法的。还要关注行政协议相对人不履行时行政的解决路径，这也构成行政协议完整履行的组成部分。

（一）设专门机构统一对行政协议实施经常性监管

在行政协议兴起较早的一些国家，建立有专门的合同管理制度。例如，法国特有"合同主管人"制度，主管人享有专门签订和监督合同执行的专门权限，部长对于重要的合同可以保留亲自签名的权力，特别重要的合同如出卖国有不动产等，必须经由部长会议授权，省缔结合同由省议会决定，省议会主席执行。法国以主管人制度将协议签订和执行的权限进行集中，根据《联邦采购规则》规定，仅契约官有权代表政府签订契约，权限限于授权范围内。

近年来，我国部分地方开始出现对合同管理制度的规定。如《郑州市行政机关合同管理办法》第4条规定由市政府法制机构统一负责市内全部行政协议的管理和监督工作，并每半年向政府报告签订、实施和监管状况。再如，舟山市政府办公室对《舟山市行政机关合同管理办法》进行政策解读，强调"加强合同动态管理"，要确保"合同订立、履行、归档等多环节的合法、合规"。规范性文件中的用语变化隐含着对行政协议本质属性的认知蜕变，从过去关注行政协议中的单个、片段行为，转而注重行政协议的整个运转流程。在2019年3月，舟山市政府对全市2万余件行政协议进行了清查，发现的主要问题之一就是"注重行政协议的订立，而忽视履约过程中的管理"，这主要表现在有些协议在履约过程中未能及时订立变更和补充合同而产生法律风险以及未能及时追究相对人责任等。因此，在《舟山市行政机关合同管理办法》中规定设置建立行政机关合同管理平台，以实现管理的规范监管、科学决策和信息共享。可见，相比于过去各地地方程序法中对行政协议仅关注行政机关单方行为的做法，近年来的地方性文件开始注重以动态视角观察行政协议并配以整套管理制度，具有一定意义上的前瞻性、系统性和实操性。

地方先进经验为"行政协议立法解释"提供了一定体量的规范基础。要让行政协议管理成为经常性和持续性的活动，政府方和协议相对人之间应当按照平等、自愿的原则以合同方式约定双方权利和义务，明确标的、数量、质量、期限、资金支付方式以及违约责任等。政府方负有履约管理义务，需进行全过程的绩效监控和验收评估，并按照约定支付费用；协议相对人一方则具有诚信履约、合理使用项目资金以及按质按量履约的义务。此外，参照"合同主管人"制度，整合地方主管行政协议的先行做法，应当在行政机关内部专门设置主管部门，负责跟进协议履行过程。

（二）增设对行政协议合法性审查及备案环节

行政协议一般以公共利益为导向，协议本身是否合法、合目的都关乎公共利益的最终实现。目前行政协议为吸引社会合作，积极融入市场秩序，不乏创新性举措，如 PPP 项目合作中的土地权使用优惠、现金流抵押担保以及"先征后返"税收优惠等各类政策。但它们是否符合《中华人民共和国担保法》《土地管理法》《中华人民共和国税收征收管理法》以及相关预算政策的有关规定，仍需要合法性论证。为避免协议径行履约完成后带来的难以逆转的经济损失，协议签订后增加相应的合法性审查与备案批准环节确有必要。另外，行政协议属于"不完全契约"，尤其是合作型行政协议因在签订后的落实过程中会面临许多不可预知的因素，在特定时刻签订的协议难以准确预知并详尽描绘未来将发生的情况。为了避免信息不对称和协议复杂性产生履约过程中某一方对协议的任意解释和篡改，则有必要进行预先备案。

合法性审查和备案环节在本质上是对行政协议进行监督。目前，《政府采购法》《国务院办公厅关于政府向社会力量购买服务的指导意见》等都设置了行政协议购买环节的监督规定。规定政府方和承接方应自觉接受来自监察、财政、审计、社会以及服务对象等各方监督。财政部门可根据实际需要，对政府服务购买工作进行绩效评价；其他社会主体认为采购文件、采购过程和中标、成交结果使自己的权益受到损害的，有权提出质疑或投诉等。但这仅是对购买行为的评价，该评价体系不足以涵摄行政协议的动态运行中的一整个流程。一些地方行政协议的专门规定明确要求在行政协议订立前应当经过行政机关合法性审查机构的审查，并根据协议标的，相应设置不同层级的审查部门。为了防止行政协议出现履行问题，有必要规定行政协议在订立后、进入履行阶段前报上级或同级其他部门进行预先审查。这一方面可以保证行政协议本身的合法性，另一方面也可以防止率先投入成本的协议相对人蒙受损失。

1. 备案环节的规范思路

有两项要点：①在备案审查的法律适用上，审查机关仍要遵循行政法和民法"二元调整"的思路，确保行政协议同时符合行政法和民法的规定；②在备案审查机关的具体层级设置上，应当根据协议标的确立层级审理制度，协议标的越大的，应当交由等级越高行政机关进行监督。当然，根据各地生产值和经济发展状况的差异，确定协议金额基准应当允许地方进行自由裁量。

2. 合法性审查环节的规范思路

"依法行政"是行政法最基本原则，但旨在规范一般行政行为的"法无规定不可为"原理并不完全适用于对带有授益性质的行政协议的法律控制，应当进行一定的变通发展。现代行政法任务的变迁要求行政机关介入社会场域，及时发挥帮助抵御社会风险的能动作用，因此，要求所有的行政协议行为在作出之时均有行为法上的明确依据并不现实。本书认为，对行政协议的法律控制标准不在于确定是否有明确的法律依据，只要确认其内容不与已有的法律法规相违背即可，这一合法性认定标准可简称为"不抵触标准"。我国行政立法过程中，一直有"不抵触标准"这一称谓，主要指地方立法既不得与上位法的精神和基本原则相抵触，也不得与上位法的具体规定相抵触。[1]"与已有法律规范不一致"或"超出法律规范权限"都构成对这一原则的违背。具体到行政协议中，在前一种意义上，意味着行政机关不得作出违背已有法律法规的协议；而在后一种意义上，"权限"仅指行政机关组织法上的权限来源，而不包括行为法上的权限。不具备权限而任意对相对人许诺是目前行政协议的"违法重灾区"，不少行政协议成为地方政府建立融资平台的手段，呈现"金融化"[2]和"工具化"特质，罔顾行政权力的合法运行规范。因而，

---

〔1〕 参见孙波：《地方立法"不抵触"原则探析——兼论日本"法律先占"理论》，载《政治与法律》2013 年第 6 期。

〔2〕 喻文光：《PPP 规制中的立法问题研究——基于法政策学的视角》，载《当代法学》2016 年第 2 期。

合法性审查重点应置于行政协议的权力来源部分，特别要关注行政机关作出的一些政策或物质给予型许诺是否在其授权范围内。还可对相对人开放政府可支配资产的"查验"制度，协议相对人可据此判断行政机关的主观诚信履约的意愿，并获得对客观未来履约状况的基本预期。

因此，试拟"行政协议立法解释"中合法性审查条款如下："行政协议订立前应当经合法性审查，未经合法性审查或审查不通过的，不得订立行政协议；行政协议合法性审查应当按照层级监管制度执行，由签订行政机关之外的机关部门实行异体监督，具体审查机关和审理基准的确定由各地方结合本地实际情况自行制定。行政协议合法性审查的内容应包括：（一）主体具有组织法上的法定权限；（二）协议内容和程序不与已有法律规定相抵触；（三）协议约定的变更、解除、违约责任等条款不得与法律法规的禁止性规定相违背。"

（三）健全相对人履约的责任规范

协议相对人参与公益性质的行政协议，既要获得相关权利的保障，也有相关义务和责任的要求。明确相对人在参与过程中对政府和社会成员的不同责任并强化其责任机制，是行政协议统一法律制度的重要组成部分。对于协议相对人而言，参与协助完成行政任务，将具有对政府和社会的双重责任，前者是对政府的协议履约责任，后者是根据协议的内容对社会成员提供的最终服务责任。一般而言，两者在内容上基本相同，但从法律上讲，在现实中仍有差别。协议责任是承接方与政府之间的约定责任，服务责任是政府对社会公众法定职责向承接方的转化，是法定责任的转接。因责任的性质不同可能发生责任内容不完全相同的情况，如在承接方与政府之间因约定有情势变更而发生合同中止、撤销的情况，协议相对方与政府之间都属于已履行了双方曾约定的责任，但他们对社会公众的服务责任却并未履行到位。因责任对象的不同，责任内容和承担方式也有区别，需要建立相应的责任机制保障对社会公众服务责任的落实。

当协议相对人不按约履行，行政机关可根据协议类型采取自力救济和第三方救济两种路径。当行政协议相对人存在违约侵权行为时，政府显然不能提起行政诉讼。行政诉讼是对行政活动的司法审查制度，原告只能是公民一方，行政机关是恒定的被告。当行政协议中相对人不履行义务时，政府方的救济路径在学理上有"民事诉讼救济论"[1]和"行政强制执行论"[2]两种代表性观点，实践中做法不一。从政府对承接方提起民事诉讼来讲，在公私法二分的制度框架下，以民事诉讼解决行政协议纠纷，相当于同一行政协议要按照当事人的身份分别适用行政和民事两种不同的诉讼模式，这不符合不同诉讼受理不同性质案件的一般原理，面临着正当性困境。政府实施行政强制执行可分为直接强制执行和转介强制执行。直接强制执行意味着行政机关可以在不经相对人认可甚至违反相对人意思的情况下，以其自身的力量实现行政的意志。有学者指出这违反"两种行为并行禁止"原则，[3]即当行政机关选择行政协议的"意定"方式后，通常不能再通过"强制性"的行政行为对相对人一方施以命令，这两种行为的效力是相互冲突的，因而法理上支撑不足。转介强制执行规定于《行政协议司法解释》中，即行政机关可做出要求协议相对人履行协议的书面决定，相对人仍不履行的，行政机关进而申请由法院强制执行。这一机制对于解决行政协议中政府方的合同权益救济是有益的，但仍存在政府因疏于尽责不申请法院强制执行使公共法律服务未能及时到位的问题。

对此，建议"行政协议立法解释"针对"合作型行政协议"与"执行型行政协议"分设解决方案，前者属于对等关系契约，而后者的本质则是等级秩序指导下的行政权力运行。前文已述，若行政协议仅作为一般行政行为的替代履行方式，仍依附于单方行政权运行，当相对人拒绝履行或客观无法履行协议时，行政机关享有切换至原行政行为的"回转权"，以达成行政目的。而在以对等关系为基础的合作型行政协议中，协议本身"被塑造为一种公私紧密合作"，[4]因而相对人不履行时，行政机关不具有可直接回转至传统行政行为的权力基础，以自力方式为自身提供救济也丧失了合理性。参照法国

---

〔1〕 王小金、洪江波：《行政相对人不履行行政协议的救济规则》，载《公安学刊（浙江警察学院学报）》2017 年第 1 期。

〔2〕 ［日］盐野宏：《行政法》，杨建顺译，法律出版社 1999 年版，第 109 页。

〔3〕 "两种行为并行禁止"是指两种法效原理和法律关系不同的行为不能随意转换和一并使用。参见徐键：《相对人不履行行政协议的解决路径》，载《政治与法律》2020 年第 11 期。

〔4〕 徐键：《相对人不履行行政协议的解决路径》，载《政治与法律》2020 年第 11 期。

"关于公共利益"的诉讼、日本的机关诉讼等反向行政诉讼模式经验，可考虑建立特别诉讼类型，以容纳对等关系中相对人不履约协议的争议处理。

四、统一行政优益权的控制

协议作为以诚信为根基形成的双方合意，一旦确立则不得擅自变更。但政府方具有基于公共利益特定事由而采取单方变更、终止或中止协议的优益权，这也是被理论和实务通说认可的专属行政协议的"权力的例外"。从行政机关作为协议程序"发动者"的自我修复和自我纠正的角度看，行政协议属于不确定的开放式契约，协议逐渐确定和周延的推进过程，也是行政机关进行自我行为补足和修正的过程。行政优益权也是从行政机关肩负维护公共利益的行政职责中推导出的应有之权力内涵。由于我国行政协议的理论与立法尚不完备，行政优益权的范围、行使条件等问题尚未有明确规定，在法律理论上亦远未达成共识。行政机关若遇到相对方不履约便动辄行使行政优益权，则相对人一方将陷入不利地位，也容易致使协议中的合意性荡然无存，亦丢失了协议之本。总体上，贯穿于行政协议中的契约要素表达出对更多公民参与国家行政活动的需求，这就必须重构其基础的权利义务关系。

当以公共利益优先的高权介入对等协议的非常态法律关系中，"行政协议立法解释"的重点则主要在于规范政府的权力运用行为，包括：①划定行政协议行使的裁量基准；②优益权应遵循必要的程序控制；③增赋相对人对优益权的对抗权利。行政机关在特定情况下享有变更协议原本效力状态的权力，行政相对人的信赖利益恐遭折损，因此要在公权力行为的一般效力与相对人抵抗权的张力间寻求一个"保护私人合法权益"和"不至于消解公共利益"间的微妙平衡点。

（一）划定优益权行使的裁量基准

现行立法对公共利益尚无明确的界定，对行政优益权的行使更欠缺规制，这就容易导致行政优益权的滥用，从而在片面强调公共利益的名义下不必要地牺牲承接方应有的利益。为了避免这种现象发生，必须将行政优益权的行使限定在依法行政的框架内，依法行政"不只是依静态的法律条文，而且，要恪守活的法、法的理念（人权、自由、平等、公平、正义等法的精神）"[1]，其应当遵循行政法的比例原则和合理行政原则。在利益衡量上，所保护的社会公共利益必须远远大于所牺牲的承接方利益，而且应采用最小损害手段尽量减轻损害程度，并对造成的损失予以补偿。一直以来，德国对行政协议也采"控权论"立场，强调行政机关与私人一方在公法合同中具有同值性（Gleichwertig）意思表示，通过公法上的特殊处理来约束行政权力，进而实现行政协议中行政机关与相对人权利平等的"矫正正义"。[2]其践行的控权原则主要包括：法律优位、法律保留、不当联结禁止、正当程序、比例原则和平等权原则等。这些是可以从行政权运行中推定得出的当然原则，也是我国对行政协议的权力控制必须要遵循的准则。

政府基于维护公共利益的需要行使行政优益权，对公共利益的判断不能只是一个宽泛的范围，更不能是主观随意的自由裁量，而应当根据待保护公共利益的实际情况和迫切性程度划分为不同等级，分别适用不同的行政优益权行使标准，形成相对稳定的权力运用基准制度。例如，对政府运用行政优益权单方解除合同或变更合同内容，可以划分为重大变更、一般变更和细微调整等不同档次。《珠海市政府合同管理办法》的第4条专门列举了"重大政府合同"类型包括"标的超过人民币1000万元的政府合同""所涉事项列入或拟列入国家、省、市政府重点项目、重大工程的政府合同"以及"其他社会影响较大、关系重大公共利益的政府合同"三类。

参照上述标准，"行政协议立法解释"中对行政协议变更的分类也可以按照年限、标的额和社会利益关联度为标准进行划分。重大变更包括解除合同、变更合同内容达到较大的项目年限变化和总金额比例；一般变更是中等程度的变更协议内容；细微调整则是较小程度的轻度改变协议局部内容等。上述不同程度的变更各应适用于何种不可预测或不可抗力的客观情况，应当作出明确规定，政府方要按照设定的基准运用行政优益权。

（二）优益权行使必须遵循法定程序

在关于行政协议的地方性规定中，部分省市地区制定了专门的"行政程

---

[1] 郭道晖：《依法行政与行政权的发展》，载《现代法学》1999年第1期。
[2] 参见严益州：《论行政合同上的情势变更 基于控权论立场》，载《中外法学》2019年第6期。

序规定"，行政协议的程序规制也在列。但这些程序规制并不完整，可裁量空间过大，导致实践中可操作性不强。例如，《西安市行政程序规定》第 92 条规定行政机关变更或者解除行政协议应当采取书面说明变更和解除的事由、对公共利益的影响以及是否给予当事人补偿等内容，强化了要式限制。再如《山东省行政程序规定》第 105 条，仅对行政机关享有变更和解除协议的优益权进行了赋权确认，而未设置任何程序上的法治限度。地方程序性规定形同虚设也反映了行政协议优益权欠缺程序性规制现状。程序性规制旨在保障行政优益权行使的程序公正。政府在运用优益权作出撤销或变更合同内容的决定时，应当赋予当事人要求听证的权利，通过召开听证会告知所依据的事实、理由和法律规定，听取当事人和利害关系人的陈述、申辩，并应采纳其中的合理意见。同时，应告知当事人和利害关系人具有提出行政复议、行政诉讼的权利。在合同必须变更的情况下，对于变更后的补救、善后措施，应经过充分的平等协商来达成合意。通过以上程序规制来约束政府，使行政优益权的运用规范有序，并增加其合理行使的可接受性。

（三）增赋相对人以优益权的对抗权利

一方面，协议相对人一方在履约过程中同时也是公共任务的直接承担者，履行协议义务的行为本身就是实现公共利益的过程。既然如此，为何作为公共任务最终责任者的行政机关有优益权，但实际履行公共任务的相对人一方却没有与之相对应的对等权能呢？另一方面，行政协议是自由市场和公共行政交互的产物，市场交易注重当事人意思的同构同值，但公共行政以单方赋权的形式造成了协议双方当事人的不平等，也就是说，混合性质行政协议两种特性先天就存有性质上的龃龉。探析行政协议优益权的法治限度，体现的是对天然不平等的矫正正义，实现双方地位的实质平等有赖于对对方当事人平等赋权以形成可以相互抗衡格局，方为权力控制的有效出路。

在一些著述中，已有学者开始采用"行政相对人优益权"（Les prérogatives des cocontractants）来描述行政协议相对人特殊保护措施。[1]法国行政合同判例法中承认行政优益权（prérogatives de l'administration）的普遍适用性：行政

---

[1] M. Lombard, G. Dumont et J. Sirinelli, Droit administratif, Dalloz, 10e éd, 2013, pp. 143 ~ 172.

部门在组织公共服务管理方面享有法律特权，并构成其行动的轴心。具体来看，行政和执行部门有控制行政合同、单方面修改合同的权力以及对违反合同义务的另一缔约方进行处罚的权力。[1]但与此同时，法国同样也创设了以"财务平衡"和"王子行为"为主的相对人特别保护制度。本书认为，我国行政协议中的相对人权利配置可分为"第一性权利"与"第二性权利"：前者即法定的相对人原有的常态性权利，形成与单方行政权的"二元对抗格局"；后者即在法律关系变动后，配以相对人要求获得补偿的恢复性、救济性权利。

1. 预先均衡配置相对人的对抗性权利

保留行政优益权是确有必要的，但也应当注重优益权的另一面——为相对人提供对等保护，或称基本的抵御权利。政府协议并非静态的，需要根据落实过程中的实际进展不断地调适，而调适的前提是对协议相对方进行赋权，将二者拉回到平等对话的场景中来。行政协议法律关系的特殊之处正在于政府一方不再是单向度传递政令的控制主体，而是以更加平等姿态与社会群体开展交互的主体。但行政协议中政府优益权的单方配置明显违反了这种平衡，以至于有学者提出"行政法学界必须放弃行政优益权理论"的论断，理由是单方特权强化了行政协议中事实上的不平等。[2]为了消除这种不平等，需要重新检视行政机关单方特权的控制问题。权力控制根据控制主体、方式和效果的不同，一般有"自上而下"的规范控制和"由外及内"的对抗控制两种进路。前者一般依托于国家权力分配框架下要求行政机关依法行政以及司法机关的司法监督，后者则有赖于通过给相对人对等赋权的方式允许其自行主张权利，以抵抗对自身的不利益决定。也就是说，在行政协议中需要转换相对人的"被动服从"地位为"主动抵御"，防止行政机关在没有任何阻力的情况下，任意地侵犯私人一方应有的协议权利。

按照契约的对等性意涵，行政协议相对人在协议缔约阶段可以与行政机关进行协商是应有之义。但当缔约结束进入到履行阶段时，则并无制定法对

---

[1] Conseil d'État 2 May 1958 Distillerie de Magnac-Laval, AJDA, 1958, p. 582

[2] 参见严益州：《论行政合同上的情势变更 基于控权论立场》，载《中外法学》2019年第6期。

"行政协议中相对人享有什么权利"进行系统设定，也极少有关注此问题的相关理论研究。那么协议相对人的全部权利是否就局限为缔约协商权？相比之下，行政机关在协议履行过程中则拥有许多单方权力，如变更、解除、解释以及中止权。与此相应地，协议中涉及的社会主体也应当被赋予同样权利能力的对等权。其权能内容至少应当包括：进入协议解除、变更等权力决策过程中表达意见的权能、意见获得回应的权能、合理意见获得采纳的权能、督促落实协议的权能以及要求协议信息及时公开的权能。需要注意，这不仅要保障协议相对人在履行过程中能够获得观点输出的程序性权利，还必须要确保行政机关将自身置于与相对人同等地位，认真考虑并给予回应其诉求的实质性权利。在互动进路视角下，赋权的目的不在于对结果的直接控制，而表现为一种建构交流平台的结构性规范，通过对社会主体赋权，将双方当事人拉回到平等地位，凸显行政协议的契约本质。

2. 法律关系变动后要求获得补偿的恢复性权利

法国财务平衡原则实际上是苛以行政主体以维护相对人在"预期收入"和"现实损失"间的平衡义务。相应地，协议相对方具有因行政机关不当权力运用或消极履约造成损失而要求获合理补偿的权利，即"共建方可以要求终止合同或获得赔偿"。[1]财务平衡原则最初即为回应单方优益权而提出，旨在通过协议框架下"特权—控制"的矫正方式实现平等，是相对人维护自身利益的有力武器。在权利义务关系上，它同样没有脱逸于"双线并行"的整体逻辑，是协议约定权利义务外的法定权利，由此方得实现公共利益和私人利益的平衡，以及协议内"权利—义务"和协议外"权力—责任"的整体均衡。[2]如果说财务平衡原则主要针对调整协议本身事项的优益权给相对人带来的损失，那么另一原则——"王子行为"还要求补偿协议事项外的其他行政行为给相对人造成损失。

仿效"财务平衡原则"，我国在对行政机关进行单方赋权时也必须考虑到

----

〔1〕 参见邢鸿飞、朱菲：《论行政协议单方变更或解除权行使的司法审查》，载《江苏社会科学》2021 年第 1 期。

〔2〕 参见李颖轶：《优益权的另一面：论法国行政合同相对人保护制度》，载《苏州大学学报（哲学社会科学版）》2020 年第 2 期。

问题的另一面，即承担给予相对人对等补偿的义务，也就是说，协议相对人有服从优益权的义务，也应享有要求获得补偿的权利。补偿的范围包括相对人在履行协议过程中已经进行的成本投入以及缔约内容外的额外支出。前者主要在行政机关行使单方解除权时，在相对人无过错的前提下，应当恢复相对人受损成本；后者则一般发生于行政机关单方变更行政协议的情形，由此加重了相对人的履行负担的，行政机关应当对加重部分进行额外补偿。需要说明，行政协议履行中的可预期利益则并不在补偿范围内，原因在于为公共利益适度让渡一定私人利益是每一位公民个体的必要负担。并且，这种让渡并非无限度的付出，其已付出的成本可获得补偿，而预期利益还尚未真正实现，因此让行政机关以"公共财政填补私人预期利益"则不尽合理。另外，还要考虑到易于造成协议变动的某些客观因素，如情势变更和不可抗力等，因此类原因造成协议解除等意外变动，对于相对人的损失补偿也必不可少。总体而言，依法行政指导下的规范权力控制路径，以及为相对人设置对等权力形成的对抗控制，都意在丰富行政优益权的法定内涵。充实的权力内涵则可以防止这一权力因界限不清、内涵不明而化为"口袋权力"遭到滥用。

综上，本章以行政协议的性质及规范语义、成立后的"效力状态"以及后续双方的履约行为为过程逻辑，对"行政协议立法解释"中需要明确的一些重点问题提出了相应的法定化建议。需要注意，对行政协议的定型化必须要把控在适度的范围内，要为不同地区的政府机关在面对特殊个案时的调整裁量留有余地，防止过度侵犯行政协议的能动性价值。

第六章 "行政协议立法解释"的实施保障

制度的生命在于实施，行政机关和司法机关在贯彻实施制度过程中发挥着重要作用。站在法律制度的延长线上，"制度统一"的概念意涵在既包含统一重要范畴标准的静态法律体系，也包含统一实施机制的动态法制体系。从动态的实施角度考察，统观行政协议法制统一全布局，前文回应了"上游——立法规范"如何统一的规范命题，而后具体实施过程的"中游——行政执行"和"下游——司法审查"需再行更为周密的制度安排，以保障行政协议制度体系的有效运行。

第一节 制度统一的执法保障

一、完善行政协议行政解释

1981 年《全国人民代表大会常务委员会关于加强法律解释工作的决议》确立了我国法律解释体系的立法、行政和司法并行的三维解释体制。行政解释是有权行政主体在实施法律过程中明确法律概念的活动，属于法律适用的方式之一。相比于其他解释类型，行政解释常处于虚置，制度价值未能有效激活。从是否针对特定对象和能否反复适用两个标准来看，行政协议解释还细分为抽象与具体两类，前者由具备解释权的专门机关以发布普遍适用的规范性文件方式，对法律适用过程中的具体问题作进一步的说明；后者则是个案中规范与事实间涵射的媒介，通过明确不确定的法律概念等方式推进处于停滞（或缓慢前进）状态下具体行政案件的平稳前进。无论哪一种解释，都是实施行政协议法律文本的活动，承前述"行政协议立法解释"的系列立法构想一旦成立，则须调整行政协议相应行政解释的规范问题。

（一）抽象行政解释：与立法解释的统一衔洽

德沃金认为建构性解释是获得法律正确答案的唯一正解（single right answer）。[1]抽象行政解释是法制实施的重要环节，具有在缺乏实体法依据背景下增补立法的建构功能，或是在立法存在但不尽完善情况下的补强功能。从我国法制体系的分工来看，独立命名为"某行政解释"的规范极少，其"抽象性"多内化在地方行政立法进程中，如《立法法》第 93 条为地方政府在"为执行法律、行政法规、地方性法规的规定需要制定规章的事项"情形下订立规章提供了依据，此种"上级立法—执行细化"的基本逻辑则不免大量对上位法条文进行解释，通过规范背后的多元价值理念来补充法律漏洞，行政解释在这种意义上则很难与解释性行政立法相区分。

根据《行政法规制定程序条例》和《规章制定程序条例》的规定，行政解释的主体包括：国务院及其主管部门；省级政府主管部门；国务院法制办公室和办公厅；规章制定机关。但实践中实际执行解释的主体却远远超出了这个范畴。目前，行政协议行政解释活动具有"会议纪要""答复"和"批复"等多种形式，解释活动数量巨大，解释层级参差不齐，解释内容多有冲突。单就行政协议而言，抽象行政解释建诸对已有概念的进一步阐释，由于我国行政协议现有制度"一种协议一个立法"的拼盘式构造，相应的解释主体也分散不一。在解释的内容方面，统一和正确的制度贯彻落实势必需要执法机关结合实践情况进一步明确，因此行政协议须解释的内容也需与立法解释相配套。

第一，对于内化于行政立法中的涉行政协议问题的解释。应确保其解释内容符合"行政协议立法解释"的基本性质、规范语义、法律效力和行为规范。这具体要求对现有地方程序性规定中涉及行政协议的条款予以整合重调，以确保行政协议解释体系内部连贯一致，激活解释对立法的正向反馈作用。协议订立机关和实际履行机关多有不同，由于缺乏行政解释统一主体规定，

---

〔1〕 高鸿钧：《德沃金法律理论评析》，载《清华法学》2015 年第 2 期。

若再行解释，很可能会出现第三个乃至多个解释机关。解释主体的随意化无疑将影响解释内容的准确性，信息的同源性无法保障，也会容易造成理解上的偏差。

第二，结合地方实际情况可出台专门的行政协议解释。地方性专门解释应围绕本地区执行法律法规规定中遇到的实际问题展开，立足于各地营商环境和经济发展差异性，尤其是对出现问题频率较高的法律适用问题专门明确，确立行政协议执行基准。在专门性行政协议解释的试验阶段，为防范当下因行政协议规则制定主体权力下放严重导致的立法权泛滥问题，抽象行政解释主体在初期可考虑将其严格限缩为"国务院及其主管部门"及"省级人民政府主管部门"等高位行政机关，以确保协议的签订和履行标准在一国内（至少是一省内）是统一的。当行政协议立法体系更为成熟时，再进行解释权下放。

（二）具体行政解释：有利于相对人的解释标准

在最高人民法院发布的 76 号指导性案例"萍乡市亚鹏房地产开发有限公司诉萍乡市国土资源局不履行行政协议案"中，裁判宗旨明确承认了行政机关在行政协议中作出的具体行政解释之效力，即"行政机关在职权范围内对行政协议约定的条款进行的解释，对协议双方具有法律约束力"且"可以作为审查行政协议的依据"。结合该案案情，规划局作出的土地使用性质认定解释符合行政相对人的诉求，法院也基于诚实信用原则肯认了这一做法。实践中，行政协议需要面临解释的情形很多，比如，行政机关通常会先以规范性文件形式作出招商引资行政允诺，鼓励社会主体参与合作，随着协议推进，进一步对该抽象文件中不清晰之处再行解释。前文已述，与成立即产生法律效果的行政行为不同，行政协议置于"时间横轴"和"法关系纵轴"的坐标系中经受检验，作为坐标原点的行政协议文本在签订最初难以预见的矛盾随着不断推进随时可能出现，制度缺漏的问题也相应不断暴露。一般来说，当同一概念经由文义解释可析出多种解释结果时，应当优选对相对人有利的解释，这不仅是对相对人权利保护的理念的贯彻，也是基于信赖利益原则统摄下行政机关必须承担的职责。并且，对于特定行政协议进行的具体解释，其效力仅及于其针对的解释对象，不可类推适用于其他同类行为。

实践中相反的例证也不鲜见。丰县政府先发布《关于印发丰县招商引资优惠政策的通知》，而后该地发展改革委作出《关于对〈关于印发丰县招商引资优惠政策的通知〉部分条款的解释》将原通知所规定的"本县新增固定资产投入"解释为丰县原有企业。法院认定该解释属于违法的限缩性解释，[1]不利于维护行政相对人，属于行政机关滥用解释权的行为。各行政机关在具体应用过程中都惯于发布各类规范性文件解读行政协议，其中或多或少掺杂主观理解与臆断，这就导致似乎所有有权签订行政协议的主体也是解释主体，同一主体双重身份不仅不利于行政主体和相对人协议关系的公正性表达，也会广泛地引起全国范围内执行标准的不一致。

二、增设保障执法统一的系列机制

无论是既有的行政法和民事法律规范，还是预期制定的"行政协议立法解释"，其规定往往较为宏观，行政机关在执行过程中必须进行具体化。结合"行政协议立法解释"提出的行政协议主体行为规则，在适用过程中应当进一步细化为可供执行的各种机制。

（一）统一设定协议主管人职责

第一，进行预算管理。预算管理是政府为实现事中控制、成本监控和防范风险而对行政协议中公共财政用度进行的预先调配和控制，以实现包括项目确定与申报、预算编报、组织采购、项目监管、绩效评价在内的各流程规范化运转。具体流程包括根据预算政策和预算编制方案制定预算草案，根据行政协议的项目及开展情况，详细安排各项预算开支计划等。

第二，负责身份资质信息与信息发布审查。为确保行政协议的顺利开展和公共利益的最终可得性，协议主管部门应负责调查协议相对人的资质、资产、信用、履约能力等情况并收集、整理有关资料，必要时可以委托专业机构。

第三，建立档案管理制度。协议主管部门应当将订立和履行协议过程中的各类材料，立卷归档。建立健全协议档案保管、借取、查阅等制度，实行

---

[1] 最高人民法院行政裁定书（2017）最高法行申8181号。

协议档案规范管理。

第四，风险防控。当出现以下可能影响行政协议正常履行的情形时，行政机关主管部门应当协助采取措施，预防并应对风险：①出现不可抗力，可能影响行政协议正常运行的；②行政协议制定时的相关法律法规变更的；③行政协议制定时所依赖的客观情况发生重大变化的；④相对人经营状况严重恶化的；⑤其他存在重大风险的情形。

第五，统一受理履行过程中当事人诉求并及时接管。《民法典》第527条规定了民事合同中止履行的情形，即确有证据表明对方存在"经营状况严重恶化""转移财产、抽逃资金以逃避债务""丧失商业信誉"或有其他可能丧失履行能力的情形。对协议相对方主观履约意愿和客观履行能力的预先判断有助于提前获悉协议的未来走向，这在部分行政协议地方性规定中也有所显现。例如，广州市番禺区发布的《加强政府系统合同审查工作通知》规定，协议履行过程中，当出现客观情况重大变化、相对方财产状况恶化、商业信誉丧失等情形可能影响协议履行的，应当立刻向区政府报告，区政府则及时提交预警报告，指导协议签订的行政主体及时行使不安抗辩权、违约责任追究权和协议解除权等。但这仅规定了行政机关对行政相对人的单方注意义务和预警职责，事实上，不安抗辩权、违约责任追究权和协议解除权都应是行政协议法律关系中双方应有的、共有的权利内容。行政机关对协议相对人的履约能力和经营状况单向度的监管，应当拓展为双向度的互相监督，先履行协议的相对人一方在有确切证据（如对政府信誉等级的判断、政府负债情况等）证明行政机关后续无兑付能力的，也可以向主管机关申请中止履行。无论是行政机关作为公共服务的最终责任方却无能力承接履行的，还是协议相对人丧失履约意愿和能力的，行政协议不必要的中断都将直接造成公共服务的供给链断裂，公共任务实现恐遭迟延。因此，协议主管部门负有及时告知上级行政机关的通报义务，同时暂时接管待履行协议。

第六，回顾性情节细化。行政协议履约具有时滞性，协议事项冗杂繁复，因此要求协议在作出阶段即精准地符合所有主体的需要并不现实，有必要根据时间推衍及时搜集信息，并在沟通基础上补充、更新行政协议。就此，协议主管部门需要主动观察，并与社会成员积极沟通互动，回顾比对协议作出时与当下的要素变化（法律及政策依据、客观情况等），以实现对协议过程的精准监管和有效控制。

另外，根据协议类型的多元性和专业特性，可整合不同协议的事项清单，在"总主管人"项下再设"分主管人"，如针对市场购买公共服务的典型合作型行政协议领域和以房屋拆迁补偿协议为代表的执行型行政协议就可分设主管者。此种以协议类型区分主管人的方式可更加有的放矢地对涉专业问题的协议进行跟进。

（二）统一设定行政协议优益权控制机制

第一，明确情势变更的适用条件。行政优益权以履行过程中客观情况变化危及公共利益为条件，触发了运用高权手段加以介入的必要。行政优益权在英美法系国家主要表现为"便利终止条款（Termination for Convenience Clauses）"，意指政府对 PPP 合同有单方终止权，在属性上是单方强制性的行政权力。比利时、巴西、保加利亚、意大利和法国等国家按照"公共利益"标准明确规定政府具有终止合同的职权。[1]但适用便利终止条款是有一定条件的，通常是因出现了"公共利益要求"和"政策变更"等特定事由。我国民法合同所依据的情势变更的必要条件包括：①客观情况重大变化；②合同目的难以实现或显失公平；③变化产生于协议订立后、履行完毕前；④当事人缔约时主观上难以预见且不可归责于任意一方；⑤属于不可抗力。设置这些限制条件的意义在于维护契约稳定性。在德国行政法上，情势变更被总结为是"合同当事人共同预想的、构成合同本质基础的特定环境之存在或发生。"[2]

从辩证的反面看，行政优益权构成破坏行政协议稳定性的潜在危险，因而要接受控权，这包括：其一，采取"公共利益"的客观判断标准。作为优益权行使基础的客观情况变化必须在客观上真正引发了保护公共利益的迫切需求，这要以一般理性人的标准进行判断，以适当的途径和程序加以确定。

---

〔1〕 邢钢：《PPP 项目合同中的便利终止条款研究》，载《法学杂志》2018 年第 1 期。

〔2〕 Bader、Ronellenfitsch，BeckOK VwVfG，44，Edition，2019，§60，Rdn. 5. 转引自严益州：《论行政合同上的情势变更 基于控权论立场》，载《中外法学》2019 年第 6 期。

否则若采主观标准将承认行政机关自行判断公共利益是否面临急切保护需要的合理性，无形中放任了权力的行使条件。其二，限制认定规范性文件引发客观情况变化的制定主体。"法律、法规或政策变化"也属于客观情况变化，但行政规范性文件的制定或变更主体，不可与协议当事人为同一主体，否则相当于一边允许行政机关缔结协议，一边又同意其制定不利于相对人的规范性文件，有违诚信原则，也将使得貌似"合意"的协议沦为行政权滥用的幌子。其三，行政协议的单方变更、解除的权能构造应以"形成诉权"代替"行政权"模式。我国行政法学界中默认优益权具备仅依靠权力机关单方宣告便可得行使并产生法律效果的权能内容。《德国民法典》第 313 条也采取了纯粹形成权的立法模式。但这种不必经由对方当事人同意，便可自行行使的带有损益性法律后果的权力极易被滥用。采用"形成诉权"模式，可将优益权行使的决定权交由第三方裁判生效，产生异体监督的权力控制效果。当然，我国当下并不存在"官告民"的双向诉讼结构，因此形成诉权的实现尚存在短时期内难以消解的制度阻碍。可考虑先行建立行政机关内部监督方案，采取优益权批准行使的模式，打造上下级之间监督格局替代行政机关的"权力自觉"。第四，因行政主体自身错误引发的公共利益危机要慎重考量。例如，在"唐仕国诉关岭县政府变更行政协议案"中，争点之一就是协议相对人已经履行完毕协议内容，但由于行政主体单方过错，导致协议内容存在重大误解，这种情况下行政机关是否还可行使单方变更权？关岭县政府认为因决策失误导致补偿款金额过多，加重了财政负担。但再审法院认为，补偿款数额过多与公共利益受损间的因果关系不明，单方变更于法无据。[1]这表明，行政机关在动用权力手段干涉行政协议履行时，需要在"相对人信赖利益"和"公共利益"间进行审慎衡量。

第二，增设说明理由和"再交涉"义务制度。行政优益权本质上是一种备用性权力，只能针对特定变化所用，必须符合行使的条件。因此，其运用应当具备正当条件并向相对人说明理由，如法律和政策的依据发生变化、客观事实发生变化致使履行不能以及纠正行政机关原本错误等。同时，行政机

---

〔1〕 最高人民法院行政判决决书（2018）最高法行申 8980 号。

关在行使优益权前应当同忍受不利益的当事人进行协商，确保协议关系的稳定性义务不仅及于协议运行期间，更应当延伸到协议关系最容易发生矛盾纠纷的变动阶段。事先与相对人进行商讨，阐明必须变更的理由，允许协议相对人基于先前的成本投入等提出补偿方案，一方面可以倒逼行政机关审慎思索行使优益权的必要性，并敦促其极力维持公益与私益间的平衡，另一方面还可以提前化解因协议不当变更可能引发的社会矛盾。

（三）统一的行政协议政府信用评级制度

信用评级在我国已有实践，如以"信用记录社会主体信用状况，揭示社会主体信用优劣，警示社会主体信用风险"为目标的"社会信用体系"建构；在个人信用等级评定方面，行政机关可以一定标准对相对人行为实施"行政评级"，如"卫生等级评定""纳税信誉等级评定"等。[1]同理，政府部门也可成为被评级的对象。2015 年中国社科院法学所发布政府信息公开工作第三方评估报告，对国务院、省级人民政府、计划单列市政府的信息公开工作进行评估，成为社会主体评估政府行为的一个典型。[2]但总体来看，政府诚信的评估机制尚未普遍形成。行政协议的信用评级基本目标应是对合同实际履行情况展开系统性、常态化的监督，并在此基础上进行信用级别评定。在机制设计上，可以参照国际评级行业中具备影响力的评级机构已形成的模式，这主要包括几方面内容：其一，在评定主体上，可以参照爱尔兰监察专员协会等私人组织，[3]组建由协议相对方、协议第三方和相关领域的专家组成的社群集合；其二，在评定要素上，以信息公开为基础，综合考察协议作出方的经济实力、允诺预算、预算弹性、债务负担等经济要素，允诺落实过程中的执行模式等体制要素以及政府履行时限（有无超期）、社会效果等结果要素，并以上述内容为评级因子，进行具体级别细化设定；其三，在评定周期

---

〔1〕 查云飞：《健康码：个人疫情风险的自动化评级与利用》，载《浙江学刊》2020 年第 3 期。

〔2〕《2015 年政府信息公开第三方评估报告》针对 55 家国务院部门、31 家省级政府和 93 家地市级政府进行了评估。详见中国社会科学院法学研究所：《2015 年政府信息公开第三方评估报告》，载 http://www.gov.cn/xinwen/2016–06/01/content_5078660.htm，最后访问日期：2021 年 10 月 21 日。

〔3〕《爱尔兰监察专员协会》，载 https：//www.ombudsmanassociation.org，最后访问日期：2021 年 10 月 21 日。

上，应采取常态化调整型评定模式，即政府在"签订协议—实践协议"的实践周期内的行为都应受到评测，并根据评级因子的变化相应上调或下降对应级别；其四，在评定功效上，一方面，政府信用评级机制可以增加政治机构的"可问责性"（accountability），[1]并将信用级别用以提示政府面对协议决定时应秉审慎态度，另一方面，政府信用评级机制也可以帮助协议相对方进行一定程度上的预判，比如，在经济合作型政府协议中，相对人可通过对允诺发布机关的信用等级评定获益可能性，预估自己是否要按照允诺中条件作出行动。

行政协议的本质是契约，当事人应当按照先前约定履行自己的义务，设置协议信用评级的意义就是对契约精神加以外在标准的考量。我国奉行以行政优益权为基础的情势变更，在对等契约中穿插进权力制度加剧了协议本身的不平等，因此，考察协议履行过程中有无滥用变更、撤销的权力应作为评级的主要标准之一。协议相对人可以通过对行政机关过往履约情况的评分集合进行基本的预判，若该行政机关动辄对协议进行权力干预且缺乏正当理由的，意味着该机关契约意识较差，信用级别较低，不属于优选合作对象。

（四）建立行政首长诚信责任机制

政府在签订协议之初便强行或诱引承接方签订内容不公平合理的协议，作出违反法律、政策和不切实际的允诺，或因各种原因中途变卦，如新任领导不认可原任领导的允诺等使协议无法履行，症结之一在于具有决定权的行政首长缺少诚信。为此，在建设诚信政府背景下，应在行政协议领域推行"谁主管、谁负责"的行政首长诚信责任制。在操作上，首先，要求主管行政首长签订附属于协议的责任保证书，保证合同的公平性、合法性和可行性，倒逼其在协议签订时就有慎重的决策考虑和强烈的诚信责任意识。其次，在行政协议中以专门条款明确不因负责人换届、更换影响协议效力，并明确违

---

[1] 在规制理论中，可问责性蕴含着政府主体就其行为对公众加以解释说明的责任、接受司法审查的责任等等。以往，政府协议不履行往往只能诉诸司法审判，但政府协议不单是对监管者负责，更要对权益受损的相对方负责。如果设置了常态化的政府信用评级机制，政府协议的问责性就能够相应延伸至社会领域。Nicholas Bamforth and Peter Leyland（Editors），*Accountability in the Contemporary Constitution*，Oxford University Press，2013，p. 4~5.

约的首长的个人责任。最后，建立首长诚信责任的考核监督机制，将诚信问题纳入行政首长工作业绩的考核体系，存在失信且影响政府公信力行为的，应追究行政首长的责任。

（五）统一相对人履约责任机制

第一，建立相对人失信惩戒机制。失信行为主要指不履行约定义务的行为，承接方不按照协议约定履行公共任务的行为本质上是一种信用失范。失信惩戒是指运用法律、经济以及道德等手段阻止严重失信的企业、个人进入主流市场。[1]通过建立失信惩戒机制，政府方可以通过信用信息记录，对待合作承接主体的信用情况进行充分了解，如该主体信用情况较差可采取措施加以防御，或者直接拒绝与其进行合作，降低后续风险。我国的失信惩戒措施大体涉及"市场性惩戒""行业性惩戒"以及"行政性惩戒"三个方面，具化到公共行政领域就是：①行政协议在招投标阶段是一种市场竞争，中标承接方未履行或未完整履行义务的行为构成对市场规则的破坏，应当根据其失信程度，对其进行参与竞标资格限制，禁止其在一定年限内参与同类招投标项目。②行业协会等通过行业自律规则，对成员实施信用惩戒。承接方不履行公共服务违背侵害社会公共利益，是违背社会公共道德的行为，在上述惩戒措施外，还可以建立社会资本方的个体信用档案，记录其履行行政任务的情况并向社会公开，以此实行信用激励或警示。③我国部分地区已建构起在公共服务、市场监管等环节的信用惩戒机制，《失信企业协同监管和联合惩戒合作备忘录》规定了对失信主体的十七项联合惩戒措施。虽然公共任务的承接方区别于一般以盈利为目的的企业，但仍可以参照备忘录中的部分惩戒措施对其实施信用监管。如可以采取"限制取得政府资金支持"，对失信承接方停止提供财政补贴，或"限制评定相关荣誉""向社会公布失信行为"等措施。

第二，建立社会公众举报监督机制。在合作类型的行政协议中，协议整体承载社会公共利益，当事人相对性特征被弱化，协议的履行结果直接关系

---

〔1〕 王伟：《失信惩戒的类型化规制研究——兼论社会信用法的规则设计》，载《中州学刊》2019 年第 5 期。

到社会公众的利益，因此这也被称为"为第三人（人民）利益的协议"。对第三方社会公众承担应尽义务是相对人履约的应有之义，这主要包括：公布行政协议项目信息的义务、认真负责完成协议约定公共任务的义务以及接受意见和建议的义务。相应的，社会公众享有对上述义务的监督权，这需要依靠一系列具体机制来实现：其一，建立举报制度。当协议相对人违背上述义务时，公众则可向协议相对方提出建议或意见，若其不予理睬或拒绝接纳，社会公众可搜集相关证据向负有监督职能的行政机关进行举报。其二，建立行政协议履行状况评分机制。作为行政协议预期受益者的社会公众可通过网络电子评分系统进行线上打分，根据协议相对人履行义务的效率、质量、实效和服务态度等评分标准进行不同级别的分数评定，能够在侧面反映出行政协议的实际履行情况。

三、建立行政协议执法案例指导制度

（一）建立行政协议案例指导制度的必要性

《法治政府建设实施纲要（2021—2025 年)》指出创新行政执法方式应"建立行政执法案例指导制度，国务院有关部门和省级政府要定期发布指导案例"。从功能角度上讲，行政协议立法和相关解释都要为其留存必要的自主交易开放空间，因此规定不宜过于僵化严苛。可以说，即便是制度化的行政协议，其执法裁量空间仍会保持大于传统行政行为，由此则生成规范行政协议裁量权的诉求。行政执法案例指导制度依托于经验理性和专业权威，其运作机制在于"赋予特定案例以明确的规则约束力的基础上，通过案例的比附，将类似规则适用于相同和类似案件的处理"。[1]其主要确立的是规则制度之下的具体应用方法，包括补充、解释、细化立法愿意，以补强行政执法的统一标准，促使法律关系主体尊重该案的先前规则。目前，行政执法案例指导制度在我国尚属于一项未铺开应用的新制度，也没有检索到专门的行政协议指导性案例，原因可能如下：一是我国目前行政行为规范繁多，司法案例指导制度也相对成熟，行政机关在执法过程中可以综合研判已有规定和法院裁判，

---

〔1〕 参见胡斌：《行政执法案例指导制度的法理与构建》，载《政治与法律》2016 年第 9 期。

权力运用的外在限度已相对饱和；二是对于行政机关而言，行政协议是"法不禁止即可为"的行政行为，具有强烈因时而变、因地而变的政策导向，专门针对行政协议发布指导案例可能在某种程度上限制其原本功能。

本书认为，在行政协议领域应当全面开展案例指导制度，理据在于：①行政协议的立法和实施皆存在分散问题，在执法领域则集中表现为执法裁量权过宽和执法标准不统一，无疑对行政协议法制化形成掣肘。而附着在具体案例指导制度的经验价值则蕴含着行政机关对法律未决事项的判断说明，为后续行政协议活动增添可供依循的标准。②行政协议的规范体量大且分布零散，而遵循先前行政决定，可以减少行政机关针对类似案件重复检索法律规定的规范适用难度，提高行政效率。③指导内容一般源自执法人员对真实世界的经验总结，只要被定性为指挥案例就具有相关的拘束力。相比于成文化的行政解释，其不需要耗费订立草案、公开听证等时间成本，可以有效弥合行政协议规则迟滞于行政协议现实发展的弊端。

（二）行政协议案例指导制度的统一内容

结合行政协议基本特点，其案例指导制度应做到统一分类、统一地区和统一配置：

第一，行政协议指导性案例应当统一分类。行政协议种类繁多，所涉领域广阔，不同协议类型的运作机理差异较大，行政机关在具体落实过程中的裁量基准和侧重点自然也不尽相同。比如，在"房屋拆迁补偿协议"中，对于补偿金额的厘定是实践中的主要纠纷点，因此其指导案例应侧重于拆迁补偿金额标准的设定和明细，为后续类似案件提供参照；而在"政府与社会资本合作协议"中，争点则一般围绕协议签订的程序和履行方式事项展开，应偏重筛选出包含解决此类争议最优方案的案例，纳入指导性案例编排之中。总体上，因不同协议类型间裁量标准一般不具有可普遍适用于其他协议的类推价值，因此行政指导案例应以分类形式发布。

第二，行政协议指导性案例应当统一地区。行政协议受制于经济环境、文化环境和法治环境，地区差异明显。行政协议案例指导制度不能忽略这些差别，应当"分层"设置。对于具有普遍性指导意义的协议，可以由国务院发布统一的行政协议案例指导，全国各地区均可适用；而对于带有明显地方特征的行政协议，则可以由省级行政机关在该省内发布，主要针对该省内特殊状况进行专门性指导。

第三，行政协议指导性案例应当统一配置。在硬件方面，行政协议案例指导制度要以全面的案例数据库、完备的案例筛选和监督机制为基础。在软资源方面，行政协议案例指导需要基层工作人员积极供给案源，对自己处理的行政协议案件进行基本的总结和遴选，积极上报提交。这些软硬件条件都需要预先的统一配置。

第二节　制度统一的司法保障

司法运行机制是法律实施机制的当然组成部分，相应地，司法统一就成为法制统一的重要体现及特征。2019 年《行政协议司法解释》统一了大部分行政协议案件的审理规则和裁判尺度，但其中仍有不足。结合"行政协议立法解释"的塑造理念，现有诉讼结构和裁判基准呈现出诸多的不适配，应当在司法解释中予以增补和调整。要统一行政协议的司法审查，应进一步调整完善现有的《行政协议司法解释》，这包括：其一，要嵌入行政协议法制统一的融贯格局中，需改变当前仅关注审理行政机关一方权力义务的单方诉讼结构，相应调整为行政机关和相对人权利义务并重的"双向诉讼结构"；其二，将行政协议纳入行政公益诉讼范围可更好发挥行政诉讼对客观法秩序的维护职能；其三，在司法审查过程中如何防范因司法裁量基准不一致引起的同案不同判等司法裁判问题也尚未因司法解释的出台而获解，需要结合行政协议制度统一的整体宗旨进行一些新的调配和设置。此外，"类案同判"是法律制度统一的基本要求，应当进一步完善行政协议案例指导制度，统一全国法院系统对行政协议司法审判重点问题的认识，对于法律适用标准统一具有重要价值。

一、建立"双向性"诉讼结构之可能性

实践中，本是双向的行政协议纠纷常演变为行政机关不当行使权力的单

向纠纷。其实早在 2000 年，江必新在解读《最高人民法院关于执行〈中华人民共和国行政诉讼法〉若干问题的解释》时就已指出该司法解释在事实上已经突破了传统单方行政行为的概念，使得其外延扩展到"不仅包括单方行为，而且包括双方行为"。[1]这表明行政协议进入行政诉讼受案范围的阻碍在客观上早已经消除。但如今审判实践中出现的将权力行为"单拎"进行审查的行为，导致其与诉讼制度文本出现较大的裂痕和沟壑。

"行政协议立法解释"确立了公私二元平衡调整的整体理念，要让契约精神在常态协议法律关系中得以实现，则要求对行政协议的双方当事人施以同等关怀，一致设定两方缔约、履约行为标准规范，而不以主体身份为区别进行调高或降低。该立法理念传递到审判环节则要求诉讼制度的同步构建。我国行政诉讼呈现诉讼主体单向度结构，即只允许行政相对人一方的公民、法人或社会组织向行政机关提起诉讼，"官告民"的反向诉讼则不被允许。此种诉讼结构决定了司法审判中只能重点关注行政机关一方的行为，司法审查的目光也将尽数聚焦于行政机关行为的合法性。虽然通常视角下行政机关与私人主体存在话语权、政治资源等诸多不平等，但行政协议的存在本身即意味着承认基于契约建立起的双方当事人地位被"拉回"到平等场域，双方都应诚信缔约、忠诚履约。单向度的诉讼结构则决定着这势必是一个无法平衡的"跷跷板"，难以对协议相对人施以同等关怀，这就导致了诉讼结构与行政协议立法目标的不匹配、不兼容问题。进一步讲，同时规制双方行为的立法行为规范，在这种诉讼结构下因无可用空间而可能被悬于高阁。此外，"行政协议立法解释"围绕行政协议多元主体法律关系展开，公平竞争权人和社会公众虽不属于协议相对方，但也和协议的缔约和履行具有利益牵连。因此，应当将行政协议纳入行政公益诉讼范畴。

（一）从"行为之诉"到"关系之诉"

我国《行政诉讼法》第 25 条规定，行政行为的相对人及其他利害关系人具备诉讼主体资格。根据该条规定，行政机关的诉讼主体资格身份并未排除。但结合《行政诉讼法》第 26 条对行政诉讼的限制性规定，被告只能是行政机

---

[1] 江必新：《司法解释对行政法学理论的发展》，载《中国法学》2001 年第 4 期。

关，行政相对人不可能成为被告，因此行政机关确不具备行政诉讼原告资格。实践中协议相对方违约、违法的情形时有发生，单向性诉讼结构仅能解决因行政主体一方违约而引发的纠纷，而无法在相对人一方违约时为行政主体一方提供有效救济。行政协议本身具有不同于传统行政行为的特殊性，是由行政机关和行政相对人双方的共同行为组合成的一串法律关系，允许行政主体提起行政公益诉讼符合法理逻辑。

有学者指出，双向性诉讼结构在我国将面临阻力。行政诉讼一贯以监督行政权为宗旨，诉讼规则围绕保护相对人权益组建，允准行政机关作为诉讼主体则与《行政诉讼法》的定位和结构不符，并可能使得行政相对人在行政管理秩序中处于更为不利地位。此外，行政机关享有行政协议优益权的事实已被学界和实践普遍接受，行政主体可以利用权力行为对行政相对人违约实行自力救济，如追究其行政责任或制裁等，向法院提起诉讼属于多此一举。[1]但本书认为，上述观点没有认识到行政协议中对等法律关系的存在实则是一种常态，而权力的出场才具有偶然性，用传统上注重特定时刻行政行为合法性的"行为之诉"思路，不足以审理覆盖要素更多元、结构更完整的"关系之诉"。并且，行政机关仅在特定情况下可直接行使凌驾于常态协议关系中的特权，如果动辄使用特权对协议相对人施以强制，那么协议本身也便是一个虚妄的存在。正如有学者指出行政协议存在的意义"不是为了创造特权，而是为了实现控权"。[2]

法律关系论相比于单一行为论更重视现实社会利益间的博弈过程，行政协议司法审查当以双方当事人之间的法律关系为切入点，对相互间的利益冲突予以调查。这也相应要求行政协议的纠纷类型应当围绕双方行为的关系之诉的主观诉讼类型加以建构，以区别于传统以审查行政行为为核心的客观诉讼。行政协议属于新兴行政管理模式下的新型行政行为，在行为结构和运作逻辑方面相较其他行政行为更为复杂。行政主体与社会主体间自发创设立法预先设定的权利义务框架外的法律关系，注重"行为体系的整体均衡"便尤

〔1〕 参见梁凤云：《新行政诉讼法讲义》，人民法院出版社 2015 年版，第 79 页。

〔2〕 严益州：《论行政合同上的情势变更 基于控权论立场》，载《中外法学》2019 年第 6 期。

为重要，这要求司法审查过程中应尽可能全面地提取其间的利益纽带。[1] 因行政协议中相对人行为属于法律关系确认的关键，因而法院在实际裁判中特别要注意法律关系中的相对人的角色定位，不单单审查行政协议本身合法性，还应审查包括相对人行为事实以及允诺兑现等多个关联问题。审查内容的多维化提示了传统审查路径适用于此类案件审查的现实缺陷，其既缺乏对法律关系给予时间跨度上的连贯把握，也缺乏对法律关系中相对人角色和行为效能的关注。从容许性角度看，行政协议的授益属性与"法无授权不可为"的干预行政领域不同，"只需要遵循低度的法律保留原则"[2] 拓宽了其容许性至"不在于必须要有法律根据或明确的法律授权，而在于是否被法律所禁止"[3]。循此，一般旨在将法律规范中的单个构成要件通过被审事实具体化的司法过程，在行政协议审查中的适用余地大大折损。

(二) 双向诉讼结构的合理性证成

理论上，协议双方当事人的权益都值得受法律保护，且在对等法律关系中，行政主体在证据保存和法律适用等方面不全然地占有绝对优势，这些特点要求重新架构传统单向诉讼模式。[4] 赋予行政机关行政诉讼原告资格并不会冲击行政诉讼的存在根基。"民告官"刻意将行政机关与行政相对人之间不平等关系置于前提地位，将"命令—服从"型的单方行政行为视为唯一的司法监督对象。但行政协议的双重属性，决定了行政机关的身份多样性，行政机关既是公共利益的最终责任者，也是协议的当事人与合作方。并且，当且仅当优益权处于难以发挥作用的隐性情形时，行政机关才具备原告资格，换句话说，其原告资格仅限于其契约身份。此外，赋予行政机关原告资格不仅不会加剧双方力量对比，反而会缓和双方间的紧张关系。若允许行政主体以强制方式自力救济，相对人实际履约状态的判断权和举证权将全部交由行政机关单方决定，先前以契约为根基建立的平等关系则处于可随时被公权力打破的不确定状态，不利于相对人合法权益的保障。相比之下，引入第三方司

---

〔1〕 参见赵宏：《法律关系取代行政行为的可能与困局》，载《法学家》2015 年第 3 期。

〔2〕 陈无风：《司法审查图景中行政协议主体的适格》，载《中国法学》2018 年第 3 期。

〔3〕 杨解君：《行政法学》，中国方正出版社 2002 年版，第 360 页。

〔4〕 参见姜明安、余凌云主编：《行政法》，科学出版社 2010 年版，第 397 页。

法程序可令行政机关与行政相对人在协议争议解决上更为平等，行政相对人获得完整、充分地表达自己意见和诉求的机会，也具有发表答辩意见、提起反诉等诉讼权利，这比行政机关直接强制执行或行政机关申请人民法院强制执行，更能避免权力恣意。

并且，允许行政机关以行政优益权强制执行的合理性还需推敲。一方面，我国行政协议理论与立法尚不完备，行政优益权的范围、行使条件等问题尚未有明确规定，在法律理论上亦远未达成共识。行政主体在行政协议背景下行使行政处罚权、行政制裁权的法律依据并不充足。允许行政机关以自身强制力量而强迫相对人履行义务，溯源根本仍然是等级化行为结构下，试图以单方意志强行施加于无抵抗力的相对人一方而产生拘束的法效果。若凡遇到协议相对人不履约就动辄行使行政优益权，无疑将破坏行政协议法律关系的平衡价值，致使合意性荡然无存，亦丢失了协议立足之本，也有违"法无授权即禁止"之原则。另一方面，行政协议是否可以作为非诉执行的标的存疑。《行政诉讼法解释》第155条规定行政机关申请法院强制执行的条件之一"依法可以由人民法院执行"，根据《最高人民法院关于人民法院执行工作若干问题的规定（试行）》的规定，非诉执的标的仅被限定在行政处理决定及行政处罚决定等范围内。《行政诉讼法解释》规定的行政机关申请执行的另一个条件是"行政行为已经生效并具有可执行内容"，很多时候，相对人违约来源于行政机关的判断，违约内容不具有确然性。而且，若同意行政协议作为非诉行政执行的标的或依据，向人民法院申请强制执行则意味着将行政协议的裁断权转交司法机关，按照非诉执行相关规定，人民法院在审查时一般只进行书面审查，即便进行合法性审查也局限于客观的形式合法。但相对人违约不仅攸关行为是否依法，还涉及合约性问题。由行政主体提起诉讼则可以兼顾两者，有助于对当事人争议事项作全面判定。再者，一般意义上，申请法院强制执行在本质上体现着行政权之执行权能，是执行观念需以强制手段加以表达以形成实效的行为，属强制执行权的延续。[1]虽然《行政协议司法解释》第24条规定了行政机关可向人民法院申请强制执行的转介条款，但从法解释

---

〔1〕 参见姜明安：《行政法与行政诉讼法（第3版）》，北京大学出版社2007年版，第281页。

学和法律逻辑的角度看，这种转介强制执行方式可能并不符合立法者原意，在属性上也易与行政协议本身产生抵牾。根据《行政诉讼法》第 97 条，申请人民法院强制执行的依据是为相对人设定履行义务的行政行为，这意味着只有单方强制性的等级行政行为结构才可作为依法强制执行的依据。但行政协议在成立时基于双方合意，与命令管理式的单方具体行政行为具有"非此即彼"的排他关系，根据两种行为并行禁止原则，在选择行政协议后，便不可再任意转换为单方具体行政行为强制履约。

此外，建立双向性诉讼结构亦有广泛的域外经验基础，综观世界各国行政诉讼制度，很多国家都允许行政机关针对行政合同争议提起诉讼。例如，法国行政法虽强调公益至上，赋予了行政机关众多的行政优益权，当政府部门自愿放弃或涉及公共事业特许经营而其不具有废除权时，仍需要提请诉讼解决。[1]德国行政机关亦被赋予向法院提起行政合同给付之诉的原告资格。有德国学者更是认为，允许行政机关采取强制措施执行行政合同会导致行政机关与公民间的不平等，有违合同对等性和利益协调原则，行政机关对于公民在行政合同中的义务也只能通过诉讼协调实现。[2]

因此，虽然行政主体可以通过优益权化解一定纠纷，但这是极为有限的，必定存在须通过向法院提出诉讼请求表达救济意愿的情形。总体上，伴随着对等关系的行政协议在公共行政领域应用越来越广，行政机关不再仅凭行政权进行单方意志的输出，行政机关以强制权力的自力救济方式解决行政协议纠纷则欠缺正当性。因此，在维持整体行政诉讼定位和行政诉讼法立法目的前提下，建构专门针对行政协议行为的特别诉讼类型——双向诉讼结构，以容纳对对等关系常态化的协议纠纷处理，具有合理性和必要性。当然，并非任何行政协议的相对人不履约都需要行政机关诉诸司法手段解决。回归到"合作型"与"执行型"两种类型的行政协议划分上，执行型行政协议仅具有协议表象而不具有契约实质，因此在相对人不履约时行政机关可行使回转

---

〔1〕 参见〔法〕让·里韦罗、让·瓦利纳：《法国行政法》，鲁仁译，商务印书馆 2008 年版，第 578~579 页。

〔2〕 参见〔德〕平特纳：《德国普通行政法》，朱林译，中国政法大学出版社 1999 年版，第 151~152 页。

权切换到原单方权力行为模式，实现行政目的。《中华人民共和国行政强制法》第42条规定的"……当事人不履行执行协议的，行政机关应当恢复强制执行"正是此意涵的表达。合作型行政协议在塑造之初便不依赖于行政高权，协议相对人不是被动地配合，而是利用其智识、经济和科技等行政主体欠缺的特殊技能和资源进行积极主动地付出，双方间建立的是实质上各取所需的合作关系。因此，既然是在对等关系基础上订立的协议，那么在相对人不履约时，没有可回转的空间，任何一方得享有平等的救济权利。概言之，"双向诉讼结构"并非无差别地适用于所有行政协议类型，主要针对合作型行政协议，而非执行型行政协议。

（二）诉讼举证制度的相应调整

建构双向性诉讼制度，与之相应的举证制度也要调整。一般行政诉讼案件中原被告恒定，行政机关承担主要举证责任，而原告只对某些特定案件负举证责任。为契合双向诉讼的结构调整，举证责任也当重新分配，进一步明确行政机关、行政相对人分别承担举证责任的事项。传统行政诉讼主要审查行政行为合法性，碍于行为依据等资源由操作者主要掌握的事实，由行政机关举证并无不妥，但在协议纠纷中，并非所有诉讼请求都会涉及行政机关的行政行为合法性，将非行政行为合法性之外的问题也交由行政机关承担举证责任，则不尽合理。

参照民事诉讼法对平等当事人的证据分配规制，应当将"谁主张，谁举证"纳入正常履约的行政协议纠纷案件处理过程中，并区别对待"因权力行为引起的纠纷"和"因履约行为引起的纠纷"。①若纠纷因行政权运行不当引起，由行政机关承担举证责任。例如，行政主体应就自身缔约权来源、资格和法律依据进行举证；行政主体应对其做出的变更、撤销、终止、解除合同等单方行为的事实和法律依据进行举证；行政机关应对自身行为是否遵守法定程序进行举证；行政主体需就行政行为合理性和自由裁量权行使，如相对人之选择、优益权之运用，是否合理、正当，是否可以达到行政目的等问题进行举证。②对于合约性问题应采"谁主张，谁举证"的一般证据规则。在协议履行过程中，当事人是否尽到履约义务，其行为是否符合协议约定，协议不能正常缔结或履行而导致的损失，存在行政相对人提出过申请的事实、存在过招投标行为的事实、存在合同法律关系的事实，以及相关的赔偿或补偿问题等，双方都负有对己方提出主张的举证责任。

二、拓展行政公益诉讼受案范围

行政公益诉讼是由检察机关专门对侵犯国家利益和社会公共利益的违法行政行为提起的诉讼，属于非自利性诉讼。行政协议的具体类型有许多，其中以提供公共服务为目的而寻求与社会主体合作的协议类型因先天带有公共利益属性，协议履行效果不仅影响到双方当事人，更关乎广泛受众——不特定群体利益的满足情况。公共利益衍生于客观法，行政协议是公共利益具体实现的表现之一，就此，将行政协议纳入行政公益诉讼的范畴的另一重意义在于实现对行政机关践行客观法秩序的监督职能。

（一）行政公益诉讼对客观法秩序之保障职能

行政公益诉讼是典型的客观诉讼。正因"国家乃政治权力演变的客观产物，受客观法的约束，也必须要维护客观法"，事实上，客观诉讼除了可救济具体受损之公共利益外，还具有维护法制统一的制度功能。[1]

第一，主观诉讼与客观诉讼的功能分化。《行政诉讼法》第1条基本确定了行政诉讼"保护公民、法人和其他组织的合法权益"和"监督行政机关依法行使职权"两重主要的立法目的，直观来看两重功能并驾齐驱，但这也使得我国行政诉讼究竟是以维护客观法秩序还是以维护主观权利为主，抑或是二者皆有但有所侧重的功能定位在面对不同诉讼类型时陷入模糊不明的境地。

行政争议的多样化要求在司法审查整体框架内予以有针对性的关注。司法审查的功能定位即法院意图通过司法裁决程序达到的目的与实现的价值，对行政诉讼具体制度的构建及应用起宏观指导作用。目前立足于"撤销诉讼中心主义"立场之维度的行政诉讼，主要关注由管制性行政行为引发的权益侵犯问题。但行政协议作为非权力行政方式，相比而言更加复杂与特殊，撤销违法的行政行为不再是争讼的主要焦点。随着行政相对人的地位和作用在法律关系中占比加重，行政审判内容不应再围绕行政行为合法性的单一目标

---

〔1〕 参见刘艺：《构建行政公益诉讼的客观诉讼机制》，载《法学研究》2018 年第 3 期。

展开，其功能定位应进行适时转变。在行政协议司法审查中，应更加侧重争议解决？还是更关注相对人权益救济？抑或是更多偏向于确证行政行为的合法性？需结合不同诉讼模式的功能和行政允诺本身的特点进行确定。

在我国，持"主观诉讼立场"的学者如杨建顺等，持"客观诉讼立场"的学者如梁凤云、成协中等，还有持"混合立场"的学者如邓刚宏等都曾就各自观点撰文。[1]但这些讨论都没有形成获得普遍确信的、关于行政诉讼功能定位的统一诠释框架。通过归纳，不同诉讼功能立场在诉讼制度的运转中，具体表现为以下差异：①在审理对象上，客观诉讼立场认为行政诉讼审理对象核心是行政行为，整个诉讼过程应围绕行政行为的合法性问题展开；主观诉讼立场则格外关注原告的诉讼请求，相应地将审理对象看作以原告诉求为核心的法律关系。②在保护利益范围上，客观诉讼的保护范围更接近于"值得被法律保护的利益"，主观诉讼则倾向于"法律上被保护的利益"。[2]两者之间的差异或在于，值得保护更类似于一种应然理想，而法律上被保护的利益则是一种实然状态，前者的保护利益范围较后者而言更为广泛。③从司法介入时机来看，客观诉讼中司法审查机制的时机相对宽松，当存在权利侵害可能性（包括公共利益和个人利益）即可介入，可事前防范；但主观诉讼中，司法审查遵循"不得提前"的司法成熟原则，只有当自身权益侵害已经发生时方可介入。④从判决与诉讼请求是否一致的角度来看，在客观诉讼中，由于审判对象针对行政行为，因此法院并不完全受诉讼请求的限制；但在主观诉讼下，行政判决属于对诉讼请求的回应，当事人诉求对法院的审判过程具有约束力。⑤从裁判方式上来看，撤销之诉属于典型的客观之诉，给付之诉

---

〔1〕 杨建顺教授明确提出行政诉讼制度是"现行制度下的主观诉讼"，并指出"在主观诉讼和客观诉讼的架构上，主观诉讼是主线，客观诉讼是辅线"；梁凤云认为："我国现行行政诉讼法确定的是一种客观诉讼制度"；成协中教授则在《论我国行政诉讼的客观诉讼定位》一文中全文集中讨论了关于我国属于客观诉讼定位的观点；邓刚宏教授认为："行政诉讼应当兼顾个人权利的救济与维护客观法秩序的关系，亦即我国行政诉讼功能模式应当是混合模式，即兼顾主观公权利保护和客观法秩序维护功能模式。"参见杨建顺：《〈行政诉讼法〉的修改与行政公益诉讼》，载《法律适用》2012 年第 11 期。参见梁凤云：《行政诉讼法修改的若干理论前提（从客观诉讼和主观诉讼的角度）》，载《法律适用》2006 年第 5 期。参见成协中：《论我国行政诉讼的客观诉讼定位》，载《当代法学》2020 年第 2 期。参见邓刚宏：《论我国行政诉讼功能模式及其理论价值》，载《中国法学》2009 年第 5 期。

〔2〕 参见邓刚宏：《论我国行政诉讼功能模式及其理论价值》，载《中国法学》2009 年第 5 期。

属于典型的主观之诉。根据我国《行政诉讼法》中的裁判方式，客观诉讼以监督行政行为为内核，主要采取撤销、确认违法等面向行政机关行为的裁判方式，而不涉及对相对人合法权益的直接影响；主观诉讼则主要适用给付判决、赔偿判决以及补偿判决等旨在于回复相对人受损权益的裁判方式。

综合上述区别来看，主观诉讼更关注相对人诉求利益的实现和维护，而客观诉讼则通过当事人起诉违法行政行为，借以维护法律确立的客观规范体系。

第二，行政公益诉讼的客观诉讼特征及其对法秩序的维护功能。在法国公法中，法律代表着公共利益，违反法律的行为等同于损害公共利益的行为，而纠正该违法即等同于维护公共利益。这一逻辑的反面意味着，行政公益诉讼属于典型的以维护公共利益为指向的客观诉讼，维护公共利益等同于维护客观法秩序。我国行政公益诉讼的客观诉讼特征体现在：首先，行政公益诉讼以行政行为违法或切实造成损害为前提，不以行政相对人的利益诉求为转移。一方面，《人民检察院公益诉讼办案规则》第 67 条规定当同时存在"国家利益或者社会公共利益受到侵害"以及检察机关认定的行政行为违法情形时应当起诉。违法情形则包括消极意义上的"不履行法定职责"和积极意义上的"违法行使职权"两种。这与《行政诉讼法》第 49 条"有具体的诉讼请求"的条件要求显著不同。可见，行政行为指向的对象是否认为自己权益受到侵犯，是否提出诉求以及诉求内容何如都不重要，都无法构成提起公益诉讼的理由。另一方面，上述被诉问题的司法审查过程，就是通过将行政机关行为涵摄于已有法律规范间来回对比，检视行政执法过程中行政机关在法律执行实施层面有无遵照法律规范的统一引导的过程。在我国个案实践中，尽管有的法律未对行政机关职责做清晰设定，但检察机关认为行政机关若可以积极作为挽回公共利益损失而没有作为的，同样构成行政不作为。[1] 这表明，行政公益诉讼案件的起诉条件紧密围绕行政行为本身的合法性展开，并

---

〔1〕 例如，在个案中，国土部门坚持认为因法律仅授权其作出行政处罚决定，而未有强制执行权力，引起不执行行政处罚并不违法。但检察机关却认为，根据《国土资源行政处罚办法》第 35、45 条以及《国土资源违法行为查处工作规程》相关规定，国土资源部门还可以采取其他措施制止但未予行动，属于不履行法定职责。参见《关于汉阳区检察院土地执法检察建议书整改工作的请求》（阳土资源规〔2016〕28 号），江岸区人民检察院诉武汉市国土与资源局行政公益诉讼案，岸检行公诉〔2016〕2 号。

不再限于形式合法性标准，而拓宽到更高标准的实质合法性要求。其次，公益诉讼前置程序的机制设计充分体现了对秩序和效率维护的优位考量。不同于一般行政诉讼，检察机关提起公益诉讼前发出督促改正的检察建议，而后根据行政机关对检察建议的履职情况决断是否需要继续提起公益诉讼。从发现行政机关违法问题到发出检察建议，再到对整改结果重新检视的过程，实际上已经完成了一次对行政机关违法行为的异体监督，监督内容指向纠正违法行为或督促履行职责。这一特有的诉前程序构造体现出了行政执法自我恢复优先于司法救济的考量，尽可能在进入繁琐和高成本的司法保护之前，以最小成本将受损公共利益回复到原本状态。这种更注重达到公共利益实现的结果导向型规制方案，也充分体现了公益诉讼对客观秩序的维护职能。

综合上述两方面，行政公益诉讼的起诉条件并不在于相对人主观上认为自己合法权益受到侵害的意思表示，而在于客观的公共利益有无受损。而以诉前程序预先监管的方式给予行政机关及时挽回执法错误的机会，则突出了秩序优先的价值考量。

（二）行政协议纳入行政公益诉讼的范围的容许性判断

不同的诉讼类型无法沿袭相同的审理思路，如果不加以行为类型的区分将导致混乱。行政协议作为一种既有双方合意又肩负公共利益履行使命的行政行为十分特殊，"公利益"和"私利益"的双层法益保护诉求要求诉讼类型以精准区隔的方式提供更为全面的保护。采取主观诉讼和客观诉讼相结合的审理思路区分或为最优路径，基本思路是：对于协议相对人的法益保护诉求采取主观诉讼思路，围绕特定相对人的利益诉讼展开审查；而将危及公共利益的行政协议纳入公益诉讼范畴，以在更广意义上实现对法秩序的保护。是以，采取一种折衷的做法，将完成公共任务和公共利益目的的行政协议纳入行政公益诉讼范畴不代表忽视对相对人利益的关注，而是根据行政协议纠纷的发生场域仅存于相对人之间还是已波及社会公众来决定诉讼的具体类型，这种"区分模式"作为应对行政协议特殊性与当前司法机制间张力的一种妥协策略。

目前行政公益诉讼的范围还较为有限，立法只明确规定了生态环境和资源保护、食品药品安全、国有财产保护、国有土地使用权出让、英烈保护、未成年人保护等领域的案件。[1]但所列举的范围并非是完全封闭的,《行政诉讼法》第 25 条第 4 款,以及最高人民检察院公布的《人民检察院公益诉讼办案规则》第 67 条在已列举有名案件之外,运用了"等领域"的表述留出了扩展案件范围的空间。随着时代的发展、现实的需要和条件的成熟,行政公益诉讼范围是不断拓展的。从理论上讲,凡符合"国家利益或社会公共利益受到损害""行政机关有滥用职权或不履行职责的违法行政行为""违法行政行为与国家利益或社会公共利益损害之间有因果关系"[2]基本要件的,都可逐步列入诉讼范围。行政公益诉讼是典型的以公益保护为固有目的的客观诉讼,许多带有"更优更快提供公共服务"等明显指向不特定受众群体的行政协议都要向公益目标靠拢,故而有必要置之于行政公益诉讼框架中接受司法机关的检视。

从保护利益的类型来看,行政协议一般承载着整体的社会公共利益,[3]它是广大社会成员从政府履职过程中所获的共享权益。例如,政府购买社会服务协议、政府和社会资本合作的 PPP 项目协议以及政府投资的保障性住房的租赁、买卖等协议等都带有公共服务性质,其受益范围都辐射到本区域内的不特定群体。从行政机关的职能讲,其具有保障社会公众这一共享权益实现的法定职责,政府通过与协议相对方合作正是履行保障公众权益法定职责的具体途径。双方订立协议后,如果协议相对方未按照协议要求提供公众满意的服务,政府就要依法对协议相对方实施督促、监管,乃至向人民法院申请强制执行。从社会公众共享社会公共利益受损原因的角度分析,其最初虽源于行政协议方未履行协议中的服务内容,但政府若疏于对承接方的督促、监管职责或未依法及时申请法院强制执行,就会听任、延续甚至加重对社会公共利益的损害,因而其失职行为与社会公共利益受损之间具有因果关系。为此,检察机关有必要通过提起行政公益诉讼来监督政府切实履行法定职责,

---

〔1〕 详见《中华人民共和国行政诉讼法》第 25 条第 4 款、《中华人民共和国英雄烈士保护法》第 25 条的规定。

〔2〕 方世荣:《东北振兴中的营商环境治理——关于拓展行政公益诉讼范围的思考》,载《社会科学辑刊》2018 年第 4 期。

〔3〕 刘炳君:《当代中国公共法律服务体系建设论纲》,载《法学论坛》2016 年第 1 期。

社会公众也应有权向检察机关提供案件线索或证据，建议其提起行政公益诉讼。故此，以实现公共利益为目的的行政协议符合提起行政公益诉讼的要件，也能够容许于当下的法律规范框架内，应当成为一种新的案件类型。

（三）可提起公益诉讼的主诉行为类型

可诉提起行政公益诉讼的行为一般与相对人的利益保护无关，甚至呈现私人权利和公共利益的对峙局面。因为这些行政协议在履行过程中并未违反约定，继续履行甚至有利于私人利益，协议相对人没有主张撤销或停止协议的动因，也就不会产生实际的诉讼请求。但在客观上，该履约行为却切实对社会公共利益造成实际损害，结合实践，不利于社会公共利益的行政协议履行主要体现在政府对自身职能的逾越或疏漏，投射到其所在的协议关系中就具体包括：疏于监管、违法缔约、未及时承接公共任务以及未及时申请人民法院强制执行几种情况。

第一，政府方对协议相对方履行协议的情况有疏于监管的违法失职行为。政府方具有监管协议相对方切实履约的法定职责，如定期检查履约进度，督查服务质量和数量必须达标、发现问题要及时督促其改进等。若协议相对方违反协议未按质按量按期向社会公众提供服务，政府方收到举报、投诉后仍放任不管，听任社会公众的权益持续受损，则可构成行政公益诉讼案件。

第二，政府方滥用职权与协议相对方串通修改降低协议中服务数量和质量标准的行为。政府方如因地方保护主义、追求形式主义、挪用资金他用等不正当目的，与协议相对方达成减少原合同服务数量、质量的合同变更合意，侵害了社会公众共享的法律服务公共利益的，属于滥用职权的违法行为，应纳入行政公益诉讼的受案范围。

第三，政府方未依法承接协议方未完成的公共任务，或未申请人民法院强制执行的。协议相对方明确表示不履约或暴露出无法履约风险时，行政机关应及时恢复已暂时离场的公共职能承担者身份，将未完成的公共任务回转至由自己承担，或及时寻找可继续完成公共任务的继受者，不可放任公共利益持续受损。《行政诉讼司法解释》规定，当协议方违法不履行协议义务并在政府方作出要求其履行的书面决定后仍不改正的，政府方应依法及时申请人民法院强制执行。本书在第五章中表达了对此种"转介强制执行"方案合理性的质疑，并提出建立双向诉讼结构完成替代。但目前建立双向诉讼结构的条件尚不成熟，按照当下已有法律规范，若政府方随意拖延不向法院提出申请，听任社会公众的权益持续受损，将此类不作为情形列入行政公益诉讼案件无可厚非，也是最为便宜的解决策略。

根据我国行政公益诉讼现有制度构造，检察机关应通过诉前程序和诉讼程序严格督促政府方整改，纠正政府方滥用职权和违法失职的行为，维护行政协议所承载的社会公共利益。

三、明确行政协议司法裁量基准的维度与密度

实现行政协议理性化法律规则建构是行政协议法制统一的关键，但这并不意味着只有法律规则这一种治理形式，以权力控制、解决纠纷为目的的司法裁量基准也同样是法制统一的应有之意。上文提到，可通过建立双向诉讼结构和纳入行政公益诉讼范围的方式发挥司法对法制统一的保障职能。但这始终还是要依托于司法机制"从无到有"的重新创设，仍没有摆脱立法机关以制定法形式进行预先创设。司法裁量基准这一规则形式，则是源于实践——司法机关通过在实际审判活动中发现问题和积累经验，进而主动创造出的问题解决办法，目的是约束具体审判案件的法官滥用司法裁量权的问题。也即，司法裁量基准是在行政协议案件的具体审理过程中自发产生的，而非由行政机关先前设定。

（一）功能定位：行政协议属混合型诉讼

行政诉讼发展历程中，属于主观诉讼还是客观诉讼的功能定位之争由来已久。之所以讨论这一问题，是因为目前行政诉讼制度所针对的绝大部分都为行政机关对公民的管理性行政行为，与行政协议在类型上差异较大。根据行政协议中相对人要求兑付约定内容的诉讼请求，行政协议诉讼标的一般表现为请求给付财产的诉讼类型，也即行政给付诉讼。行政协议诉讼的请求权基础并不来源于法律的明确规定，而是行政机关和相对人的先前约定。《行政诉讼法》第73条设定了给付判决，确定请求权基础是前提，法院对行政协议的审理就应当以是否具有特定的公法上的给付请求权为核心。而请求权基础是否存在通常源于法律的直接规定，如立法上对于保险金、国家赔偿金发放

等就属于财产给付的案件。

行政协议诉讼的功能定位选择对司法审查的审理对象、规则和标准都起到一定指引作用，有这样两种假设：其一，如果意图主要实现救济权利的主观功能，就要求法院立足于信赖利益保护的立场，着重于审查行政协议法律关系中的双方行为，而非一味紧扣行政机关行为的合法性。在一般情况下，违法行政行为撤销与相对人权益的救济效果呈正相关关系，但在行政协议案件中，被诉行为是协议不兑现行为，如确认协议本身不合法，则裁判结果必定指向相对人诉讼请求的驳回，不利于相对人合法权益保护。因而在这种立场选择下，诉讼活动要围绕"原告要求兑付允诺的请求权"开展，需回溯到实体的法律关系和权利领域下，经由法律关系确认进行原告权利的提取。其二，如果意图主要实现监督行政行为的客观法功能，就要将审理目光集中于判断行政行为与法律规则的一致性，而不拘泥于原告的诉讼请求判断法律关系的有无。客观诉讼构造中，"具体行政行为是否违法是原告诉讼请求能否得到满足的决定因素，同时也是解决行政争议的焦点"，[1]但现实争议中的诉讼请求都基本置于"要求行政机关兑现协议"上，而行政行为违法与否并不是案件的审理核心和争议焦点。也就是说，与客观诉讼立场相匹配的社会效果在于监督行政机关违法、滥施允诺，否定没有法律规定或与之不符合允诺的法律效果。

行政诉讼制度整体的功能定位问题不存在一个决断性的回答，因为现实情况表明，没有完全适用于所有行政行为的绝对理想化模式。主观诉讼与客观诉讼间也并不是非此即彼的紧张关系，而是存在相互糅合、相互渗透的交叉空间，这一观点也得到了大多数学者的认同。狄骥认为："法院做出的判决是复杂的，但法学家的使命在于区分判决中的哪些内容是针对客观法，哪些内容是针对主观法律状态。"[2]综合上述假设以及行政协议行为结构的过程性特征，本书认为，可以在拆分行政协议法律关系的基础上，采取一种以"主观诉讼为主，客观诉讼为辅"的混合诉讼功能定位。这基于：

---

〔1〕 邓刚宏：《论我国行政诉讼功能模式及其理论价值》，载《中国法学》2009 年第 5 期。

〔2〕 L. Duguit. *Traité de droit constitutionnel.* E. de Boccard，1921 (01)，p. 509.

第一，主观诉讼立场的价值导向更有利于实现监督政府的目标。客观诉讼理论认为，只有通过客观诉讼才能实现对公权力更加全面的监督。但在行政协议案件的司法审查中，采取以主观诉讼为主的诉讼程序构造，也并不会湮灭法院必须承担的法律赋予的司法监督职能，相反，其会在更加长远的意义上实现这一目标。在建设诚信政府与营造良好营商环境的背景下，商业活动需要政府主体提供完备法治环境，世界银行《营商环境报告》表明评价营商环境的优劣主要在于评价政府行为。由此，治理营商环境最核心的是治理政府的管理和服务。[1]若一个公权力主体能够在行政过程中长期信守诺言，就会获取大众的信任；而行政主体出现"今日允诺，明日悔诺"的现象时，其将逐渐失去公信力。现实案例中，不乏一些案件在判定行政协议本身违法后，直接驳回原告诉讼请求的做法，但这一做法忽略了原告为履约付出的各项成本支出，仅仅确认或撤销违法行政允诺的判决方式显然不能修复相对人的受损利益，也无法回复其对公权力主体对信赖期待。因此，司法监督也应随行政任务的发展流变而有所弹性化，而旨在于回应当事人诉讼请求的主观诉讼立场更能帮助行政机关树立守信践诺的政府形象。

第二，辅之以客观诉讼立场，对主观诉讼中"判决与诉请一致"的基本原则予以必要拓展。"判决与诉请一致"要求判决是对诉讼请求的完全契合式回应，法院的裁判不能超出于当事人的诉求范围。在行政协议案件中，虽承认以救济相对人合法权益为主要目的，但又不能完全拘泥于双方约定，而忽略诉求外的合法性问题。行政协议案件中至少包含两项应被审查的行政行为：缔约行为本身以及协议兑现行为。就缔约行为本身的审查而言，理想的行政协议具有很多价值，例如提高政府的回应能力，维护社会秩序，提高公众满意度和改善政府形象等，而政府实现预期结果和价值目标的协议必须首先是可信的。[2]就此而言，行政机关为完成行政任务而任意缔约不应被允许，即协议在作出之初应当是合法的，而在多大程度上合法则需交由法院来裁断。

---

〔1〕 宋林霖、何成祥：《优化营商环境视阈下放管服改革的逻辑与推进路径——基于世界银行营商环境指标体系的分析》，载《中国行政管理》2018 年第 4 期。

〔2〕 唐庆鹏、康丽丽：《价值、困境及发展：社会治理中的政府承诺机制析论》，载《广东行政学院学报》2013 年第 3 期。

与此同时，因行政允诺协议适法与否的判断结果并不同步导向相对人利益的救济，因此还要充分审查行政机关的不兑现行为，并兼顾主观诉讼主导立场中当事人的实际诉讼请求。因此，如何平衡行政相对人利益与行政行为合法性审查间的关系，就需要从合法性审查对两项行政行为的偏重性，以及审理标准应否予以放宽抑或紧缩的审理密度问题入手。

通过前文反思主客观诉讼功能分化，发现在分解细化行政协议法律关系构成要素基础上，采取一种以"主观诉讼为主，客观诉讼为辅"的混合模式立场最为合理。经由功能定位统摄，结合行政协议案件的具体审理内容，其司法裁量基准可分为三层次密度标准体系。审查密度又称为"审查强度"，是指法院审查的纵深程度。[1]审查强度的"疏"与"密"始于行政诉讼中司法与行政的原始权力划分，关系到司法对行政裁量权的侵入程度以及行政判断的保留余地。有学者认为，法院只能对行政行为的合法性进行审查，并不能介入与合法无关的合理性审查领域。[2]随着现代行政法的发展和演进，合法与合理间的界限已不再十分清晰，行政司法审判也开始适用信赖保护和正当程序和等法原则及法精神作为裁断依据。出于实际情况的繁杂多样，很难在司法裁量权的容许范围给出审查密度的绝对统一的精确值，但这不意味着所有的案件都可以任意决定审查强度，对于相同的审理对象，法院至少应持有最低限度的同步，不致相互矛盾。三层次的密度标准体系分别是：针对行政立法行为审理之维，应进行"不抵触即可"的低密度审查；针对相对人履约行为审理之维，应采用"合法性"与"合约性"的中密度审查；针对行政机关履约行为审理之维，应采取以"信赖利益保护"为核的高密度审查。

（二）审查行政协议地方立法："不抵触"标准的低密度审查

行政协议不是行政机关作出即生效的"一次性"行政行为，而是形成于在行政机关意思表示到达相对人，再由相对人处理反馈给行政机关间的多次流连往复。纵观行政协议的实践运行样态，其设定、履行和救济的全过程都

---

[1] 参见王名扬：《美国行政法》，中国法制出版社 1995 年版，第 673～674 页。

[2] 参见王锴：《行政诉讼中的事实审查与法律审查——以司法审查强度为中心》，载《行政法学研究》2007 年第 1 期。

很少受到"法律优先"的依法行政原则制约：大部分行政协议几乎完全没有行政法上的直接依据，而由行政机关自我设定、自我执行和自我变更。有学者将行政诉讼对国家法制统一的维护职能定义为法院有权审查抽象行政行为的合法性。[1]一方面，行政协议地方性规定泛滥但不精是法制统一道路上的较大阻碍。忽略行政协议是否具备抽象行政行为特征及其是否合法，而直接审查具体行政行为的做法没能实质发挥司法裁判对行政协议法制统一的监督作用。另一方面，许多行政协议（尤其是行政机关和社会资本合作类协议）在前期需要广泛地筛选最优合作者，故面向社会不特定主体发出"要约邀请"，而这些往往冠以行政规范性文件形式外观，在后续司法审查过程中一般也被视作行政协议的合法性依据。从现实的审判图景来看，法院对上述两类抽象性文件有无审查权限，应当采取何种标准进行审查存有疑问。按照行政诉讼法受案范围，对于抽象行政行为仅可"附带审查"，循此逻辑，行政规范性文件则不可独立被诉。此外，除规范性文件外，对其他地方政府制定的规章、条例有无司法上的审理权限也需要进一步明确。

1. 对作为法律依据的行政协议地方性立法的审查

第一，行政诉讼具有维护行政法制统一的独到功能优势。《行政诉讼法》创设了"规范性文件附带审查"制度，着重审查规范性文件制定职权、程序和内容三个方面。相比于立法机关和执法机关而言，由其自己来裁决或者解释自己制定或实施的抽象行政行为的合法性和合理性问题，相当于"自己做自己案件的法官"，有悖于基本的法治原则。涉及全局性、系统性的法律体系统一问题，应当交由中立的第三方——司法机关以行政诉讼的方式解决，其中立性地位可尽量地避免由作出者进行自我监督的不公正。从启动监督的程序上看，立法或行政机关自行启动监督程序往往不会经常性地进行，而行政诉讼制度是由相对人以起诉方式进行启动，人民法院就必须相应开始审查程序，且有时效限制，制度化水平较高。由此可见，行政诉讼在维护法制统一方面具有独到优势。

第二，以行政诉讼监督行政立法的必要性。地方立法是行政行为的依据

---

[1] 参见方世荣：《论维护行政法制统一与行政诉讼制度创新》，载《中国法学》2004年第1期。

和源头，违法行政立法将扩散到行政执法层面，有必要从源头上予以审查并纠正，正本清源。我国行政立法体制呈多头立法格局：国务院和各部委作为中央行政立法主体，有权制定并发布行政法规和规章，省、自治区和直辖市人民政府和设区的市人民政府，有权制定和发布地方政府规章。并且，上述主体除了制定和发布行政法规、规章之外，还有权制定并发布具有普遍规范性效力的决定、命令。此外，我国其他行政机关也均有权发布在本部门、本地区范围内具有普遍拘束效力的决定与命令。在这种格局下，各层级、各类别行政法规范的统一值得关注。若本文构想的"行政协议立法解释"成立，在制定出台后，相比于地方政府自行执行的条例规章，其居于上位法地位。根据下位法不得与上位法相抵触，禁止地方保护主义和部门保护主义立法的法制统一原则，行政协议多层级、多部门的现有立法必须符合"行政协议立法解释"的原则和内容。我国目前行政协议立法层级较低，且地区之间针对同一问题的规定不一，这无疑将严重制约行政协议法制统一进程。虽然我国诉讼法仅规定了对抽象行政行为的附带审查权，但行政诉讼的法制统一功能"是由其自身规律所决定的，不以立法时的主观设想为转移"。[1]行政诉讼在审理具体的行政协议案件时，会不可避免地对作为协议依据的规范性文件、地方政府规章等是否与上位法相抵触进行审查。这种权力不来自于行政诉讼法对人民法院的直接赋权，但是其却暗含于行政诉讼的客观规律中。

第三，确立行政诉讼对行政立法的审查权和相关纠正权。《行政诉讼法》规定法院在审理案件时以法律、行政法规和地方性法规作为依据，参照规章。对于合法的规范性文件，应当作为行政行为的依据，反之，不合法的，则有如下两种处理方式：一是不作为裁判依据，二是提出司法建议。例如，《自然资源行政应诉规定》第34条规定，自然资源主管部门收到人民法院对本部门制发的规范性文件处理建议的，应当于60日内向人民法院反馈处理意见。若发现该规范性文件与上位法规定相抵触的，应当及时废止。可以说，行政诉讼目前仅限于对规范性文件的附带审查，而不及于规章、地方性法规等高位

_____

〔1〕 方世荣：《论维护行政法制统一与行政诉讼制度创新》，载《中国法学》2004年第1期。

阶行政立法活动。这忽视了行政诉讼对维护法制统一的重要功能。在德国，《联邦基本法》《联邦宪法法院法》和《行政法院法》对行政法规的司法审查设置了多元模式。宪法法院和行政法院分别审理违反联邦法律的州法律或行政法规，以及州以下的法规等。并且，任何受到损害的自然人和法人都有权针对法规提起审查。美国则可以说是以司法审查维护法制统一的典范，司法审查范围不仅包括行政法规，还包括议会的法律。域外的相关做法表明，对行政法规的审查并不限于低位阶的立法，而是延展到了几乎所有的行政立法上，行政诉讼的监督价值得以充分发挥。同样地，面对行政协议行政立法参差不齐的乱象，行政诉讼应当有相应的制度创新，比如可根据法院层级和行政立法层级分别赋予审查权。且目前提出司法建议的方式监督力度过小，不足以形成督促行政机关依法立法的威慑力，因而可以将建议权拓展到"决断权"和"裁判权"等更权能效果更为突出的实质权力上来。

2. 对作为协议缔约前置程序的规范性文件的审查

对行政立法进行普遍地、常态化的司法监督，并未触及行政协议具体问题。具体到行政协议的实际裁判中，最常见的便是对作为协议缔约前置程序的规范性文件要不要审查以及如何审查的问题。在行政协议订立前，行政机关一般会以招标书的方式向社会不特定相对人公布协议部分内容，主要目的在于吸引社会资本参与。这种行政允诺是面向不特定行政相对人的抽象行政行为，并包含了诸如特许经营权期限、引资按比例奖励等物质性利益的内容。法律效力上，此类允诺主要体现为对行政主体一方的自我约束，是一种面向未来的、承诺当约定条件达成之时履行义务的行政法保证。作为产生法律效果的行政行为，其合法性理应受到监督，应被纳入司法审查范围。尽管修改后的《行政诉讼法》在受案范围上将名称改成"行政行为"，但列举式的受案范围仍仅限于具体行政行为，对规范性文件则采用"附带性审查"模式。在司法实践中，因当事人没有提出审查请求法院便直接忽略对规范性文件进行审查的做法十分普遍。有学者对上海部分法官的调查显示：在不考虑其他因素的情况下，若当事人对规范性文件不存在异议，将近一半的法官表示"不会审查"；即使自己感觉有问题，亦有1/5的法官表示"不会主动审查"。[1]但事实上,一味地克制并无助于实现"救济权益、解决争议和监督行政"的行政诉讼功能。行政协议司法审查的实现过程至少包括对缔约前允诺的解释、对相对人行为是否与协议规定的事实要件相符的"涵摄"以及对协议内容兑现等三个阶段。这表明,行政协议在法律具体适用过程中具有多步骤的判断流程,审判者可以有选择地拆分细化,而非一味纳入行政自由裁量权的范围进行回避。如将法律层面规定不详一律视为行政机关拥有无限度的自由裁量空间,那么司法将丧失对行政协议的法律控制。基于行政协议规范性文件在性质上既作为协议法律关系组成部分之一,又以行政立法形式为外观的特殊构造,实践中则呈现司法审理基准不一的状况。

在行政协议案件中,对此类规范性文件的审查,多源于社会资本方诉求认定行政机关一方存在缔约过失情形,侵犯了其合法权益。法院将对规范性文件的权限审查作为合法性审查的内容之一,并且这一审查路径已经得到了《行政诉讼法司法解释》的确认,[2]这里所言的"权限",既包括组织法也包括行为法上的权限。有学者将司法实践中行政案件的法律规范适用情况总结为两种:第一是法律、法规、规章及行政规范性文件对被诉行政行为均有规定,但是被诉行政行为仅依据行政规范性文件做出,而非法律、法规或者规章;第二是法律、法规、规章对被诉行政行为均没有规定,只有行政规范性文件有规定。对于第一种情况,法院有可能略过规范性文件而径行适用法律、法规或参照规章;但面对第二种情况,人民法院将不得不引用规范性文件做出裁判,但前提是该规范性文件必须"合法、有效",即必须接受司法审查。[3]按照这种观点,司法审查如果以规范性文件作为审查依据,则必须先确定其本身是合法、有效的。在对规范性文件进行权限审查时,应当分为横向和纵向两个维度。横向维度主要指事项范围,即规范性文件能够对哪些人和哪些事

---

〔1〕 参见王庆廷:《隐形的"法律":行政诉讼中其他规范性文件的异化及其矫正》,载《现代法学》2011年第2期。

〔2〕 《行政诉讼法司法解释》(2018)第148条第1款规定:"人民法院对规范性文件进行一并审查时,可以从规范性文件制定机关是否超越权限或者违反法定程序、作出行政行为所依据的条款以及相关条款等方面进行。"

〔3〕 参见黄学贤:《行政规范性文件司法审查的规则嬗变及其完善》,载《苏州大学学报(哲学社会科学版)》2017年第2期。

进行管理，属于权限的"宽度"问题；纵向维度主要指规范性文件规定的具体方式，体现了权限的"深度"问题。总体而言，规范性文件的权限是指其能够规定何种事项以及怎样规定这些事项的能力范围。在确认其权限的法律适用上，应当以《宪法》和《人大和地方政府组织法》以及其他含有职责和授权等相关内容的法律、法规等为依据，确认允诺行为作出主体具有针对允诺事项的概括性权限。

司法实践中，对于行政机关协议前以规范性文件进行的允诺审查存有两种做法：一种是奉行对行政协议本身无遗漏式的审查，认为行政机关只能在已有法律的框架内作出行为，反之，则否认其效力；另一种是直接放弃对协议前允诺的合法性确认，转而直接审理相对人行为以及协议不兑现行为。本文认为，后一种做法有放任违法及滥施允诺的风险，限缩了行政诉讼监督行政权合法运行的功能，并不可取，而前一做法中的审理密度也有待商榷。确定审理密度的因子有很多，其中上位法依据的有无及其详尽程度，以及审理对象的性质是关键。山东省高级人民法院在一起案件中指出："要求所有的管理均具有行为法上的依据并不现实，在服务于公共利益的前提下，政府有权在缺少法律依据的情况下从事积极的管理活动"，[1]该判决富有创造性地迎合了现代行政发展的能动性与自主性趋势，突破"法无授权不可为"的常态认知，仅审查组织法依据而不对行为法依据过多苛求，这类似在"不审查"或者无遗漏式的"高密度审查"的中寻得一个折中——低密度审查。

第一，低密度审查仍强调要以对缔约前阶段的允诺进行合法性确认。规范性文件是审查后续行政机关是否遵照先前义务的主要依据，和后续缔结的行政协议共同构成了行政机关的义务来源，如果对允诺行为本身不加审查，就等于认可了其既作为"运动员"，又作为为自己行为设立标准的"裁判员"，这种矛盾身份容易诱发关于合法性的信任危机。通常，为置换社会合作，行政协议发出的"诱饵"往往是公共资源，关涉到广大纳税群体的公共利益，为此，其行政权运行的合法性必须受到关注。另外，行政实践中的规范性文件往往是"具体法依据"，在数量上远远多于法律、法规。按照行政诉

---

[1] 山东省高级人民法院行政判决书（2000）鲁行终字第1号。

讼附带审查规范性文件的制度，大部分以规范性文件形式作出的协议前允诺，因为当事人没有提出，通常法院会越过对其的审查，这与设置规范性文件附带审查的最初目的不符。虽然，行政诉讼附带审查制度要求对规范性文件进行审查前提是应公民、法人或者其他组织的"申请"，并非是法院进行的主动审查；但按照《行政诉讼法》第 64 条规定，规范性文件不合法的，不作为认定行政行为合法的依据。循于反向解释，规范性文件形式的协议前允诺经法院审查后合法的，可作为审理后续行为的依据。这在行政协议案件中其实展现出一种矛盾，一来只要协议中包含着行政机关尚未给付的特定利益，作出允诺的规范性文件是不是合法并不在当事人的考虑范围内，当事人不会主动申请法院审查其合法性，否则一旦确认违法反而会产生不利于自身权益的相反结果；二来在协议前允诺没有立法上其他依据情形下，其本身便成为审查行政机关是否履行、履行是否合法的"法律上的依据"。如果说在存在其他法律依据的行政行为案件中，法院不对规范性文件进行主动审查也不将其作为依据的做法尚属正当，那么在行政协议案件必须以规范性文件允诺作为审理后续依据的情况下，"可以"审查就变为"必须"审查。审查的主要内容包括：协议前允诺的事项必须符合职权范围，不能违反法律法规的禁止性规定，不能作出无原则、无界限甚至损害他人利益或公共利益的允诺。

第二，低密度审查仅要求遵循最低限度的形式合法性，而不包括广义上的合理性审查。传统依法行政原理的核心便是"法无授权不可为"，要义是行政机关必须在有法律规范依据的前提下方可做出行政行为。但是，若以此标准不加区分地适用于所有的行政行为，那一些开放式的、自由裁量为核心的行政行为势必会陷入合法性危机。我国《行政诉讼法》第 64 条规定："人民法院在审理行政案件中，经审查认为本法第五十三条规定的规范性文件不合法的，不作为认定行政行为合法的依据并向判定机关提出处理建议"，此处的"合法"可作狭义与广义两种解释：其一，狭义上的规范性文件合法性审查严格以上位法为依据，与上位法内容相抵触或增设相对人义务的行为不具有合法性；其二，广义上的规范性文件合法性则增加了对其是否合理、适当的合理性判断，多运用于缺乏上位法依据情形，需要法院进行法律原则和精神上的阐释以及相关的利益衡量。两种不同的审查方式分别表达了司法介入的不同强度，鉴于行政协议弹性行政与给付行政的品性，"与干预行政领域不同，给付行政领域只需要遵循最低限度的法律保留原则"，[1]对协议前允诺本身行政裁量权的行使是否构成裁量逾越的判断，应该适当放宽。行政裁量可能代表了更为合理的决定。相比一般行政行为以合法性为核心的主体、内容、权限和程序等一般化审理内容，行政协议案件中应进行一定简化，第一步在于关注主体资格上是否具有约定事项的概括权限，在形式上判断有无法定管辖权；第二步在内容上不与已有法律规定相抵触。这种模式对审查作简化处理，对行政协议创设权利和价值选择的余地给予充分尊重，以形成鼓励效应。

（三）审查协议相对方行为：合法性与合约性并存的中密度审查

协议的法律效力主要体现在：敦促双方当事人应积极履约；不得擅自变更协议效力；协议受国家强制力保障；在一定情况下可以约束第三人。因此，在行政协议中，只要行政机关和社会资本方签订了合法有效的协议，相对方就应当按照合同内容履行义务，合同本身即是其履约义务的来源。实践中，司法对待协议相对人行为的态度并不清晰，要么将其裹挟在文本协议中进行粗略审查，要么则直接将其忽略。民法中以维护民事主体的意思表示为核心理念，其评价指标体系包括对违法或侵权性法律行为的评价，以及对意思表示是否真实且自由的评价。延伸至行政协议相对人行为中，也可二分为"法律性审查"和"事实性审查"两部分：前者保障协议相对人行为最基本的"善"，即任何行为必须是首先是合乎法律的，为获取个人利益而牺牲更大公共利益的做法不具有正当性；而后者则建诸对行政机关创设协议条件能动裁量的充分尊重之上，行政协议本质也是一种利益交换，符合要求的相对人行为才能获取相应置换资格。

1. 相对人行为的合法性判断标准

比如，采用违法手段完成协议的不具有合法性，其行为结果的正当性不应被承认。在"李某伟与东营市公安局交通警察支队行政允诺上诉案"中，上诉人为了获取举报奖励，安装并利用了属于交通警察方有权限操作的移动

---

[1] 陈无风：《司法审查图景中行政协议主体的适格》，载《中国法学》2018年第2期。

测速设备，属于无权利用移动测速设备收集、固定违法行为证据，违反了《道路交通安全违法行为处理程序规定》，不应获得违法举报奖励允诺中的利益。[1]主观诉讼中以维护当事人合法权益为主要导向，这要求法院在审理相对人行为应当进行利益衡量，在相对人为实现协议要求已付出的利益和其违法程度做比对，若是行为人轻微违法，如只是因过失忽略了一些法律程序上的规定，行政主体负担的兑付义务则可以相应按比例缩减，但并不能因此否定其整个行为的合法性。避免"一刀切"式的细致型合法性判断，要充分考虑到行为人为回应协议条件所付出的各种成本（金钱、时间和精力），这对于司法审查有的放矢的精确程度提出了更高的标准。

2. 合约性判断标准

对协议相对人行为的审查本质在于确定其行为符合协议中设定的条件，只有完整达成条件的行为才能成为获取协议利益的正当事由，就此，法院的司法审查过程即在协议本身与相对人行为之间的涵摄过程。其一，是否实际履约。实际履约即执行和实践约定义务的行为。一般情形下，协议相对方对协议义务的完成度、完成质量是行政机关履行义务的前提条件，协议相对方的履约行为是决定行政机关是否要按约定进行对价给付的关键。例如，在PPP项目协议履行过程中，社会资本方一般需要对工程承包、运营服务、原料供应以及产品服务和购买等各类事项负责，这构成了其履约义务的具体内容。其二，是否完全履约。是否完全履约指的是对协议相对方履约行为完整程度的判定。完全履约应当是在约定期限内完成的质量、数量都达标的履约行为。履行超期、履行的数量和质量不达标以及履行弄虚作假等不符合协议约定的行为，都会或多或少地影响到行政机关订立协议时期望的社会效益，因而这些行为都属于不完全履约。如履约行为超出约定期限、履约的数量和质量不达标以及履约弄虚作假。

（四）审查行政机关履约行为：以"信赖利益保护"为核的高密度审查

我国目前已有关于行政协议司法审查的讨论，多建诸对行政机关单方行为合法性和协议整体的效力判断上。审查重心偏离容易导致行政协议动辄无

---

[1]　山东省东营市中级人民法院行政判决书（2013）东行终字第21号。

效，相对人反而难寻救济，与主观诉讼目的相背离。若要实现救济相对人权利的整体目标，对于行政机关履约行为，应采取高密度的审查模式。信赖利益保护表明社会主体对行政机关的起码信任，是维护社会秩序的基础，基于此，行政协议的履约行为不仅要恪守法律的规定，还要符合"信赖利益保护"的合理性原则。

行政机关不履约行为包括"拒绝履约"、"拖延履约"和"不予答复"三种样态。其中，拒绝履约是最为常见的一种，可分为实质上拒绝和程序上拒绝两种，前者是行政机关在对相对人提出的兑现申请之合法性进行审核后的拒绝；后者则多表现为行政机关直接对于相对人之申请未予言明，只是程序上表述拒绝受理。[1]行政协议中的拒绝履行一般表现为不阐明理由或根本欠缺理由的明示否认其具有协议兑现的义务，或拒绝虽附有一定理由，但该理由并非法律上的理由或尚不足以构成做出拒绝的基础。拖延履约是指行政机关在规定的时间或者合理期限内无视或推卸兑现责任的行为。不予答复指的是行政主体面对行政相对人的申请不作任何答复，这种情形与拖延履行类似，但拖延履行一般为行政机关程序上接收了履约诉求，并表达了将予以兑现的意愿，赋予了行政相对人了合理期待，但不予答复则是在知晓了相对人兑现协议的要求后不作任何形式的表态。行政协议的实际履行过程中还可能出现"部分履行"的特殊样态，即行政机关只履行协议中的部分义务，例如在招商引资类协议中，行政机关先前承诺以引资额的5%作为奖励，在最终履行阶段却只实际兑付1%。此外，还要格外注意审查行政机关有无不诚信履约行为，是指行政机关以故意偷换概念或做损益性缩小解释等变化履约内容的行为。具体到行政协议中，指的是行政机关没有完整履行协议中的先前约定，而是擅自以其他内容代替原本约定的内容。例如，行政机关以偷换概念的方式，以物质给付代替优惠承诺；再比如，在涉及金额给付的协议中，以缩小解释的方式，实际给付款额少于应当给付的款额。

当然，并不是所有的行政协议制定后都能顺利获得落实，行政协议大多承载着公共利益，在特定情况下应当进行一定的让步。阻碍协议进行的特殊

---

〔1〕 温泽彬、曹高鹏：《论行政诉讼履行判决的重构》，载《政治与法律》2018年第9期。

情形主要包括为维护公共利益，行政机关行使单方优益权改变协议原本效力状态的，另一种是客观上产生了阻碍履约的非主观意志不可抗力。当行政机关以上述两类情形作为不履约的抗辩事由时，法院有义务对该情形是否存在，以及是否达到足以阻碍协议正常履行的程度进行审查，在公共利益与个人利益间进行价值衡量。关于行政优益权的合理性判断在前文已有阐述，此处不赘。在判断不可抗力的裁量基准方面，若行政机关做出行政行为时许诺的土地等实在标的物，在行政机关兑现之前发生因洪水、地震等导致的灭失或严重损毁，致使履行不能的，或其他因不可预测、无法避免等客观因素，为维护公共利益的情势变更因素导致行政机关履行不能的，都属于正当阻却因素。相反，若并不存在干扰协议兑现的客观因素，是由行政机关主观意愿的故意或过失导致了协议无法兑现，或者可以兑现却不愿兑现，都应认定为具备履行的可能性。

综上，行政机关履约行为不仅攸关行政协议相对人的信赖利益，更攸关协议整体承载的公共利益的满足情况。而单凭"形式合法"一般行政行为审查思路则无法确保公私双重利益获得无遗漏的保护。这对作为监督行政权力运行的"异体机制"的行政诉讼提出了更高要求——审查行政机关履约行为的实质合法性，塑造以"信赖利益"和"社会公共利益"双重价值目标为内核的高密度审查模式。

四、完善保障统一的司法案例指导制度

类案同判是法律制度统一的基本要求。当下，仅凭借最高人民法院出台司法解释的"顶层设计"模式，难以全面供给司法实践的裁判规则需求，还需要"自下而上"的基层审判经验予以补足。2020年最高人民法院发布《关于完善统一法律适用标准工作机制的意见》，指出应以发布指导性案例方式指挥全国法院审判和执行工作，以实现"总结审判经验、统一法律适用标准、提高审判质量、维护司法公正"的目标。指导性案例对类案审理具有参照效力。2021年5月，最高人民法院首次集中发布行政协议十起典型案例，涉行政协议的履行、变更、解除、无效等法律适用问题。首批案例的指导意义体现几个方面：在案由方面，主要筛选了行政机关在违法订立和履行协议的案

件；在类型方面，以征收补偿协议类案件为主，还包括政府特许经营、招商引资等案件；在审理标准和内容上，突出了法院对行政协议案件合法性审查的外对合约性审查的重视，并融合了部分公私法相关规则。结合行政协议的特殊性，要充分发挥行政协议指导性案例的价值，还需要进一步有针对性地健全指导性案例机制。

（一）建立行政协议案例指导工作协同机制

案例指导制度遵循基层筛选上报的层级推进模式，筛选工作共包含基层法院对自己审结案件的首次选择，以及上级法院对被推荐案例的二次选择。在基层法官首次上报前，应当与其他地区同类型协议案件交流审判经验，确保上报案件的典型性和指导价值。在上级法院收到上报案例后，应当将已收到案件类型整理汇编，以信息公开形式在法院系统内部发布，对于已经过饱和的行政协议类型和基本相同的审理规则，避免重复上报，对于还尚缺乏案例资源的新类型协议案件，应当指导下级法院注意搜集此类案件的裁判。

（二）扩大行政协议司法案例指导的涵盖区域

目前，从行政协议首批 10 起指导案件来看，其中 8 起有关"征收补偿安置类协议"，1 起"招商引资协议"及 1 起"特许经营协议"。从事由来看，基本都围绕行政机关不按约履行协议或违法单方变更、解除行政协议展开。实践中，政府与相对人签订协议的类型有很多，且随着社会发展变化，新的行政协议种类正在不断涌现。在行政机关履行行为之外，协议相对人的履行行为、行政协议的缔约问题等仍缺乏相应关注。因此，未来应扩大行政协议司法案例指导的涵盖区域，充分挖掘行政协议的多样性，建立类案素材库，深入挖掘能够反映普遍性、倾向性问题的行政协议素材。

（三）充分利用科技支撑推进行政协议案例指导制度建设

科技最突出的特点在于其精细化特质，例如大数据和人工智能手段能够迅速整理、提炼和整合个体信息，形成数据样本库，并以一种"点对点"和"定点式"精准模式作用于治理对象。算法和互联网信息平台可以将分散的行政协议数据进行整合并自动分析，实现行政协议案件全国或省内的资源共享。具体应用到指导性案例的制定上，可通过大数据汇总、分析零散行政协议案例和法官意见，并输出结果，为指导性案例制定提供辅助性决策。另一方面，指导性案例制定还需要充分关切不同地区的行政协议，避免"一刀切"的整体指导。科技可以发现、统计不同社会区域的行政协议制定背景，搜集特定区域内协议的特殊规制诉求，提升指导性规范的精确程度。[1]

---

〔1〕 付鉴宇：《论法治社会中的科技支撑功能及其实现》，载《广西社会科学》2021 年第 6 期。

结语：在契约与行政之间

总结起来，本文提出以"行政协议立法解释"作为行政协议制度统一的基本方案，并对选择理由、基本理念、框架内容和后续实施皆有阐述。本文的基本结论包括：

第一，行政协议制度不统一的原因有理论误区、认知局限和体制机制障碍三方面。理论是制度建构的前提，制度统合建立在充沛的理论给养基础上。我国行政法学理论界当以包容、开放态度看待行政协议的与民事合同的关系，将目光聚焦于二者的共性提炼而非差异界别上来。民法合同的理论和制度相较于行政协议来说更为完善，在相同的法律体系背景下，当为行政协议的最优借鉴对象。同时，在政府和社会资本合作治理活动日益增多的当下，以往"行政行为——合法性审查"的纯粹公权力监督范式应当适时变迁。传统范式奠定了行政法学作为科学共同体的研究假设和基础理论，但行政协议的出现明显触及传统范式的承载力，试图探索新的边界。就此，"行政协议立法解释"首先要做的就是重建一种作为解释之基础的行政协议范式。

第二，"行政协议立法解释"应当以"公私二元协同调整"理念为基础组建。立法解释逻辑需结合待解释规范和拟规制之对象的特质综合设定。行政过程论和公私法协同理论可分别在纵向的时间维度和横向的内容整合方面有序科学规定解释内容。在其间，需注意平衡协议中的契约与行政双重要素，以及行政协议法律关系内部各主体权利与义务的均衡配置。

第三，"行政协议立法解释"应重点统合行政协议的性质判断、规范语义、效力规则及行为规则。事实上，行政协议作为一种自带"开放性"特质的行政行为，立法解释不可能对其所有内容事无巨细地予以规制，否则将侵蚀其以自由合意为内核的独特价值。但本书认为，不明确行政协议的性质和语义，则容易导致其沦为兼容并包的"口袋行为"，可能借由被法律所容许的自由——市场行为外观，任意地出入于法治边界；不明确行政协议的效力和行为规则，则无法回答行政协议作为一项合法有效法律行为的基本要素是什么，不排除行为人会不自觉地放大自身利益而罔顾协议所承载之公共利益，将极大程度放任协议的签订与履行的运行随意化，同样不利于行政协议的规范发展。

其实，本书旨在探讨的核心即"行政协议的双重属性何以实现规范表达"的问题。从行政协议伊始以来，关于其性质的争议便不绝于耳，对公权力和契约在对方领域的容许性判断，学说理论仍不断地堆砌各自的解析。本书提出以创设公私法相混合的规范组合路径，归根到底是试图从规范上化解行政协议契约属性和行政权力间交融一体的张力。可以预见，"行政协议立法解释"的假设如若成立，在具体建构过程中，仍会面临许多问题：

第一，契约自由的限度问题。在素不区分公私法的英美等普通法系国家，契约自由被认为是可适用于各类协议的通用准则，但他们也同样承认，行政协议为维护公共利益，个别条款中的契约自由则必须收紧。在我国也是如此，但其间的限度并不好把握。行政协议是一个由多个行为组成的复合行为结构，哪些规则需要统一，哪些规则应适当放宽都需要法律解释者结合行政协议的运行状况进行综合判断。可能会有观点质疑，行政协议的存在必要性恰在于其能够以市场化机制促进公私合作关系，提出"制度统一"命题的根基可能根本就不存在。故此，本书用两章篇幅解答了这一对"必要性"的诘问。自由表意是契约与行政间的最大不同，表意的程度理解不同也势必影响立法解释的建构，直接关联具体法解释条文的精细程度，还需要立法解释者在解释过程中反复衡量比较。

第二，行政协议的权力控制问题。在大陆法系公私法二元分立语境下，继续保留行政优益权无疑对于保护公共利益具有重要价值。但相应的研究范式应予以改变，如继续倾注目光至各类"行政侵权"问题上，则必然会导致立法偏向行政权的"赋权与限权"一端倾斜。由此，"行政协议立法解释"如要对已失衡的"天平"加以矫正，应当特别加重公法上对行政协议相对人的权利、权能和行为规则的"砝码"，参考私法协议相关规则，重新阐释行政协议制度。最终实现既能兼顾公共管理、服务的目的与速率，同时也能有效保障相对人合法权益的全面制度。

第三，域外制度借鉴与本土化的自洽问题。伴随行政法典化进程推进，行政协议的法制化将作为其中的重要组成部分。行政协议法制化的最便捷路径是借鉴域外国家的先进制度经验。首先，应注重法源的一致性。在域外经验借鉴学习过程中，通常应该首先关注相同的法系。其次，应注重法体系内部的逻辑自洽。每一个国家的行政和民事协议法律规范，都建立在本区域内法逻辑体系的自洽之上，"不能民事契约的法系渊源是德国的，而行政契约的法系渊源却是法国的"。[1]行政契约制度的建立，应最大程度避免背后法源法系的移植、借鉴过程中的冲突和抵牾。

---

〔1〕　于立深：《台湾地区行政契约理论之梳理》，载《中外法学》2018 年第 5 期。

参考文献

（一）专著类

［1］［德］哈特姆特·毛雷尔：《行政法学总论》，高家伟译，法律出版社 2000 年版。

［2］［德］平特纳：《德国普通行政法》，朱林译，中国政法大学出版社 1999 年版。

［3］［美］约翰·罗尔斯：《正义论》，何怀宏等译，中国社会科学出版社 1988 年版。

［4］［美］史蒂文·J. 卡恩：《行政法原理与案例》，张梦中、曾二秀、蔡立辉等译，中山大学出版社 2004 年版。

［5］［美］E. 博登海默：《法理学：法律哲学与法律方法》，邓正来译，中国政法大学出版社 2017 年版。

［6］［意］托马斯·阿奎那：《论法律》，杨天江译，商务印书馆 2018 年版。

［7］［意］乌尔比安：《学说汇纂》，陈汉译，中国政法大学出版社 2009 年版。

［8］［印］M. P. 赛夫：《德国行政法——普通法的分析》，周伟译，五南图书出版有限责任公司 1991 年版。

［9］［美］唐·E. 艾伯利：《市民社会基础读本——美国市民社会讨论经典文选》，林猛、施雪飞、雷聪译，商务印书馆 2012 年版。

［10］［美］史蒂芬·布雷耶：《打破恶性循环：政府如何有效规制风险》，宋华琳译，法律出版社 2009 年版。

［11］［德］汉斯·J. 沃尔夫、奥托·巴霍夫、罗尔夫·施托贝尔：《行政法（第 1 卷）》，高家伟译，商务印书馆 2002 年版。

［12］［日］南博方：《日本行政法》，杨建顺、周作彩译，中国人民大学出版社 1988 年版。

［13］［日］盐野宏：《行政法》，杨建顺译，法律出版社 1999 年版。

［14］［日］和田英夫：《现代行政法》，倪健民、潘世圣译，中国广播电视出版社 1993 年版。

［15］［苏］列宁：《列宁全集（第 1 卷）》，中共中央马克思恩格斯列宁斯大林作编译局译，人民出版社 2017 年版。

［16］［日］芦部信喜：《宪法》，林来梵、凌维慈、龙绚丽译，北京大学出版社 2006 年版。

［17］［日］美浓部达吉：《公法与私法》，黄冯明译，中国政法大学出版社 2003 年版。

［18］［美］理查德·B. 斯图尔特：《美国行政法的重构》，沈岿译，商务印书馆 2002 年版。

［19］［英］L·赖维乐·布朗、约翰·S. 贝尔：《法国行政法（第 5 版)》，高秦伟、王锴译，中国人民大学出版社 2006 年版。

［20］［德］汉斯·J. 沃尔夫、奥托·巴霍夫、罗尔夫·施托贝尔：《行政法（第二卷）》，高家伟译，商务印书馆 2002 年版。

［21］［德］卡尔·拉伦茨：《法学方法论》，陈爱娥译，商务印书馆 2003 年版。

［22］［美］本杰明·卡多佐：《司法过程的性质》，苏力译，商务印书馆 1997 年版。

［23］［美］P. 诺内特、P. 塞尔兹尼克：《转变中的法律与社会：迈向回应型法》，张志铭译，中国政法大学出版社 2004 年版。

［24］［英］卡罗尔·哈洛、理查德·罗林斯：《法律与行政》，杨伟东、李凌波、石红心、晏坤译，商务印书馆 2004 年版。

［25］［美］朱迪·弗里曼：《合作治理与新行政法》，毕洪海、陈标冲译，商务印书馆 2010 年版。

［26］［美］L. L. 富勒、小威廉 R. 帕杜：《合同损害赔偿中的信赖利益》，韩世远译，中国法制出版社 2004 年版。

［27］［法］让·里韦罗、让·瓦利纳：《法国行政法》，鲁仁译，商务印书馆 2008 年版。

［28］［古罗马］查士丁尼：《法学总论——法学阶梯》，张企泰译，商务印书馆 1989 年版。

［29］中共中央文献研究室编：《十八大以来重要文献选编（上)》，中央文献出版社 2014 年版。

［30］罗豪才、应松年主编：《行政诉讼法学》，中国政法大学出版社 1990 年版。

［31］罗豪才主编：《行政审判问题研究》，北京大学出版社 1990 年版。

［32］罗豪才主编：《中国司法审查制度》，北京大学出版社 1993 年版。

［33］应松年主编：《行政诉讼法学》，中国政法大学出版社 1994 年版。

［34］梁凤云：《新行政诉讼法讲义》，人民法院出版社 2015 年版。

［35］何海波：《行政诉讼法》，法律出版社 2016 年版。

［36］方世荣主编：《行政法与行政诉讼法学》，中国政法大学出版社 2015 年版。

［37］江必新主编：《中华人民共和国行政诉讼法理解适用与实务指南》，中国法制出版社 2015 年版。

［38］江必新、梁凤云：《行政诉讼法理论与实务》，北京大学出版社 2009 年版。

［39］姜明安主编：《行政法与行政诉讼法（第 3 版)》，北京大学出版社 2007 年版。

［40］湛中乐：《现代行政过程论——法治理念、原则与制度》，北京大学出版社 2005 年版。

［41］章剑生：《行政程序法基本理论》，法律出版社 2003 年版。

［42］许显辉主编：《行政程序基本理论》，湖南人民出版社 2008 年版。

［43］陈新民：《行政法学总论》，三民书局 1997 年版。

［44］马怀德：《行政法制度建构与判例研究》，中国政法大学出版社

2000 年版。

［45］周佑勇：《行政法原论》，北京大学出版社 2018 年版。

［46］周佑勇：《行政法基本原则研究》，武汉大学出版社 2005 年版。

［47］周佑勇：《行政不作为判解》，武汉大学出版社 2000 年版。

［48］余凌云：《行政契约论》，中国人民大学出版社 2000 年版。

［49］李牧：《行政主体义务基本问题研究》，法律出版社 2012 年版。

［50］黄启辉：《行政救济构造研究——以司法权和行政权之关系为路径》，武汉大学出版社 2012 年版。

［51］杨解君主编：《行政法学》，中国方正出版社 2002 年版。

［52］张载宇：《行政法要论》，汉林出版社 1997 年版。

［53］张文显：《法哲学范畴研究》，中国政法大学出版社 2001 年版。

［54］王泽鉴：《法律思维与民法实例：请求权基础理论体系》，中国政法大学出版社 2001 年版。

［55］王泽鉴：《民法总则》，中国政法大学出版社 2001 年版。

［56］章剑生：《现代行政法总论》，法律出版社 2014 年版。

［57］黄锦堂：《行政契约法主要适用问题之研究》，载台湾地区行政法学会：《行政契约与新行政法》，元照公司 2001 年版。

［58］林明锵：《行政契约法研究》，翰芦图书出版有限公司 2006 年版。

［59］傅静坤：《二十世纪契约法》，法律出版社 1997 年版。

［60］王名扬：《法国行政法》，中国政法大学出版社 2016 年版。

［61］王名扬：《美国行政法》，中国法制出版社 1995 年版。

［62］王名扬：《英国行政法》，中国政法大学出版社 1987 年版。

［63］于新循：《政府信用理论与法制保障要论》，中国政法大学出版社 2013 年版。

［64］马生安：《行政行为研究——宪政下的行政行为基本理论》，山东人民出版社 2008 年版。

［65］姬亚平：《行政奖励法制化研究》，法律出版社 2009 年版。

［66］王霄艳：《论行政事实行为》，法律出版社 2009 年版。

［67］莫于川等：《柔性行政方式法治化研究——从建设法治政府、服务

型政府的视角》，厦门大学出版社 2011 年版。

［68］吴庚：《行政法之理论与实用》，中国人民大学出版社 2005 年版。

［69］姜明安、余凌云：《行政法》，科学出版社 2010 年版。

［70］张德淼、刘琦：《现代法治下的地方立法原则与立法体制的和谐》，载陈小君、张绍明主编：《地方立法问题研究》，武汉出版社 2007 年版。

［71］李元起主编：《中国宪法学专题研究》，中国人民大学出版社 2009 年版。

［72］刘旺洪主编：《行政法学》，南京师范大学出版社 2005 年版。

［73］张春生主编：《中华人民共和国立法法释义》，法律出版社 2000 年版。

［74］罗豪才主编：《现代行政法的平衡理论》，北京大学出版社 1997 年版。

［75］姜明安主编：《行政程序研究》，北京大学出版社 2006 年版。

［76］应松年主编：《比较行政程序法》，中国法制出版社 1999 年版。

［77］浙江省公安志编纂委员会编：《浙江人民公安志》，中华书局 2000 年版。

［78］叶必丰、何渊主编：《区域合作协议汇编》，法律出版社 2011 年版。

［79］胡宝岭：《行政合同争议司法审查研究》，中国政法大学出版社 2015 年版。

［80］张俊浩主编：《民法学原理》，中国政法大学出版社 2000 年版。

［81］罗豪才、湛中乐主编：《行政法学》，北京大学出版社 2016 年版。

［82］郭华成：《法律解释比较研究》，中国人民大学出版社 1993 年版。

［83］梁慧星：《民法学说判例与立法研究（二）》，国家行政学院出版社 1999 年版。

［84］张树义：《行政合同》，中国政法大学出版社 1994 年版。

［85］杨建顺：《日本行政法通论》，中国法制出版社 1998 年版。

［86］沈宗灵：《现代西方法理学》，北京大学出版社 1997 年版。

［87］王人博、程燎原：《法治论》，山东人民出版社 1989 年版。

［88］李建良：《行政法基本十讲》，元照出版有限公司 2017 年版。

［89］朱岩：《论请求权》，载王利明主编《判解研究》（2003 年第 4 辑），人民法院出版社 2004 年版。

（二）期刊类

［1］方世荣：《论行政立法参与权的权能》，载《中国法学》2014 年第 3 期。

［2］方世荣：《东北振兴中的营商环境治理——关于拓展行政公益诉讼范围的思考》，载《社会科学辑刊》2018 年第 4 期。

［3］蒋红珍：《比例原则适用的范式转型》，载《中国社会科学》2021 年第 4 期。

［4］王伟：《论社会信用法的立法模式选择》，载《中国法学》2021 年第 1 期。

［5］成协中：《论我国行政诉讼的客观诉讼定位》，载《当代法学》2020 年第 2 期。

［6］王克稳：《论公法性质的自然资源使用权》，载《行政法学研究》2018 年第 3 期。

［7］王敬波：《司法认定无效行政协议的标准》，载《中国法学》2019 年第 3 期。

［8］刘艺：《构建行政公益诉讼的客观诉讼机制》，载《法学研究》2018 年第 3 期。

［9］陈无风：《司法审查图景中行政协议主体的适格》，载《中国法学》2018 年第 2 期。

［10］邓刚宏：《论我国行政诉讼功能模式及其理论价值》，载《中国法学》2009 年第 5 期。

［11］余凌云：《论行政契约的含义——一种比较法上的认识》，载《比较法研究》1997 年第 3 期。

［12］江必新：《中国行政合同法律制度：体系、内容及其构建》，载《中外法学》2012 年第 6 期。

［13］杨志云：《政府间合作协议的有效性检视》，载《行政管理改革》

2015 年第 4 期。

　　［14］江国华：《政府和社会资本合作项目合同性质及争端解决机制》，载《法商研究》2018 年第 2 期。

　　［15］罗豪才、沈岿：《平衡论：对现代行政法的一种本质思考——再谈现代行政法的理论基础》，载《中外法学》1996 年第 4 期。

　　［16］韩思阳：《无效行政协议审查规则的统一化——兼评〈行政协议解释〉》，载《法学杂志》2020 年第 10 期。

　　［17］聂友伦：《论司法解释的立法性质》，载《华东政法大学学报》2020 年第 3 期。

　　［18］江必新：《行政协议的司法审查》，载《人民司法（应用）》2016 年第 34 期。

　　［19］王海峰：《论行政协议的边界》，载《行政法学研究》2020 年第 5 期。

　　［20］张弓：《行政协议可撤销的判断标准及其修正》，载《政治与法律》2020 年第 11 期。

　　［21］闫尔宝：《行政协议诉讼法定化的意义检讨》，载《学术论坛》2019 年第 5 期。

　　［22］王青斌：《行政撤销权的理论证成及其法律规制》，载《法学》2021 年第 10 期。

　　［23］叶必丰：《行政合同的司法探索及其态度》，载《法学评论》2014 年第 1 期。

　　［24］黄学贤、廖振权：《行政协议探究》，载《云南大学学报（法学版）》2009 年第 1 期。

　　［25］于立深：《行政协议司法判断的核心标准：公权力的作用》，载《行政法学研究》2017 年第 2 期。

　　［26］刘飞：《行政协议诉讼的制度构建》，载《法学研究》2019 年第 3 期。

　　［27］刘飞：《以民事合同方式完成行政任务的可能性——以"永佳纸业案"为例的考察》，载《法学》2023 年第 5 期。

　　［28］徐键：《相对人不履行行政协议的解决路径》，载《政治与法律》2020 年第 11 期。

［29］邢鸿飞：《政府特许经营协议的行政性》，载《中国法学》2004 年第 6 期。

［30］廖秋子：《行政自由裁量权的存在悖论与规范理路》，载《东南学术》2010 年第 2 期。

［31］邓小鹏等：《基于行政法学角度的 PPP 合同属性研究》，载《建筑经济》2007 年第 1 期。

［32］杨解君、陈咏梅：《中国大陆行政合同的纠纷解决：现状、问题与路径选择》，载《行政法学研究》2014 年第 1 期。

［33］陈阵香、陈乃新：《PPP 特许经营协议的法律性质》，载《法学》2015 年第 11 期。

［34］湛中乐、刘书燃：《PPP 协议中的法律问题辨析》，载《法学》2007 年第 3 期。

［35］陈国栋：《行政合同行政性新论——兼与崔建远教授商榷》，载《学术界》2018 年第 9 期。

［36］钱大军：《当代中国法律体系构建模式之探究》，载《法商研究》2015 年第 2 期。

［37］凌维慈：《保障房租赁与买卖法律关系的性质》，载《法学研究》2017 年第 6 期。

［38］李昌麒、应飞虎：《论经济法的独立性——基于对市场失灵最佳克服的视角》，载《山西大学学报（哲学社会科学版）》2001 年第 3 期。

［39］苗连营：《当代中国法律体系形成路径之反思》，载《河南社会科学》2010 年第 5 期。

［40］黄文艺：《信息不充分条件下的立法策略——从信息约束角度对全国人大常委会立法政策的解读》，载《中国法学》2009 年第 3 期。

［41］聂友伦：《司法解释场域的"央地矛盾"及其纾解——以"地方释法"为中心的分析》，载《法律科学（西北政法大学学报）》2021 年第 1 期。

［42］周伟：《论行政合同》，载《法学杂志》1989 年第 3 期。

［43］陈无风：《行政协议诉讼：现状与展望》，载《清华法学》2015 年第 4 期。

［44］袁明圣：《司法解释"立法化"现象探微》，载《法商研究》2003年第2期。

［45］戴昕：《威慑补充与"赔偿减刑"》，载《中国社会科学》2010年第3期。

［46］王瑛：《行政协议认定标准探讨》，载《法商研究》2021年第3期。

［47］崔建远：《行政合同之我见》，载《河南省政法管理干部学院学报》2004年第1期。

［48］王春蕾：《行政协议诉讼中的〈民法典〉准用》，载《现代法学》2021年第3期。

［49］李霞：《公私合作合同：法律性质与权责配置——以基础设施与公用事业领域为中心》，载《华东政法大学学报》2015年第3期。

［50］胡改蓉：《PPP模式中公私利益的冲突与协调》，载《法学》2015年第11期。

［51］陈劲、阳镇、朱子钦：《新型举国体制的理论逻辑、落地模式与应用场景》，载《改革》2021年第5期。

［52］刘绍宇：《论行政法法典化的路径选择——德国经验与我国探索》，载《行政法学研究》2021年第1期。

［53］周尚君：《中国立法体制的组织生成与制度逻辑》，载《学术月刊》2020年第11期。

［54］姚辉：《当理想照进现实：从立法论迈向解释论》，载《清华法学》2020年第3期。

［55］查云飞：《健康码：个人疫情风险的自动化评级与利用》，载《浙江学刊》2020年第3期。

［56］李颖轶：《优益权的另一面：论法国行政合同相对人保护制度》，载《苏州大学学报（哲学社会科学版）》2020年第2期。

［57］王利明：《论行政协议的范围——兼评〈关于审理行政协议案件若干问题的规定〉第1条、第2条》，载《环球法律评论》2020年第1期。

［58］严益州：《论行政合同上的情势变更 基于控权论立场》，载《中外法学》2019年第6期。

［59］聂帅钧：《容积率奖励制度的法律属性及其规制——以行政过程论为视角》，载《中国土地科学》2019 年第 5 期。

［60］王伟：《失信惩戒的类型化规制研究——兼论社会信用法的规则设计》，载《中州学刊》2019 年第 5 期。

［61］翟翌：《论行政特许产生的要素及过程 以行政过程论为视角》，载《中外法学》2019 年第 2 期。

［62］苗炎：《司法解释制度之法理反思与结构优化》，载《法制与社会发展》2019 年第 2 期。

［63］胡斌：《论"行政制规权"的概念建构与法理阐释》，载《政治与法律》2019 年第 1 期。

［64］严益州：《德国〈联邦行政程序法〉的源起、论争与形成》，载《环球法律评论》2018 年第 6 期。

［65］范伟：《行政黑名单制度的法律属性及其控制——基于行政过程论视角的分析》，载《政治与法律》2018 年第 9 期。

［66］傅鼎生：《义务的对价：双务合同之本质》，载《法学》2003 年第 12 期。

［67］温泽彬、曹高鹏：《论行政诉讼履行判决的重构》，载《政治与法律》2018 年第 9 期。

［68］宋林霖、何成祥：《优化营商环境视阈下放管服改革的逻辑与推进路径——基于世界银行营商环境指标体系的分析》，载《中国行政管理》2018 年第 4 期。

［69］邢钢：《PPP 项目合同中的便利终止条款研究》，载《法学杂志》2018 年第 1 期。

［70］倪斐：《地方法治概念证成——基于治权自主的法理阐释》，载《法学家》2017 年第 4 期。

［71］崔建远：《行政合同族的边界及其确定根据》，载《环球法律评论》2017 年第 4 期。

［72］黄学贤：《行政规范性文件司法审查的规则嬗变及其完善》，载《苏州大学学报（哲学社会科学版）》2017 年第 2 期。

［73］章剑生：《从地方到中央：我国行政程序立法的现实与未来》，载《行政法学研究》2017 年第 2 期。

［74］王小金、洪江波：《行政相对人不履行行政协议的救济规则》，载《公安学刊（浙江警察学院学报)》2017 年第 1 期。

［75］梁凤云：《行政协议案件适用合同法的问题》，载《中国法律评论》2017 年第 1 期。

［76］程碧华、汪霄：《基于合同性质的 PPP 项目中社会资本的救济途径》，载《工程管理学报》2016 年第 4 期。

［77］郑智航：《比较法中功能主义进路的历史演进——一种学术史的考察》，载《比较法研究》2016 年第 3 期。

［78］喻文光：《PPP 规制中的立法问题研究——基于法政策学的视角》，载《当代法学》2016 年第 2 期。

［79］刘炳君：《当代中国公共法律服务体系建设论纲》，载《法学论坛》2016 年第 1 期。

［80］陈天昊：《在公共服务与市场竞争之间 法国行政合同制度的起源与流变》，载《中外法学》2015 年第 6 期。

［81］赵宏：《法律关系取代行政行为的可能与困局》，载《法学家》2015 年第 3 期。

［82］严益州：《德国行政法上的双阶理论》，载《环球法律评论》2015 年第 1 期。

［83］刘连泰：《斜坡上的跷跷板游戏：平衡论述评》，载《清华法学》2015 年第 1 期。

［84］方世荣、谭冰霖：《优化行政程序的相对人维度》，载《江淮论坛》2015 年第 1 期。

［85］习近平：《加快建设社会主义法治国家》，载《求是》2015 年第 1 期。

［86］［德］弗朗茨－约瑟夫·派纳：《德国行政程序法之形成、现状与展望》，载《环球法律评论》2014 年第 5 期。

［87］江利红：《行政过程论在中国行政法学中的导入及其课题》，载《政治与法律》2014 年第 2 期。

［88］邢鸿飞、朱菲：《论行政协议单方变更或解除权行使的司法审查》，载《江苏社会科学》2021 年第 1 期。

［89］何峥嵘：《行政给付中的信赖保护》，载《行政法研究》2009 年第 3 期。

［90］杜仪方：《行政承诺不履行的法律责任》，载《法学论坛》2011 年第 4 期。

［91］胡云红：《比较法视野下的域外公益诉讼制度研究》，载《中国政法大学学报》2017 年第 4 期。

［92］沈福俊：《论行政自由裁量权及其控制》，载《政治与法律》1995 年第 5 期。

［93］孙波：《地方立法"不抵触"原则探析——兼论日本"法律先占"理论》，载《政治与法律》2013 年第 6 期。

［94］杨建顺：《〈行政诉讼法〉的修改与行政公益诉讼》，载《法律适用》2012 年第 11 期。

［95］王锴：《行政法上请求权的体系及功能研究》，载《现代法学》2012 年第 5 期。

［96］邓晓东：《城管执法制度的和谐进路——以行政过程论为方法》，载《闽江学院学报》2011 年第 6 期。

［97］王庆廷：《隐形的"法律"——行政诉讼中其他规范性文件的异化及其矫正》，载《现代法学》2011 年第 2 期。

［98］罗冠男：《意大利 PPP 法律制度研究》，载《行政法学研究》2017 年第 6 期。

［99］郑雅方：《论我国 PPP 协议中公私法律关系的界分》，载《行政法学研究》2017 年第 6 期。

［100］陈天昊：《法国 PPP 纠纷解决机制——在协议合法性与协议安定性之间》，载《中国法律评论》2018 年第 4 期。

［101］季晨溦：《论行政诉讼中暂时权利保护制度的完善——以司法裁量标准的建构为中心》，载《北方法学》2016 年第 1 期。

［102］徐以祥：《行政法上请求权的理论构造》，载《法学研究》2010 年

第 6 期。

[103] 江利红：《论宏观行政程序法与我国行政程序立法模式的选择——从行政过程论的视角出发》，载《浙江学刊》2009 年第 5 期。

[104] 刘飞：《试论民营化对中国行政法制之挑战——民营化浪潮下的行政法思考》，载《中国法学》2009 年第 2 期。

[105] 罗文燕：《服务型政府与行政法转型——基于"善治"理念的行政法》，载《法商研究》2009 年第 2 期。

[106] 于立深：《通过实务发现和发展行政合同制度》，载《当代法学》2008 年第 6 期。

[107] 何渊：《行政协议：行政程序法的新疆域》，载《华东政法大学学报》2008 年第 1 期。

[108] 王锴：《行政诉讼中的事实审查与法律审查——以司法审查强度为中心》，载《行政法学研究》2007 年第 1 期。

[109] 章剑生：《论行政程序违法及其司法审查》，载《行政法学研究》1996 年第 1 期。

[110] 何海波：《司法判决中的正当程序原则》，载《法学研究》2009 年第 1 期。

[111] 张鲁萍：《行政允诺的性质及其司法审查——基于对司法判决书的实证分析》，载《西南政法大学学报》2016 年第 6 期。

[112] 朱新力：《行政不作为违法之国家赔偿责任》，载《浙江大学学报（人文社会科学版）》2001 年第 2 期。

[113] 陈天昊：《法国行政合同紧急诉讼制度介评》，载《上海政法学院学报（法治论丛）》2012 年第 4 期。

[114] 张玉东：《对放宽环境公益诉讼原告资格限制的探讨》，载《人民论坛》2012 年第 35 期。

[115] 程明修：《公私协力法律关系之双阶争讼困境》，载《行政法学研究》2015 年第 1 期。

[116] 张东煜：《论行政审判中的合理性审查问题》，载《法学评论》1993 年第 3 期。

［117］何海波：《论行政行为"明显不当"》，载《法学研究》2016 年第 3 期。

［118］沈岿：《行政诉讼确立"裁量明显不当"标准之议》，载《法商研究》2004 年第 4 期。

［119］何渊：《论行政协议》，载《行政法学研究》2006 年第 3 期。

［120］步兵：《论行政契约之效力状态》，载《法学评论》2006 年第 4 期。

［121］梁凤云：《行政诉讼法修改的若干理论前提（从客观诉讼和主观诉讼的角度）》，载《法律适用》2006 年第 5 期。

［122］刘志刚：《论法律保留原则在给付行政中的适用》，载《国家检察官学院学报》2005 年第 6 期。

［123］包哲钰：《略论行政合同的混合性》，载《兰州商学院学报》2004 年第 4 期。

［124］方世荣：《论维护行政法制统一与行政诉讼制度创新》，载《中国法学》2004 年第 1 期。

［125］谢晖：《论法律调整》，载《山东大学学报（哲学社会科学版）》2003 年第 5 期。

［126］于安：《政府活动的合同革命——读卡罗尔·哈洛和理查德·罗林斯：〈法与行政〉一书"酝酿中的革命"部分》，载《比较法研究》2003 年第 1 期。

［127］米健：《一个西方学者眼中的中国法律文化——读何意志近著〈中国法律文化概要〉》，载《法学家》2001 年第 5 期。

［128］江必新：《司法解释对行政法学理论的发展》，载《中国法学》2001 年第 4 期。

［129］郭道晖：《法治行政与行政权的发展》，载《现代法学》1999 年第 1 期。

［130］朱维究、胡卫列：《行政行为过程性论纲》，载《中国法学》1998 年第 4 期。

［131］戚建刚、李学尧：《行政合同的特权与法律控制》，载《法商研究（中南政法学院学报）》1998 年第 2 期。

［132］孙笑侠：《契约下的行政——从行政合同本质到现代行政法功能的再解释》，载《比较法研究》1997 年第 3 期。

［133］朱维究、阎尔宝：《程序行政行为初论》，载《政法论坛》1997 年第 3 期。

［134］王锡锌：《再论现代行政法的平衡精神》，载《法商研究（中南政法学院学报）》1995 年第 2 期。

［135］王桂源：《论法国行政法中的均衡原则》，载《法学研究》1994 年第 3 期。

［136］罗豪才、袁曙宏、李文栋：《现代行政法的理论基础——论行政机关与相对一方的权利义务平衡》，载《中国法学》1993 年第 1 期。

［137］牛太升：《行政合同及其诉讼地位探讨》，载《中国法学》1992 年第 3 期。

［138］林明昕：《行政契约法上实务问题之回顾——兼论公、私法契约之区别》，载台湾行政法学会主编：《损失补偿、行政程序法》，元照出版社2005 年版。

［139］唐庆鹏、康丽丽：《价值、困境及发展：社会治理中的政府承诺机制析论》，载《广东行政学院学报》2013 年第 3 期。

［140］王留一：《论行政规范性文件司法审查标准体系的建构》，载《政治与法律》2017 年第 9 期。

［141］程明修：《双阶理论之虚拟与实际》，载《东吴大学法律学报》2004 年第 2 期。

［142］［德］弗朗茨－约瑟夫·派纳：《德国行政合同鉴定式案例分析：儿童游戏场案》，黄卉译，载《法律适用》2020 年第 10 期。

［143］陈淳文：《论行政契约的单方变更权——以德、法法制之比较为中心》，载《台大法学论丛》2005 年第 2 期。

［144］［美］奥利·洛贝尔：《新新政：当代法律思想中管制的衰落与治理的兴起》，载罗豪才、毕洪海编：《行政法的新视野》，商务印书馆 2011年版。

［145］［日］盐野宏：《行政作用法论》，载《公法研究》1972 年第

34 期。

[146] 张力：《民法典是规范行政行为的重要标尺》，载《光明日报》2020 年 9 月 5 日，第 7 版。

[147] 孙宪忠：《民法典为何如此重要?》，载 http://baijiahao. baidu. com/s? id = 1667351197443305372&wfr = spider&for = pc，最后访问日期 2021 年 5 月 30 日。

三、外文文献

[1] Nicholas Bamforth, Peter Leyland (Editors), *Accountability in the Contemporary Constitution*, Oxford：Oxford University Press, 2013.

[2] M. Lombard, G. Dumont, *et J. Sirinelli Droit administratif*, Paris：Dalloz, 2013.

[3] L. Duguit, *Traité de droit constitutionnel*, Paris：E. de Boccard, 1921.

[4] H. W. R. Wade, *Administrative Law (six edition)*, Oxford：Oxford University Press, 1988.

[5] Carol Harlow, *Richard Rawlings. Law and Administration*, London：Butterworths, 1997.

[6] Harold J. Berman, *William R. Grenier*, *The Nature and Functions of Law*, New York：The Foundation Press, 1980.

[7] H. W. R. Wade, C. F. Forsyth, *Administrative Law*, Oxford：Clarendon Press, 1994.

[8] Anthony Ogus, *Regulation——Legal Form and Economic Theory*, Oxford：Clarendon Press, 1994.

[9] Harden, *The Contracting State. Buckingham*, Berkshire：Open University Press, 1992.

[10] Mathew Blum, *The Federal Framework for Competing Commercial Work between the Public and Private Sectors*, *Government by Contract：Outsourcing and American Democracy*, edited by Jody Freeman, Marhta Minow, Cambridge：Harvard University Press, 2009.

［11］ Christopher Hood, Henry Rothstein, Robert Baldwin, *The Government of Risk: Understanding Risk Regulation Regimes*, Oxford: Oxford University Press, 2001.

［12］ Otto Mayer, *Deutsches Verwaltungsprivatrecht. I, und, II, Band*, unverränderter, 1924.

［13］ M. Long, P. Weil, G. Braibant. P. Delvolvé, B. Genevois, *Les grands arrêts la jurisprudence administrative*, Paris: Dalloz, 2013.

［14］ F. Llorens, *Les pouvoirs de modification unilatérale et le principe de l'équilibre financier dans les contrats administratifs*, RFDA, 1984.

［15］ René Dussault, *Louis Borgrat. Administrative law: a treatise*, translated by Murray Rankin, Québec: Laval University Press, 1984（01）.

［16］ Schmidt-Aβmann, *Das allgemeine Verwaltungsrecht als Ordnungsidee und System*, 2, Aufl, 2004.

［17］ Susan H. Whiting, *Power and Wealth in Rural China: The Political Economy of Institutional Change*, London: Cambridge University Press, 2000.

［18］ J. M. Landis, *The Administrative Process*, New Haven: Yale University Press, 1938.

［19］ L. Neville Brown, John S. Bell, *French Administrative Law*, Oxford: Oxford University Press Inc, 1993.

［20］ Harold J. Berman, William R. Grenier, *The Nature and Functions of Law*, New York: The Foundation Press, 1980.

［21］ Cass R. Sunstein, *After the Rights Revolution: Reconceiving the Regulatory State*, Cambridge: Harvard University Press, 1993.

［22］ Anthony Ogus, *Regulation: Legal Form and Economic Theory*, Oxford: Clarendon Press, 1994.

［23］ Martha Minow, "Public and Private Partnerships: Accounting for the New Religion", *Harvard Law Review*, 2003（116）.

［24］ Sanford J. Grossman, Oliver D. Hart, "The Costs and Benefits of Ownership: A Theory of Vertical and Lateral Integrations", *Journal of Political Economy*,

1986 （04）: 94.

［25］John C, Coffee Jr, "Understanding the Plaintiff's Attorney: The Implications of Economic Theory for Private Enforcement of Law Through Class and Derivative Actions", *Columbia Law Review*, 1986 （04）: 86.

［26］Ramey, Erlewine, "Introduction to the Concept of the 'Administrative Contract' in Government Sponsored Research and Development", *B. Ass'x J*, 1957 （02）.

［27］William R. Andersen, "Judicial Review of State Administrate Action——Designing the Statutory Framework", *Administrative Law Review*, 1992 （03）: 44.

［28］Ramey, Erlewine, "Introduction to the Concept of the 'Administrative Contract' in Government Sponsored Research and Development", *B. Ass'x J.* 1957 （02）.

［29］Korver Ton, Oeij Peter R A, "The Soft Law of the Covenant: Making Governance Instrumental", *European Journal of Industrial Relations*, 2005 （03）: 11.

［30］Krisch, Nico, Kingsbury, "Introduction: Global Governance and Global Administrative Law in the International Legal Order Benedict", *European Journal of International Law*, 2006 （01）: 17.

［31］Thomas Poole, "The Reformation of English Administrative Law", *The Cambridge Law Journal*, 2009: 68.

［32］Richard B. Stewart, "The Reformation Of American Administrative Law", *Cambridge: Harvard Law Review*, 1975 （08）.

［33］Terence Daintith, "Regulation by Contract: The New Prerogative", *Current Legal Problems*, 1979 （32）.

［34］Stewar, Fenner L, "The Corporation, New Governance, and the Power of the Publicization Narrative", *Indiana Studies*, 2014 （02）: 21.

［35］Kenneth A. Armstrong, "The Character of EU Law and Governance: From 'Community Method' to New Modes of Governance", *Current Legal Problems*, 2011 （64）: 179~214.

［36］ O. Loble，"The Renew Deal：the fall of regulation and the rule of governance in contemporary legal thought"，*Minnesota Law Review*，2004（02）：89.

［37］ Aaron Wachhaus， "Governance Beyond Government"，*Administration and Society*，46（05）：573～593.